Frido Mann
Democracy will win

FRIDO MANN

DEMOCRACY WILL WIN

Bekenntnisse eines Weltbürgers

wbg THEISS

Die deutsche Nationalbibliothek verzeichnet diese Publikation
in der Deutschen Nationalbibliografie;
detaillierte bibliografische Daten sind im Internet
über www.dnb.de abrufbar.

wbg Theiss ist ein Imprint der wbg.

Die Herausgabe des Werkes wurde durch die Vereinsmitglieder der wbg ermöglicht.

Satz und Herstellung: Arnold & Domnick, Leipzig
Gedruckt auf säurefreiem und alterungsbeständigem Papier
Printed in Europe

Besuchen Sie uns im Internet: www.wbg-wissenverbindet.de

ISBN 978-3-8062-4398-7

Elektronisch sind folgende Ausgaben erhältlich:
eBook (PDF): 978-3-8062-4406-9
eBook (epub): 978-3-8062-4407-6

Inhalt

Humanismus ist die einzige, genauer die letzte Verteidigungslinie, die wir haben, um uns gegen die unmenschlichen Exzesse und Ungerechtigkeit zu wehren, die unsere Menschheitsgeschichte verunstalten.

Edward Said, Mitbegründer von Daniel Barenboims West-Eastern Divan Orchestra

Eine Demokratie, in der nicht gestritten wird, ist keine.

Helmut Schmidt, deutscher Bundeskanzler

Wegweiser

In einer Zeit, in der die Tiefschläge gegen unsere westlichen Demokratien ein beängstigendes Ausmaß angenommen haben, mag die apodiktische Prognose „*Democracy will win*" entweder naiv oder provokativ klingen. Ich habe mich mit dem Titel des vorliegenden Buchs für die provokative Version entschieden. Diese, die weiß, dass Demokratie die anfechtbarste und brüchigste Gesellschaftsform ist, aber zugleich auch diejenige, ohne die unsere heutige Zivilisation nicht überleben kann.

Diese unbedingte Forderung entspricht nicht zuletzt auch der Haltung Thomas Manns, als er 1938 nach der Niederschrift seiner Ansprache an die Amerikaner *The Coming Victory of Democracy* bei einem Filminterview während einer seiner letzten Atlantiküberquerungen vor der Übersiedlung in die USA genau diese drei Worte laut und unerbittlich vorbrachte: *Democracy will win.* Thomas Mann war während seines ganzen amerikanischen Exils bis ein knappes Jahr vor Kriegsende, nämlich bis zur Landung der Alliierten in der Normandie am 6. Juni 1944, alles andere als sicher, ob ein Sieg über Nazideutschland gelingen werde. Er bangte und litt immer wieder unter der grauenvollen Vorstellung eines Nazis-Sieges. Nur zweieinhalb Jahre nach Kriegsende allerdings begannen ihm und den Seinen die Schrecknisse der McCarthy-Ära in den USA so bedrängend zuzusetzen, dass unsere ganze Familie im Lauf weniger Jahre unserer neugewonnenen amerikanischen Heimat den Rücken kehrte und wieder nach Europa übersiedelte.

Im November 2016 hielt ein prekäres transatlantisches Ereignis die Welt in Atem. Eine östliche Großmacht in Stalins Gefolgschaft nutzte die sich zuspitzende Krise der US-amerikanischen Demokratie aus und manövrierte vermutlich mittels digitaler Wahlmanipulationen von außen einen hochgefährlichen, demagogischen Narzissten auf den US-amerikanischen Präsidentenstuhl, was das westliche Bündnis und dessen demokratisches System noch weiter aushöhlen sollte. Ganz kurz danach erwarb, als positives Gegengewicht, die deutsche Bundesregierung auf Initiative des damaligen Außenministers und heutigen Bundespräsidenten Frank-Walter Steinmeier mein früheres Großelternhaus in Kalifornien, das „Weiße Haus des Exils", wie er es nannte. Dieses wurde als bleibendes Wahrzeichen für Humanismus und Demokratie zu einem transatlantischen Dialogzentrum und einem Ort des Beharrens gegen die neue, zunehmend faschistoide Washingtoner Administration umgewidmet. Wer in irgendeiner Weise Thomas Manns humanistischem und politischem Vermächtnis weiter nachkommen wollte, wusste, was zu tun war, um mit allen Kräften gemeinsam unsere Demokratie zu verteidigen. Das Leben in unserer Welt hat sich seit meiner Kindheit in den USA zwar drastisch verändert. Der Ruf nach einem demokratischen Miteinander in unserer nicht nur in den USA, sondern heute weltweit gefährdeten Situation bleibt, sogar dringender denn je, bestehen.

In diesem Buch beschäftige ich mich mit den verschiedenen individuellen und gesellschaftlichen Aspekten der immer noch sehr jungen und noch nicht ausreichend gefestigten Demokratie auf dem europäischen Festland sowie mit der zwar historisch bewährteren, aber immer dringender reformbedürftigen Demokratie der Vereinigten Staaten von Amerika. Vor diesem Hintergrund will ich die Rolle der verschiedenen verbalen wie auch nichtverbalen Formen des zwischenmenschlichen Dialogs auf der Basis menschlicher Grundwerte als Weg zu einer Festigung unserer demokratischen Systeme aufzeigen.

Eine exemplarische Analyse der Höhen und Tiefen meiner *Lecture Tour* durch zwölf Städte der USA und Kanadas *from Coast to Coast* im Jahr 2019, rund ein Jahr nach der Wiedereröffnung des Thomas Mann House, zeigt ein konkretes Bild vom gegenwärtigen Stand der US-amerikanischen Demokratie. Ziel meiner Vortragsreise war es, meine amerikanischen Mitbürger in ihrem inzwischen politisch polarisierten und zerrissenen Land an die verloren gehenden, von ihren Vätern leidenschaftlich verteidigten und 1787 in ihrer Verfassung verankerten Ideale *Freiheit* und *Gleichheit* zu erinnern und sie zu einem dialogischen Wiederzusammenfinden zu ermutigen. Das wichtigste Ergebnis meines Austauschs mit amerikanischen sowie bald danach mit deutschen Gesprächspartnern, zuerst in vivo und nach Ausbruch der Pandemie dann digital, war die Bestätigung der Erkenntnis, dass eine offene, herrschaftsfreie und pluralistische *Demokratie* das dem modernen Menschenbild am meisten entsprechende *politische Instrumentarium* ist für den *immerwährenden Kampf um die Unversehrtheit der Würde des Menschen und um die freie Entfaltung seiner Persönlichkeit* im Sinne der beiden ersten Artikel des deutschen Grundgesetzes und dass der Kern einer jeden zukunftsorientierten, sich immer wieder erneuernden Demokratie der *im werteorientierten Miteinander gelebte Dialog* ist.

Meine wichtigsten Gesprächspartner sowohl in den USA als auch in Europa waren Vertreter der nachwachsenden Generation von Schülern und Studenten in Universitäten, Gymnasien, Colleges und Highschools.

Die mich zur Umstellung auf den digitalen Dialog zwingende Pandemie von Covid-19 erweist sich als grundlegende Herausforderung für das Zusammenleben der Menschen bis hin zu den Prinzipien unserer freiheitlich demokratischen Grundordnung. Denn gerade beim Bemühen um die Überwindung der hereingebrochenen Katastrophe zeigt sich, dass die Erhaltung bürgerlicher Autonomie immer einhergehen muss mit der Wahrung einer gemeinsamen Verantwortung und Achtung voreinander im Sinn einer *Balance zwischen Freiheit und Gleichheit.* Die Krisensituation schuf neue Notwendigkeiten, einen neuen Imperativ. Unmittelbar richtet er sich gegen die Seuche selbst, indirekt aber auch gegen Rückfälle in die Unmenschlichkeit populistisch, nationalistisch, rassistisch verengter Gesinnungen. An deren Stelle tritt die tätige Solidarität und eine oft berührende Mitmenschlichkeit gegenüber Kranken, Alten und Schwachen – ein wesentliches Merkmal einer offenen Demokratie. Trotzdem scheiden sich im Ausnahmezustand die Geister. Es zeigt sich selbst in dieser völlig neuartigen Situation, dass immer noch zu viele Menschen das Unglück anderer für sich ausnutzen oder durch verantwortungslos leichtsinniges Benehmen ihre Mitmenschen und sich selbst gefährden. Außerdem hat inzwischen vor allem die zweite und dritte Welle der Pandemie generell das soziale Konfliktpotential vergrößert und die Gewaltbereitschaft erhöht und, besonders in den USA, die Armut in der Bevölkerung drastisch ansteigen lassen.

Alles in allem scheint der durch die Pandemie erzwungene Wandel aber zu einem grundlegenden positiven *Bewusstseinssprung* zu führen, der unser Leben, vor allem unser Konsumverhalten, unser Umweltbewusstsein und unser Sozialverhalten global auf lange Sicht verwandeln könnte und dies auf lange Sicht auch muss. Sogar in den USA hat inzwischen immerhin eine Mehrheit den gesundheits-, wirtschafts- und gesellschaftspolitischen und vor allem moralischen Bankrott der sie die letzten vier Jahre regierenden, antidemokratischen Oligarchen-Partei durchschaut. Deswegen dürfen wir jetzt nach der letzten, in der Tat befreienden und Anlass zu neuer Hoffnung gebenden US-amerikanischen Präsidentschaftswahl vom 3. November 2020 wenigstens davon *träumen*, dass uns diese vielleicht doch den Beginn eines post-populistischen Zeitalters beschert und dass nicht nur Amerikas Demokratie, sondern auch die westlichen Gesellschaften insgesamt diese Bewährungsprobe bestehen.

Dies alles macht deutlich, dass Demokratie nie *ist*. Demokratie *wird* („will win"). Sie entwickelt sich nicht einmal linear von einem *ist*-Punkt zum nächsten. Sie nimmt vielmehr als ein sich zunehmend verdichtendes Netz zusammenlaufender, sämtliche Bereiche von Wirtschaft, Kultur und Recht miteinander verknüpfender Fäden *Gestalt* an. Dieser Prozess besteht in der letztlich unvorhersehbaren Realisierung bereitliegender *Möglichkeiten*. Die äußeren Faktoren für deren Umsetzung sind mit einer gewissen Eigendynamik sich herausbildende, komplexe Vorgaben wie Gesetze, Fakten, Ereignisse. Der innere Motor jedoch ist das Handeln ihrer mit Willensfreiheit ausgestatteten Menschen.

Deshalb stelle ich in diesem Buch einige in die Zukunft weisende Erneuerungsansätze der Demokratie vor, beispielsweise das aus Harvard stammende Modell einer „High Energy Democracy" genannten neuartigen Verbindung aus parlamentarisch repräsentativer und direkter Demokratie im digitalen Zeitalter. Auch werden die entwicklungsgeschichtlichen Grundlagen unserer Willensfreiheit, unserer Dialogfähigkeit und damit auch unserer Demokratie im Kontext des neuen Welt- und Menschenbildes diskutiert, welches der Indeterminismus der modernen Quantentheorie nahelegt.

Demokratie heißt nichts anderes, als Menschsein und Menschenwürde möglich zu machen. Diese wiederum hat nur Bestand, wenn wir uns in unserer politisch, ökologisch und jetzt auch noch pandemisch hoch gefährdeten Welt rückhaltlos und gemeinsam darum bemühen, die meistens bei uns selbst liegenden Gründe für diese Gefahren schonungslos aufzudecken. Wir müssen von gemeinsamer Verantwortung getragene Visionen und innere Bilder dagegen entwickeln und mit allen uns zur Verfügung stehenden kulturellen, wissenschaftlichen und realpolitischen Mitteln den Gefahren für die Demokratie wirkungsvoll die Stirn bieten, gleich ob es sich um Rassismus, Krieg und Gewalt oder verantwortungsloses klima- und umweltschädigendes Verhalten handelt.

Und noch etwas Fundamentales zur Abrundung. Alle diese überlebenswichtigen Forderungen in der Demokatie*werdung* lassen sich überall in den verschiedensten Entwicklungsstadien unserer Demokratien nur dann realisieren, wenn die *Basis* dafür geschaffen ist. Und diese Basis besteht in der *Erziehung* und *Schulung* zur Demokratie bereits ab dem *frühesten Kindesalter.* Nicht erst in den weiterführenden Schulen oder Hochschulen. Nein. Demokratisches Bewusstsein greift nur dann nachhaltig, gewissermaßen subkortikal, wenn dieses Bewusstsein bereits im frühesten *Grundschulalter* lehrplanmäßig flächendeckend institutionalisiert und internalisiert wird. Und zwar nicht nur mit einer im Frontalunterricht vermittelten Belehrung darüber, was Demokratie ist und wozu sie gut ist, sondern in der systematischen *praktischen Übung* und der Motivation dazu, freie Entscheidungen selbstständig und doch auch im dialogischen Miteinander aller zu treffen und sie in vivo und digital im Sinne effizienter Mitbestimmung und Mitgestaltung des Unterrichts und des Alltags aktiv umzusetzen.

Signal und Aufbruch

Der Erwerb des Thomas Mann House durch die deutsche Bundesregierung

Eben ist die Sonne hinter dem Münchner Olympiaturm untergegangen. Der zurückbleibende gelbe Lichtsaum am Horizont hebt sich deutlich vom abendlich verblassenden Blau des Himmels ab. Meine Blicke werden festgehalten von dem das Ende dieses Tages ankündigenden, verwobenen Farbenspiel über den Hochhäusern. Irgendwann schweifen sie ab zu den mit buntem Hochsommergewächs bepflanzten Hängeblumenkästen am Geländer meiner hoch gelegenen Terrasse, auf der ich sitze. Da kommt mir plötzlich die sich ebenfalls an einem Abend abspielende komische Szene im Garten meines ehemaligen Großelternhauses im kalifornischen Pacific Palisades vor einem Jahr in den Sinn. Es war am Abend der festlichen Wiedereröffnung des von der deutschen Bundesregierung erworbenen und zu einer deutsch-amerikanischen Begegnungsstätte umgewidmeten Thomas Mann House am 18. Juni 2018 durch den deutschen Bundespräsidenten Frank-Walter Steinmeier.

In dieser Szene stehen der Bundespräsident, seine Frau und ich kurz vor Anbruch der Dämmerung fröhlich lachend und in spielerischer Haltung mit je einer kleinen vergoldeten Schaufel in der Hand unter dem einstigen Arbeitszimmer meines Großvaters neben einem frisch ausgehobenen kleinen Beet, in welches wir soeben ein Zitronenbäumchen von der Art gepflanzt haben, wie sie früher in großer Zahl im Garten gestanden hatten.

Während ich jetzt am Tagesende den von der untergegangenen Sonne zurückgelassenen gelben Lichtsaum am blassblau vergehenden Himmel unwillkürlich mit der Unsicherheit unserer gegenwärtigen, weltweit bedrohten Situation in Zusammenhang bringe, erinnere ich mich, dass sich mir auch schon beim damaligen Akt des Zitronenbaumpflanzens das Bild vom Apfelbäumchen aufdrängte, von dem Martin Luther gesagt haben soll, dass er, sollte die Welt morgen untergehen, heute erst recht ein solches pflanzen würde. Dann schweifen meine Erinnerungen um weitere zwei Jahre zurück, in den Spätsommer 2016, in der heißen Phase des US-amerikanischen Präsidentschaftswahlkampfs und als hier in Europa die Flüchtlingskrise auf ihrem Höhepunkt war. Da drangen zum ersten Mal Informationen über Kaufverhandlungen zwischen der deutschen Bundesregierung und dem derzeitigen Eigentümer um den Kauf des betreffenden Hauses an die Öffentlichkeit. Fast gleichzeitig wurde ich zusammen mit zwei anderen Gästen zu einem Fernsehinterview zu diesem großen Vorhaben eingeladen.

Es gab für mich einige Gründe dafür, meine Mitwirkung an dieser Debatte abzusagen. Denn nachdem bereits 25 Jahre zuvor mein ehemaliges Großelternhaus zum Verkauf gestanden war und seitens der damaligen Bundesregierung unter Kanzler Kohl kein Kauf zustande kam, erachtete ich den jetzigen Versuch als so chancenlos, dass ich mich dazu nicht öffentlich äußern wollte. Außerdem war ich zu der Zeit in völlig andere Themen und Zeitfragen involviert und arbeitete an einem wissenschaftlichen Buchprojekt. Aber es gab auch noch tiefere Gründe. Nach dem endgültigen Abschied von meiner Kindheit in Amerika nach dem Verkauf meines Großelternhauses 1953 durch meine wieder nach Europa zurückgekehrte Familie, wollte ich nach so langer Zeit keine alten Wunden aufreißen. In dieser Entscheidung bestärkt sah ich mich durch in den Medien kursierende Fotos vom jetzigen ziemlich traurig verfallenden Zustand des sich in einer Art Dornröschenschlaf befindenden, von Efeu und Buschwerk schon halb zugewachsenen Hauses mit von Patina bedeckten, rissigen Mauern. Mit diesem Geisterschloss wollte ich möglichst nichts zu tun haben, und ich konnte mir bei den vagen Ankündigungen dessen, was nach einem Kauf des Hauses durch die Bundesregierung damit geschehen sollte, noch nichts Attraktives vorstellen. Dazu kam meine große innere Distanz von meiner ursprünglichen amerikanischen Kinderheimat vor allem aufgrund der im Lauf der

Jahrzehnte zunehmenden Enttäuschungen von Amerika. Die jähe Ermordung meines mich damals immer irgendwie an Roosevelt erinnernden jungen Hoffnungsträgers, Präsident John F. Kennedy Ende 1963. Dann nur Monate später der schreckliche, elf Jahre dauernde Vietnamkrieg mit mehreren Millionen Toten, von dem die USA sich nie mehr richtig erholen sollten. 1974 das Impeachment von Präsident Nixon. In den frühen Achtzigerjahren die deutlich einsetzende, kaum mehr aufzuhaltende Talfahrt der legendären amerikanischen Demokratie unter Ronald Reagan, ganz zu schweigen von der Präsidentschaft von George W. Bush.

Als dann an jenem denkwürdigen Wahltag in den USA im November 2016 das von kaum jemandem Erwartete geschah und sich zeigte, dass sich nach dem bisherigen Tiefpunkt George W. Bush mit der Schreckensfigur des *Fake President* ein noch viel tieferer, mindestens vier Jahre dauernder Abgrund vor der Welt auftun sollte, folgte auf dem Fuß die nächste Überraschung, diesmal in die erfreuliche Gegenrichtung. Es war der verblüffend gelungene Erwerb des Thomas Mann House in Pacific Palisades in Kalifornien durch die deutsche Bundesregierung.

Was mich verwirrte, war, dass sofort nach Bekanntwerden des Hauskaufs vonseiten von Freunden Glückwünsche an mich ergingen. Dachte man, dass dieses von mir schon so sehr lange verlassene Haus in Amerika ausgerechnet jetzt eine besondere Bedeutung für mein Leben bekommen würde? Oder ging man fälschlicherweise davon aus, dass ich am Zustandekommen dieses Kaufs mitgewirkt hatte?

Trotzdem erschien mir diese Wendung auch wie ein Trost nach dem Wahldebakel Anfang November 2016, und ich überlegte mir, ob vor allem die Schlussphase dieses Kaufs vielleicht auch eine Art Absichtsbekundung der deutschen Bundesregierung gewesen war, in der zu erwartenden Fake-Präsidentschaft des Neugewählten eine kulturelle und humanistische Oase in die Naturidylle von Thomas Manns einstigem Refugium zu pflanzen oder eine Art Trojanisches Pferd aufzufahren gegen die politische Ellbogen-Rüpelei und das skrupellose Diktatorengehabe der neuen Machthaber in Washington. Denn der Anfang der Kaufverhandlungen lag noch in einer Zeit, in der niemand nur auch im Entferntesten auf die Idee kommen konnte, dass die Weltmacht Nummer eins mit großer demokratischer Tradition eines Tages in die Hände eines in politischen Angelegenheiten blutigen Laien und dazu sich wie ein Elefant im Porzellanladen aufführenden pathologischen Lügners und Menschenverächters geraten würde. War das Haus ursprünglich mehr als Gedenkstätte und Residenz für deutsche Thomas-Mann-Forscher gedacht gewesen, so mögen schon die provozierenden Monate vor der Präsidentenwahl zu einem langsamen Umdenken bezüglich der Nutzung des Hauses geführt haben. Die wahrscheinliche neue Absicht könnte der Name nahelegen, den der damalige Außenminister Frank-Walter Steinmeier diesem Haus selber gab: „Das Weiße Haus des Exils".

Ich gestehe, dass mich diese Entscheidung der Bundesregierung und vor allem die dahinterstehenden Beweggründe und Pläne mit dem Anwesen nur sehr langsam zu interessieren, ja zu fesseln begannen. Die anfangs für mich noch nicht recht ersichtlichen, aber offenbar weit in die Zukunft gerichteten Absichten des neuen Eigentümers mit diesem halb verfallenen Anwesen erschienen mir als sehr viel wichtiger als nostalgische Gedanken an mein einstiges Kinderzuhause. Jede Vorstellung von einer auch nur virtuellen Rückkehr dorthin hatte für mich sogar etwas Abschreckendes.

Kurz nach Neujahr 2017 war ich so weit, dem Außenminister und der Bundeskanzlerin brieflich konkret diese Frage nach der Zukunft zu stellen, und ich erhielt auch von beiden eine freundliche, wenn auch recht allgemein gehaltene Antwort – vom Außenminister mit dem wichtigen Hinweis, an welchen mit dem Hauskauf besonders befasst gewesenen Mitarbeiter im Auswärtigen Amt ich mich wenden könne.

Ende Januar besuchte ich dann jenen zuständigen Abteilungsleiter im Berliner Auswärtigen Amt und erfuhr von ihm die ersten wichtigen Details. Das Haus werde weder als Thomas-Mann-Museum dienen noch der literaturwissenschaftlichen Fußnotenforschung. „Wir sind keine Künstlerkolonie", betonte mein Gesprächspartner, womit er vermutlich auf die Villa Aurora anspielte, die etwa eine Auto-Viertelstunde entfernte frühere Feuchtwanger-Villa. Mit derselben war offenbar eine Art organisatorische, aber nicht inhaltliche Fusion mit dem Thomas Mann House zu einem für die Verwaltung, Bewirtschaftung und Programmgestaltung in beiden Häusern zuständigen Verein „Villa Aurora Thomas Mann House“ (VATMH) vorgesehen. „Im Thomas Mann House werden wir mit deutschen Fellows und deren amerikanischen Dialogpartnern einen zukunftsorientierten transatlantischen Austausch vorantreiben“, erklärte er. „Und wer organisiert das? Wer wird für die Auswahl der Fellows zuständig sein?“, wollte ich wissen. „Wir befinden uns erst ganz in den Anfängen der Bildung der verschiedenen Entscheidungsgremien … und vor allem muss das Haus erst mal gründlich saniert und umgebaut werden … Und Sie wird man mindestens in eines der zentralen Entscheidungsgremien hineinwählen. Wenn Sie möchten, können Sie von uns auch die Schlüssel haben, falls Sie einmal zur Besichtigung dorthin fliegen möchten …“

Mich in Gremien hineinwählen? Ich erinnerte mich daran, dass mir eine Professorin in Münster einmal erzählt hatte, sie habe dem damaligen Leiter des Zürcher Thomas-Mann-Archivs von meinem Habilitationsvorhaben in der Münsteraner Medizinischen Fakultät erzählt. Aber der habe nur entsetzt geschaut und geäußert: „Was? Der? Nein, *den* lassen die niemals herein …“ Sie haben mich – nach einigen tatsächlichen Schwierigkeiten und Verzögerungen – dann schließlich doch hereingelassen. Die Universität Münster jedenfalls.

Das klang alles in allem nicht schlecht. Gerade die Zukunftsorientierung gefiel mir, besonders angesichts des alarmierenden Ergebnisses der nur zwei Monate zurückliegenden Präsidentschaftswahlen in den USA. Und auch Europa war mit dem verstärkten Aufkommen gefährlicher nationalistisch-populistischer Kräfte als Reaktion auf die Flüchtlingsbewegungen gegenwärtig alles andere als politisch auf Rosen gebettet. Mir war klar, dass der Aufbau des für dieses Haus vorgesehenen transatlantischen Programms viel Zeit erfordern würde. Aber ich begann langsam Feuer zu fangen. Der zwischenmenschliche Dialog an sich, ob politisch oder nicht, war ja eigentlich der rote Faden meiner eigenen beruflichen Laufbahn gewesen, als Psychologe und auch als Theologe. Und mein nicht sehr weit führender Versuch, zwischen Europa und dem brasilianischen Geburtsort und Elternhaus meiner Urgroßmutter Julia Mann-Bruhns-da Silva interkulturelle Beziehungen aufzubauen, lag nur rund zehn Jahre zurück.

Transatlantischer Dialog

Im darauffolgenden Sommer bekam ich, nach einigen weiter erhellenden Telefonaten aus der betreffenden Abteilung des Auswärtigen Amts, ein mehrseitig ausformuliertes schriftliches Konzept zugeschickt, auf dem schwarz auf weiß das transatlantische Residenzprogramm in Grundzügen entworfen stand. Als Hauptgegenstand des Austauschs wurden die gegenwärtig dringendsten Gegenwarts- und Zukunftsfragen aus Politik, Wirtschaft, Kultur, Medien und Wissenschaft auf beiden Seiten des Atlantiks genannt. Die zentrale Aufgabe sollte darin bestehen, unsere demokratisch-offene, freiheitliche Gesellschaft gegen populistische, nationalistische und rassistische Strömungen zu verteidigen und zu festigen. Die wichtigsten Themen dieses Austauschs waren Sicherheit, Demokratie, soziale Gerechtigkeit und Frieden, Migration und Exil sowie der überfällige Umbau von Industrie und Wirtschaft für einen nachhaltigen Umwelt- und Klimaschutz.

Wieder ein knappes Jahr später war es so weit: die bewegt-bewegende Einweihung des neuen Dialogzentrums mit der mit heiterem Stolz vollzogenen Zeremonie des symbolischen Bäumchenpflanzens. Das wie schon einmal beim Erstbezug 1942 blitzblank neu errichtete Haus wirkte in dem festlichen Gepränge der Eröffnungsfeier besonders auf mich als Kenner seiner frühen Vergangenheit ziemlich kahl, wenn nicht sogar steril. Umso mehr wartete auf den von der Bundesregierung bestellten, das Haus verantwortlich verwaltenden und bewirtschaftenden und in Berlin ansässigen „Villa-Aurora-Thomas-Mann-House"-Verein die große Aufgabe, Farbe und einen lebendigen Stil in das Haus zu bringen. Das Wichtigste war, mit der Auswahl kompetenter Fellows aus Deutschland und der Programmgestaltung eine kulturpolitisch zukunftsgerichtete und in die amerikanische Gesellschaft gut eingebundene transatlantische Dialogresidenz zu entwickeln. Trotz der etwas abgelegenen und von Luxusvillen umgebenen Lage mitten im Riviera-Viertel am Pazifikhang war dieses Haus ein außergewöhnlich schmuckes und schiffartig filigran, schlank und leicht im Bauhausstil errichtetes Domizil. Die Bundesregierung hatte bei der Instandsetzung und Erneuerung des Hauses dieses möglichst in seiner ursprünglichen Gestalt so wiedererstehen lassen, dass sich die zukünftigen Fellows dort bestimmt sehr wohl fühlen und sich gern frei darin bewegen würden.

Das am nachhaltigsten Bewegende nach dem Akzente setzenden Apfelbaumpflanzen während der Abenddämmerung an jenem 18. Juni war tags darauf die große Rede des nunmehrigen Bundespräsidenten „Struggle for Democracy" im nahe gelegenen Getty Center, die nur einen Tag später vollständig in der „Frankfurter Allgemeinen Zeitung" abgedruckt wurde. Der die Rede einführende Moderator, Founding Director des Thomas Mann House, Steven Levine, konnte sich bei seinen dankenden Worten am Ende der Rede des Bundespräsidenten vor Ergriffenheit und Dankbarkeit nicht mehr der Tränen erwehren. Die Rede bewegte sich, auf dem Hintergrund von Thomas Manns politischer Biographie, in einem umfassenden transatlantischen Kreis. Dieser umfing Deutschlands und Amerikas Geschichte und Gegenwart im ununterbrochen fortgesetzten Kampf um das kostbare, aber immer wieder angefochtene Gut der freiheitlichen Demokratie. Dadurch, dass Deutschland nach der Katastrophe des Nationalsozialismus vor allem den USA den erstmalig gelungenen Aufbau einer bisher stabil gebliebenen Demokratie zu verdanken hatte, seien, wie der deutsche Bundespräsident bekräftigte, heute beide Partner des zunehmend in Frage gestellten transatlantischen Bündnisses zu dessen Aufrechterhaltung verpflichtet. Dabei verschwieg der Bundespräsident nicht die sich heute zunehmend aufbauenden Hürden in den USA und die ebenfalls sich gefährlich breitmachenden nationalistischen Tendenzen in Ost- und Westeuropa. Wobei er diese politischen und sozialen Hürden auch in den Zusammenhang mit den schwindelerregend raschen und zu einem zunehmenden Risiko ausufernden technologischen Entwicklungen im Zeitalter der Algorithmen und der künstlichen Intelligenz zu stellen wusste.

Jetzt im Rückblick wird mir in dieser Rede noch ein weiteres, spezifisch europäisch-deutsches Motiv des früheren Außenministers für den Erwerb und die neue Nutzung dieses „Weißen Hauses des Exils" klar. Dieses Projekt war auch eine richtungsweisende Reaktion auf die besorgniserregende Tendenz in vielen europäischen Ländern und insbesondere auch in Deutschland gewesen, sich zur Zeit des überwältigenden Flüchtlingszuzugs gegen allzu starke Migrationsbewegungen aus dem nahöstlichen Kriegsgebiet und aus Afrika abzuschotten und so den globalen solidarischen Zusammenhalt der Menschen untereinander als Kriterium für eine wirklich funktionierende Demokratie zu gefährden. Von einem transatlantischen Dialog gerade in dem Haus, in dem in und nach dem Krieg so leidenschaftlich für Demokratie gekämpft worden war, sollte eine symbolische Signalwirkung ausgehen. Dieser Vorstoß schien mir getragen zu sein von dem Wunsch, den jetzt zum ersten Mal nach dem Krieg und besonders nach dem großen Sieg der Demokratie durch den Mauerfall 1989 ins Wanken geratenden europäischen Demokratien den Rücken zu stärken gegen gefährliche Rückfälle in einen primitiven nationalistischen und sogar rassistischen Populismus. Schien dieser Ungeist doch nach der jahrzehntelangen Festigung eines demokratischen Bewusstseins und Handelns im Nachkriegs-Europa eigentlich überwunden zu sein. Das lange mit Mühe Erkaufte wollte man nicht wieder an ewig gestrig bleibende Kräfte verlieren.

Ich konnte diese Gedankengänge sehr gut nachfühlen. Hatte ich mich doch erst im Alter von knapp 25 langsam aus der Schweiz zu einem Universitätsstudium in München vorgewagt. Der dortige Anfang in dem politisch noch ganz christlich-liberal geprägten Deutschland war für mich noch nicht wirklich zufriedenstellend gewesen. Die Luft, wahrscheinlich besonders in Bayern, war voller Nachkriegs-Tabus, die Stadt wirkte grau und die Menschen in ihren grünen Lodenmänteln kamen mir oft auffallend verhalten vor. Der Bau des Münchner U-Bahnnetzes und des Olympia-Geländes für die Olympiade 1972 wirkte wie ein neuer Funke Leben, durch den München Jahrzehnte aufzuholen schien. Auch der bald aus den USA nach Europa schwappende, „Achtundsechzigerbewegung" genannte, erste politische Aufstand der jungen Generation ließ in Deutschland nicht lange auf sich warten – ziemlich zeitgleich mit dem Experiment des „demokratischen Sozialismus" Alexander Dubceks in Prag bis zu dessen Niederwerfung durch die Truppen des Warschauer Pakts. Diesen Ereignissen auf dem Fuße folgte 1969 die langersehnte Ablösung der die deutsche Vergangenheit viel zu zögerlich aufarbeitenden Regierungen Adenauers, Erhards und Kiesingers durch Willy Brandts sozialliberale Koalition. Ein für mich besonders bewegender Augenblick war, nur ein Jahr nach dem Beginn von Brandts Kanzlerschaft, dessen Kniefall vor dem Mahnmal in Warschau als Geste der Demut und der Bitte um Vergebung. Das wichtigste Ereignis war dann der keine 20 Jahre später folgende Fall der Berliner Mauer zwischen West- und Osteuropa und das Ende des sowjetischen Machtimperiums. Mit der Auflösung des DDR-Unrechtsstaates und mit der lange in unerreichbarer Ferne scheinenden deutschen Wiedervereinigung konnte endlich mit einem Friedensvertrag 45 Jahre nach Kriegsende ein deutlicher Schlussstrich unter die Nachkriegszeit gezogen werden. Auch wenn das Ende des Sowjetimperiums auch die wesentliche Voraussetzung gewesen war für die Änderung des gesamtdeutschen Status, so war es doch maßgeblich das Volk der DDR gewesen, welches mit seinem beharrlichen und mutigen Auftreten bei den „Montagsdemonstrationen" in Leipzig das Ende des kommunistischen Regimes wesentlich mit herbeigeführt hatte. Für mich war dies der handfeste und eindrücklichste Beweis für die bestandene Reifeprüfung der Deutschen in Bezug auf demokratisches Verhalten und demokratische Gesinnung. Was für ein gewaltiger Sprung vom herdentriebartigen Mitläufertum und der politischen Unmündigkeit der Bürger vor und auch noch eine ganze Weile nach 1945. Diese Festigung des demokratischen Bewusstseins in der west- und der ostdeutschen Bevölkerung lösten meine letzten politischen Vorbehalte gegenüber Deutschland auf.

Amerikanisch-deutsche Doppelbürgerschaft

Dieses glückliche Projekt in Pacific Palisades hatte mich sogar im doppelten Sinn wieder *nach Hause* gebracht. Einmal in neuem Gewand in das Großelternhaus meiner amerikanischen Kindheit und zum anderen zu meinem lange Zeit liegen gelassenen politischen Engagement für die Belange der amerikanischen Politik. Ich begann mich jetzt erst recht als durch meine Familie demokratisch geprägter amerikanischer Staatsbürger zu begreifen. Gleichzeitig hat mich die großherzige Entscheidung der deutschen Bundesregierung, dieses Projekt ins Leben zu rufen, nachträglich in meinem Entschluss bestärkt, fast 60 Jahre nach Kriegsende auch die deutsche Staatsbürgerschaft wieder anzunehmen. Insofern wirke ich jetzt auch als Deutscher an diesem transatlantischen Projekt nach Kräften mit.

Ich denke gerade an dem transatlantischen Paradox herum, dass Amerika nach dem Krieg Westdeutschland erfolgreich zum Aufbau einer haltbaren Demokratie verholfen hat, von der dann auch noch Ostdeutschland, fast ein halbes Jahrhundert später, profitieren konnte. Wobei der bewundernswerte und geradezu tollkühne Kraftakt, die kommunistische Diktatur zu stürzen, der ostdeutschen Bevölkerung kaum so leicht gelungen wäre, hätte sich diese nicht schon länger vorher durch ihre zunehmenden Westkontakte so Einiges von den westlichen Demokratien abschauen und im Geiste vorwegnehmen können.

Gleichzeitig hatten jedoch die Vereinigten Staaten von Amerika sukzessive über die Jahrzehnte eine Beschädigung ihres demokratischen Systems, das so lange als Lehrstück hatte gelten können, durchmachen müssen bis in den gegenwärtigen so beklagenswerten Zustand, dass sich der deutsche Bundespräsident während seiner Eröffnungsansprache auf der Terrasse des Hauses veranlasst sah, eigens zu betonen, dass er jetzt *nur dieses Weiße Haus* aufsuchen würde und kein anderes. Denn die Entwicklung beider Kontinente war gegenläufig und zwar tragischerweise moralisch und politisch eindeutig zum Nachteil für die USA.

Ein Tag nach der inaugurierenden Rede des Bundespräsidenten im Getty Center in Los Angeles trat die vollzählige deutsche Delegation den Rückflug nach Berlin an.

Kurz vor dem Beginn der Nachtruhe während des Flugs verabschiedete sich der Bundespräsident zusammen mit seiner Frau Elke Büdenbender der Reihe nach persönlich von allen Mitgliedern der ihn bei dieser Reise begleitenden Delegation. Als er bei mir anlangte, sagte ich ihm spontan, dass mir bei dem bewegenden Unternehmen der Haus-Wiedereröffnung klar geworden sei, mich während meiner mir noch zur Verfügung stehenden Lebenszeit für sein Anliegen einer Zukunft der Demokratie über den transatlantischen und auch sonstigen Dialog nach Kräften einsetzen zu wollen. Denn spätestens jetzt war mir deutlich geworden, dass die neue Einbindung meines ehemaligen Großelternhauses in die transatlantische Politik und überhaupt in den Dialog als Mittel zur Festigung unserer westlichen Demokratie meinem Leben eine entscheidende Wende gegeben hatte. Dieses großartige, gerade von Deutschland ins Leben gerufene Projekt auf seinem besonderen geschichtlichen Hintergrund ausgerechnet in dem Haus, das als Zentrum des politischen Kampfes deutscher Emigranten gegen das Hitler-Regime gedient hatte, warf mich einerseits bis in meine früheste eigene Vergangenheit zurück. Hatte ich doch in den Jahren meines ausgedehnten Zusammenlebens mit meinem Großvater besonders in seinem „Weißen Haus des Exils" viel von dessen diszipliniert konsequenter Haltung in seinem Kampf gegen Faschismus und für Demokratie und Humanismus mitbekommen und mich dann auch später in Europa, immer noch als amerikanischen Staatsbürger, davon leiten lassen, gerade auch politisch. Andererseits wies mir das eben neu eröffnete Projekt in demselben Haus eine weitere neue Wegstrecke in meinem Leben nach vorne zu.

Sosehr auch die Bevölkerung Deutschlands und die auf jeden politischen Stillstand kritisch sensibel reagierende und viel Ermutigung benötigende junge Generation in Europa heute sicherlich jeden vertrauensbildenden Dialog gutheißt, zog ich es doch vor, mich als Erstes in den sich in einem sehr viel schwierigeren Zustand befindenden USA in Sachen Demokratie, Dialog und Frieden zu engagieren. Ein wesentlicher Grund bzw. Anlass dafür war, dass die Eröffnung des Hauses, welche in der deutschen Öffentlichkeit als spektakuläres Ereignis hoch gefeiert worden war, in den US-amerikanischen Medien kaum ein Echo gefunden hatte. Eine besondere Gelegenheit sah ich gerade im Sommer und Herbst 2019 darin, mich in das vom Auswärtigen Amt initiierte Deutschlandjahr 2018/19 „Wonderful zusammen" einzuklinken und dort eine *Lecture Tour* quer durch die USA und Kanada vorzuschlagen, auf der ich den bisher mehr oder weniger uninformiert gebliebenen Menschen das von der deutschen Bundesregierung initiierte Projekt des transatlantischen Dialogs möglichst weit über das Thomas Mann House hinaus etwas näherbringen könnte.

Diese äußeren Bedingungen waren der willkommene, wenngleich eher äußerliche Anlass für diesen Vorschlag. Der eigentliche Grund dafür lag tiefer. Er lag im Titel des Vortrags, einem Zitat der prägnanten Formulierung Thomas Manns in einem Interview während einer seiner letzten Atlantiküberquerungen im Februar 1938, kurz nachdem er seinen gegen Nazideutschland gerichteten Vortrag für die amerikanische Bevölkerung „The coming Victory of Democracy" noch in der Schweiz verfasst hatte. Die Formulierung lautete: „Democracy will win". Diese von ihm mit einem provokativen und unerbittlichen Unterton ausgesprochenen drei Zauberworte waren für mich weit über die besondere Situation der Dreißigerjahre hinaus in ihrer Bedeutung zeitlos. Sie passten trotz der völlig veränderten Zeit genauso auf die heutige, ebenfalls weltweit hochgefährliche politische Situation und zu unserem ähnlich verzweifelten Kampf gegen Undemokratie.

Ich wollte mit den Darlegungen in meinem Vortrag meine US-amerikanischen Mitbürger in ihrem todunglücklich zerfahrenen und zerrissenen Land an die verloren gehenden, von ihren Vorfahren leidenschaftlich verteidigten und 1787 in ihrer Verfassung verankerten Grundwerte *Freiheit* und *Gleichheit* erinnern und sie vor allem zu einem verstärkten dialogischen Wiederzusammenfinden ermutigen. Mein Konzept bestand darin, Thomas Manns in seiner Ansprache „The Coming Victory of Democracy" geäußerten Grundgedanken der *Menschenwürde* als der tiefsten Grundessenz einer Demokratie aufzugreifen und *zu ergänzen* mit in meinem im Philosophie-, Theologie- und Psychologiestudium mit praktischer Psychotherapieausbildung erlernten Prinzip *eines im sinn- und werteorientierten Miteinander gelebten Dialoges*, in dem ich das Fundament einer jeden funktionierenden und weiter ausbaufähigen Demokratie sah und sehe. Dabei war es mir von Anfang an wichtig, diese Überzeugung besonders an die nachwachsende Generation von Schülern und Studenten in Universitäten, Colleges und Highschools weiterzugeben. Als Fellow des Thomas Mann House wurde mir für diese Vortragsreise die dankenswerte Unterstützung seitens des Vereins „Villa Aurora Thomas Mann House", der Krupp von

Bohlen und Halbach-Stiftung, der Berthold-Leibinger-Stiftung und der Goethe-Institute zuteil.

Da ich inzwischen als „Honorary Fellow“ des Thomas Mann House eingeladen worden war und der Programmdirektor des Hauses, Dr. Nikolai Blaumer, die Organisation einer mehrwöchigen *Lecture Tour* durch mehrere US-amerikanische Städte übernahm, logierte ich, mehrere Monate vor Antritt dieser Reise, um Ostern herum etwa drei Wochen in jenem erinnerungsreichen Haus und nutzte diese Zeit, sowohl bei den Reisevorbereitungen durch die Administration des Hauses dabei zu sein als auch eine Probeversion meines vorgesehenen Vortrags in der Residenz des deutschen Generalkonsuls in Los Angeles zu halten.

Inzwischen hat sich am Horizont des Abendhimmels über mir das letzte Nachschimmern der untergegangenen Sonne in einen schwachen, rötlichgelben, sich jetzt über den ganzen Horizont verteilenden Streifen verwandelt. Im Kontrast zur Helle des Saums am westlichen Horizont verfällt auf der östlichen Gegenseite der Himmel in ein langsam in Nachtschwarz übergehendes Dunkelgrau – die letzte Phase vor dem endgültigen Eindunkeln. Durch das abendliche Abebben der Straßengeräusche unten kommen die aus dem gegenüberliegenden Wohngebäude zu mir herüberdringenden Stimmen sowie die akustischen Fetzen aus irgendwelchen aus den Häusern dringenden Fernsehprogrammen stärker zur Geltung. Da es jetzt auch kühler wird, ziehe ich mir meine dunkelblaue, mit beidseitigen roten Längsstreifen und weißen Reißverschlüssen an den Seitentaschen versehene Windjacke mit dem Beachhouse Look an, die ich mir im vergangenen Frühling während meines dreiwöchigen Aufenthalts im Thomas Mann House in Santa Monica gekauft habe und die ich sehr liebe.

Dialog als Kern der Demokratie

Thomas Manns Rede „The Coming Victory of Democracy"

Die entscheidende politische Entwicklung Thomas Manns zu einem leidenschaftlichen Kämpfer für Demokratie und gegen den Faschismus erstreckt sich über einen Zeitraum von rund 20 Jahren in seinem Leben und Wirken während der politischen Umwälzungen zwischen 1914 und 1938. Für einen Schriftsteller und Denker, der seine ihm am Herzen liegenden Themen immer abwägend und gründlich durchdrang, umfasste diese Entwicklung eine bemerkenswert große Spanne sich verhältnismäßig rasch verändernder oder verschiebender politischer Anschauungen. Dieser Prozess wurde von den dramatischen politischen Ereignissen vor allem in Europa wesentlich mitgesteuert.

Während des Ersten Weltkrieges fühlte sich Thomas Mann als deutschnationaler, der westlich-kosmopolitischen, französischen und angelsächsischen Demokratie gegenüber skeptischer Verfechter einer Abgrenzung der für ihn einzigartigen deutschen Kultur von der „Zivilisation" westlicher Demokratien. In der frühen, das alte feudale System ablösenden Weimarer Republik bekannte er sich dann, inspiriert durch das Schrifttum des amerikanischen Dichters Walt Whitman, als weltoffener Republikaner und Kosmopolit. Und 1938 begab er sich dann als Emigrant und Weltbürger mit der englischen Übersetzung seiner noch in der Schweiz gegen Nazideutschland verfassten flammenden Programm- und Kampfschrift „The

Coming Victory of Democracy"/„Vom kommenden Sieg der Demokratie" kurz vor seiner endgültigen Übersiedlung in die Vereinigten Staaten auf eine ihn durch fünfzehn amerikanische Städte führende Vortragsreise.

Trotz dieser auf den ersten Blick nur schwer miteinander zu vereinbarenden gedanklichen Sprünge und dem Anschein eines politischen Wandels vom Saulus zum Paulus während der epochalen Umbrüche in dem genannten Zeitraum blieb Thomas Mann sich und seiner humanistischen Grundeinstellung im Grundsatz treu. Sieht man genauer hin, dann zeigen sich in dem vielgeschmähten, zwischen Oktober 1915 und 1918 verfassten, fast 600 Seiten dicken Wälzer der „Betrachtungen eines Unpolitischen" trotz seiner Befürwortung der deutschen Kriegshandlungen und trotz seines Versuchs einer Abgrenzung deutschen Geistes von allem Nichtdeutschen, bereits erste Andeutungen und Anbahnungen seines während der Dreißigerjahre in den USA langsam ausreifenden Bekenntnisses zur Demokratie. Zumindest wird bei seiner Behandlung der Auseinandersetzung zwischen Feudalismus und Demokratie in den „Betrachtungen eines Unpolitischen" eine ambivalente Haltung gegenüber der während des Krieges am Horizont aufscheinenden neuen politischen Ordnung erkennbar. In diesem Sinne finden sich in den „Betrachtungen" deutliche Spuren eines „Rückzugsgefechts" aus dem feudalen Zeitalter in eine republikanische Zukunft.[1] Diese allerdings noch sehr ambivalente Haltung kommt bereits ein halbes Jahr vor dem Beginn der Niederschrift der „Betrachtungen" in einem Brief Thomas Manns an Paul Amann zum Ausdruck: „Was ich wünsche, ist, dass die Überwindung des politischen Preußentums, die Demokratisierung Deutschlands, die dieser Krieg offenbar zur Folge haben wird, Deutschland entdüstern möge, *ohne es zu verflachen*, dass sein Verhältnis zur Wirklichkeit, sich vertraulicher und heiterer gestalten möge, damit es die Führung zu einer demokratischen Weltkultur übernehmen kann, – denn die Führerschaft darf nicht an Amerika fallen."[2]

Die in den „Betrachtungen" ins Auge springende Tendenz einer Rechtfertigung und Abgrenzung seiner nationalkonservativen Haltung sowie die auch in der Formulierung provokante Befürwortung des Ersten Weltkriegs muss ebenfalls im engen Zusammenhang gesehen werden mit seiner sich durch die „Betrachtungen“ hindurchziehenden erbitterten Gegnerschaft zu seinem von ihm als „Zivilisationsliteraten“ titulierten, aber nie namentlich genannten älteren Bruder Heinrich. Thomas Mann hatte bald nach Kriegsausbruch drei nationalkonservativ-apologetische Schriften verfasst, in denen er u. a. den Krieg, besonders den Überfall Deutschlands auf das neutrale Belgien, verteidigte. Dies waren die im Herbst 1914 verfassten „Gedanken im Kriege“ und „Gute Feldpost“ und zum Jahresende hin „Friedrich und die große Koalition“. Darauf hatte Heinrich im Herbst 1915 in einem gegen das Deutsche Reich gerichteten pazifistischen Aufsatz über Emile Zola mit aggressiven Seitenhieben gegen seinen (ebenfalls nie namentlich genannten) jüngeren Bruder erbittert reagiert. An mehreren Stellen der zwölf Kapitel seiner „Betrachtungen“ polemisiert Thomas Mann gegen die unverhüllten Schärfen seines Bruders. Der Grundtenor des Werkes besteht darin, den besonderen geistesgeschichtlich-historischen Weg der deutschen Kultur gegen die demokratischen Grundsätze Frankreichs, Englands und der USA als „Deutschtum“ zu verteidigen.

Den bereits Anfang 1915 vorausgesagten Wechsel von der deutschen Monarchie bzw. dem „politischen Preußentum“ zur Demokratie empfand Thomas Mann, wie besonders im umfangreichsten Politik-Kapitel der „Betrachtungen“ zum Ausdruck kommt, nicht als wirklichen Bruch, zumal nach seinem Dafürhalten der deutsche kaiserliche Obrigkeitsstaat, an dem er damals noch festhielt, ein freiheitlicher Staat sei, der sich mit einem Ja zum „Volksstaat“ durchaus vertrage. Und am 1. März 1917 schrieb er in einem Artikel in der „Frankfurter Zeitung“, dass er sich ein nationales, kein nationalistisches Deutschland wünsche, „weitherzig, frei, weltbürgerlich gesittet und menschlicher Bildung grenzenlos zugethan“. Trotzdem warnte er geradezu prophetisch vor einer militärischen Niederlage Deutschlands. Denn dies „würde den Nationalismus zu furchtbarer, alles ausschließender, jede Geistigkeit in Bann schlagender Macht erstarken lassen.“

In diesem Zusammenhang drängt sich die Frage nach der im Titel der „Betrachtungen“ enthaltenen Bezeichnung „unpolitisch“ auf. Was heißt dies für einen Künstler und erklärten Humanisten und Ästheten wie den frühen Thomas Mann, der vor seiner Emigration in die USA kaum direkte Kontakte zu Politikern unterhalten hatte? (Dies sollte sich erst mit seinen ersten Besuchen in den USA bald nach seiner Emigration aus Deutschland ändern, als er wiederholt Präsident Roosevelt im Weißen Haus begegnete. Diese Begegnungen beeindruckten ihn so sehr, dass Roosevelt zu einer Art politischer Leitfigur für ihn wurde und dass es ihn dann Jahre später bis Kriegsende fast alle Jahre zu jeweils Monate dauernden, pointiert politischen Vortragsreisen quer durch die USA drängen sollte.) In den „Betrachtungen" heißt es bereits in der Vorrede, dass der Unterschied zwischen Geist und Politik und zwischen Kultur und Zivilisation denjenigen von Seele und Gesellschaft, von Freiheit und Stimmrecht und von Kunst und Literatur enthält und dass Deutschtum Kultur, Seele, Freiheit und Kunst sei und nicht, wie die französische oder englische Identität, Zivilisation, Gesellschaft, Stimmrecht und Literatur. Kunst ist aufgrund ihrer relativen Freiheit von der Politik entsprechend unpolitisch, und deshalb würde man dem Humanisten und Ästheten keine ausgesprochene Nähe zur Politik einräumen können.

Dementsprechend bekennt Thomas Mann, wieder im Politik-Kapitel seiner „Betrachtungen": „Ich will nicht Politik. Ich will Sachlichkeit, Ordnung und Anstand." Der Unpolitische protestiert gegen die instrumentelle, den Menschen instrumentalisierende Vernunft.[3] Hier verblüffen die Parallelen zwischen seinen Gedanken über den unpolitischen Charakter des Künstlers, des romantischen Ästheten und des „Deutschtums" aus der Zeit des Ersten Weltkriegs und seine Hervorhebung der *Innerlichkeit* der Deutschen und deren Hang zur *Romantik* auf dem geschichtlichen Hintergrund der mythischen Wurzeln im Mittelalter in seinem 30 Jahre später nach dem Untergang des Deutschen Reiches geschriebenen Essay „Deutschland und die Deutschen" von 1945. Nur jetzt mit der umgekehrten Wertung: Die besagten anlagemäßigen Voraussetzungen der Deutschen, deren Seelenlage, deren „deutsche Weltfremdheit" (XI, 1129) und Politikferne, so heißt es 1945, würde allzu leicht zu der „provinziellen Weltbürgerlichkeit", zum „militanten Knechtsinn" und „vertrotzten Individualismus" führen und zu dem bei den Deutschen beobachtbaren extremen Schwanken zwischen Überheblichkeit und Unterwürfigkeit, das schuld sei an den Verstrickungen in die nationalsozialistische Katastrophe.

Anders als bei der offenbar andauernden Anspannung während der Abfassung der „Betrachtungen" scheint sich Thomas Mann während der Ostertage Mitte April 1922 eher ruhig und gelöst gefühlt zu haben. Die Weimarer Republik hatte inzwischen die Monarchie abgelöst, und die bevorstehenden Schrecknisse der neuen Republik wie der Höhepunkt der Inflation und der bald drauf folgende gescheiterte Hitler-Putsch waren noch nicht in Sicht. Thomas Mann hatte sich inzwischen auch wieder mit seinem Bruder Heinrich versöhnt.

Am Ostersonntag erschien in der „Frankfurter Zeitung" Thomas Manns Rezension der zweibändigen Ausgabe der Werke des US-amerikanischen Dichters, Essayisten und Journalisten Walt Whitman, eines der einflussreichsten amerikanischen Lyriker des 19. Jahrhunderts, übersetzt und kommentiert von Manns engem Freund Hans Reisiger. Dessen deutsche Rezeption Whitmans war für Thomas Mann Anlass genug, sich mit dem Werk des Amerikaners zu befassen. Es ist anzunehmen, dass er nur aus dieser deutschsprachigen Fassung und nicht in der Originalsprache Whitmans seine Kenntnisse von dessen politischer Auffassung bezog. Aber der eigentliche Grund für seine noch eingehendere Beschäftigung mit ihm lag tiefer.

In der neu angebrochenen Epoche, vier Jahre nach Kriegsende und dem Untergang der Monarchie, befand sich Thomas Mann in der Phase einer grundlegenden, auch politischen Neuorientierung. Er war jetzt „reif" für eine intensive Auseinandersetzung mit dem von seinem Freund Reisiger betreuten Werk des mehr oder weniger repräsentativsten Dichters der Neuen Welt. Diese hatte mittlerweile den Charakter einer Art „Gegenwelt" zu dem sich neu orientierenden europäischen Festland angenommen, nachdem sich dieses erst vor Kurzem zu großen Teilen seiner über Jahrtausende herrschenden Monarchien entledigt hatte und die neue demokratische Staatsform noch tief in den Kinderschuhen steckte. Thomas Mann spürte in diesem Dämmerzustand zwischen Monarchie und Demokratie, dass die Neue Welt als Verfechterin eines neuen demokratischen Menschenbildes ohne monarchistisch-feudale Bevormundung und historisch von Anfang an demokratisch konstituiert ein Vorbild sein könnte für das sich erst einmal in einem demokratischen Versuchs- und Erprobungsstadium befindende europäische Festland. Und er mag auch befürchtet haben, dass das fragile Europa und insbesondere Deutschland nach seiner Niederlage und den darauffolgenden politischen Wirren in diesem Zwischenstadium Gefahr laufen würde, in einem politischen Niemandsland stecken zu bleiben oder gar in ein verderbliches Fahrwasser abzurutschen, so wie dies dann auch, wie in den „Betrachtungen eines Unpolitischen“ erstaunlicherweise vorhergesagt, in einem in der Tat horrenden Ausmaß geschah.

Was hat Thomas Mann wirklich dazu bewogen, sich in diesem Aufbruch so intensiv mit dem Werk des amerikanischen Dichters Whitman zu befassen und sogar eine Rezension über die ihm zugängliche Werkausgabe zu schreiben? Vermutlich war es die geistige Frische von Whitmans proklamiertem neuen demokratischen Menschenbild, dessen Grundworte Liebe, Demokratie und Religion für Thomas Mann nach den Schrecknissen des Ersten Weltkriegs und den darauffolgenden Unruhen offenbar eine besondere Anziehungskraft ausübten. Dazu passt auch die Verkündung von Idealen wie demjenigen eines befreiten Bewusstseins oder der Loslösung von konventionellen Zwängen – für noch in der Monarchie aufgewachsene Menschen sicher neuartig, vielleicht auch beängstigend, aber gleichzeitig auch faszinierend und attraktiv. Und wenn dann, als „Krönung der Demokratie“, Whitman auch noch die „Bruderschaft“ nicht nur der Bürger desselben demokratischen Staates untereinander, sondern auch aller Länder unserer Welt untereinander ansprach, dann musste dies auf den Mann, der kürzlich die „Betrachtungen“ verfasst hatte, fast schwindelerregend wirken. Die Demokratie als das einigende politische Band aller Menschen schlechthin! Es befreit nicht nur von jeder Art monarchisch-feudaler Bevormundung. Es nimmt auch von jeder religiösen Praxis die ideologische Erstarrung und die Tendenzen, sich von Andersgläubigen abzugrenzen. Liebe, Demokratie und Religion ist die Kernbotschaft von Whitmans Lebensprogramm schlechthin. Whitmans politisch radikaler, ideologiefreier Ansatz basiert ganz und gar auf dem für die Vereinigten Staaten von Amerika kennzeichnenden Prinzip des solidarischen Miteinanders auf der Basis der amerikanischen Revolution. Und wenn Whitman schon von derselben Art von Bruderschaft aller Länder untereinander spricht, meint man fast herauszuhören, dass die von ihm postulierte Zusammengehörigkeit von Liebe, Demokratie und Religion als dem für Amerika geltenden Lebensprogramm gleichzeitig auch ein weltumspannendes Ideal sein könnte.

Walt Whitman hatte auch in Deutschland bereits in der Kaiserzeit Bewunderer und Fürsprecher gehabt, und er erlangte um 1900 herum besonders auch bei der deutschen Jugend den Status einer Kultfigur. Als Whitman 1892 im Alter von 73 starb, war Thomas Mann 16 Jahre alt. Seine später durch seinen Freund Hans Reisiger angestoßene intensive Beschäftigung mit ihm war also nicht weiter verwunderlich. Bot sich ihm doch jetzt zum richtigen Zeitpunkt eine gute Gelegenheit, sich zur Rechtfertigung seiner eigenen republikanischen Wende nach dem Ende der Monarchie auf den neuen Ideengeber jenseits des Atlantiks zu berufen.[4]

Bald gab es für Thomas Mann über seine Rezension der neuen Werkausgabe Whitmans hinaus einen weiteren Anlass, sich zum ersten Mal nach den „Betrachtungen“ zu einem neuen, wieder etwas umfangreicheren politischen Essay bewegen zu lassen. Es war der Schock durch die Ermordung des liberalen Politikers und Reichsaußenministers Walther Rathenau durch rechtsradikale Antisemiten am 24. Juni 1922. Thomas Mann musste, wie er später in einem Brief an Ida Boy-Ed ausführte, wegen seines Kummers an diesem Staat den reaktionären Kräften etwas Grundsätzliches, Ideelles über Humanität und Demokratie entgegensetzen. Am 8. Juli sprach er in einem Brief an Ernst Bertram unmittelbar über seinen „Choc“ wegen des Mordes, die verirrte und verführte Jugend, und darüber, dass er eine Republik-Rede als Artikel zum 60. Geburtstag von Gerhart Hauptmann im November plane. In den folgenden Sommermonaten entstand die Rede „Von deutscher Republik“, die Thomas Mann dann im Oktober im Berliner Beethovensaal mit großen Echo öffentlich vortrug.

„Von deutscher Republik“ ist der Versuch, sich denjenigen Kritikern entgegenzustellen, die seine Abkehr von den „Betrachtungen eines Unpolitischen“ als Gesinnungswandel ablehnten. Schon im Vorwort zu der 40 Seiten langen Rede beteuert der Autor, er setze mit seinem neuen

Plädoyer für die republikanische Idee im Sinne von Walt Whitman die Linie der „Betrachtungen" konsequent und ohne Bruch in die Gegenwart fort. Seine Gesinnung sei „unverwechselt" und „unverleugnet" die jener Schrift, die sich zu deutscher Menschlichkeit bekenne. In diesem Sinn bezeichnet er sich auch weiterhin als „Konservativen". Es schien jetzt der ungewohnt neue Begriff „Republik" zu sein, der bei so manchen früheren Weggenossen Anstoß erregte, besonders bei denen, die sich jetzt der nationalsozialistischen Position anzunähern begannen. Umso mehr dürften ihm Sympathien seitens der Sozialdemokratie zugeflogen sein. Was Thomas Mann mit „Republik" oder „republikanisch" meinte, zeigt sich besonders an den Stellen, an denen er sich auf Walt Whitman beruft. „Republikanisch" ist das politische Thema der Stunde, im Kontrast zu dem im Weltkrieg untergegangenen Feudalismus. Die wahrscheinlich entscheidende, für die größte Empörung von rechts sorgende Stelle der Rede lautet dementsprechend: „Die ‚Mächte' sind fort, der Staat ist unser aller Angelegenheit geworden, *wir sind der Staat*". (GW XI, 823). Und dann weiter: „Und dieser Zustand ist wichtigen Teilen der Jugend und des Bürgertums in tiefster Seele verhasst, sie wollen nichts von ihm wissen, sie leugnen ihn nach Möglichkeit und zwar hauptsächlich", weil er sich der Niederlage verdanke (ebd.).

Umso mehr setzte sich Thomas Mann mit einem leidenschaftlichen Plädoyer für die Idee der Republik ein und appellierte dabei besonders an die deutsche Jugend als Ganzes. Als Gewährsmann dafür zieht er den romantischen Dichter und Philosophen Novalis heran und leitet dann über zu Walt Whitman, von dem er sich einen zentralen Gedanken gleich zu Beginn zu eigen macht: Über die Selbsterziehung und die Pädagogik habe auch er, Thomas Mann, sich dem Sozialen zugewandt und sei dadurch „der unzweifelhaft höchsten Stufe des Menschlichen, des Staates ansichtig" geworden. Und er kommentiert dies so, als sei er schon immer politisch gewesen, nur ohne es recht zu wissen: „Die unzweifelhaft höchste Stufe des Menschlichen – der Staat! Als Anfänger des Lebens hätte ich mir nicht träumen lassen, dass ich jemals so sprechen würde. Wer aber so spricht, ist ein Republikaner."

Dennoch wird aus dem Text der Republikrede deutlich: Bei allem ausdrücklichen Bekenntnis zur Republik und damit wenigstens in nuce zu der jetzt in Weimar dämmernden neuen deutschen Demokratie, begründete Thomas Mann seine neue Befürwortung der Republik immer noch nicht wirklich politisch, sondern hauptsächlich humanistisch und ästhetisch, ja romantisch. Er begründete sie nicht primär aus der Novemberrevolution von 1918 oder aus der Tradition der Aufklärung, sondern vor allem aus dem Ästhetizismus (George), dem Vitalismus (Whitman) und der Romantik (Novalis). Er selbst bekannte im Rückblick 1928 mit gewinnender Selbstkritik und Selbstironie, dass sogar seine alten „Betrachtungen“ „ästhetisch, als Dichtung genommen“ weit mehr taugten und wögen „als jene väterlichen Ermahnungen zur Republik“ (in: Kultur und Sozialismus, GW XII, 640). Dies am Ende der Zwanzigerjahre, als er sich – so wie alle sich jetzt zunehmend politisch der Demokratie verpflichtenden Menschen – vom Strudel des rasanten Machtzuwachses der Nationalsozialisten mitgerissen und aufgerüttelt fühlte und sich dann bald darauf besinnen musste, was zu tun sei. Und was Demokratie in ihren angelsächsischen, damals ca. 150 Jahre alten Wurzeln wirklich sei, sollte er sich, zehn Jahre nach dem Rückblick von 1928, nicht mehr nur mithilfe der Lektüre aus der deutschen Übersetzung einer amerikanischen Werkausgabe aneignen, sondern aus eigener Anschauung als Exilant im authentischen, praktischen Alltag der USA.

Von diesen im Lauf der Dreißigerjahre direkt aus den USA bezogenen Erfahrungen und Erkenntnissen gibt sein direkt an amerikanische Hörer gerichteter Vortrag „The Coming Victory of Democracy“ Zeugnis. Dessen deutsche Originalfassung „Vom kommenden Sieg der Demokratie“ hatte Thomas Mann kurz vor seiner letzten Erkundungs- und ersten Vortragsreise durch die USA und vor seiner endgültigen Übersiedlung dorthin noch im Schweizer Exil verfasst und Anfang Februar 1938 probeweise im jüdischen Dienstag-Club in Zürich gelesen.

Die am 1. März in Chicago beginnende Tournee mit diesem Vortrag war für Thomas Mann sozusagen der symbolische Übergang von der alten zur neuen Welt. Der vor und während der Reise mehrfach eine Wandlung durchmachende Vortragstext setzt dementsprechend deutlich neue

Akzente auf das Verständnis von Demokratie. Diese ist jetzt nicht mehr primär kulturell, ästhetisch, humanistisch begründet, sondern vor allem aus einem psychologischen und sozialethischen Imperativ einer praxisorientierten Vernunft. Demokratie wandelt sich dementsprechend von einem statischen, idealistisch begründeten Selbstverständnis zu einem dynamischen, sich immer weiter verändernden und erneuernden Prozess. Dessen Ziel ist nicht nur die Wahrung einer höheren, ethisch begründeten, sozialen Ordnung im Sinne der dem Menschen mitgegebenen Selbstbestimmung, Freiheit, Frieden und Menschenwürde. Genauso einbezogen ist auch der materielle Aspekt des sozialökomischen Wohls seiner Bürger und deren Recht auf Arbeit.

Sobald diese aufgeführten Ziele und Rechte gefährdet und bedroht werden (in den damaligen dunklen Zeiten konkret durch den die Menschenrechte mit Füßen tretenden und halb Europa vergiftenden, vor allem nazideutschen Faschismus), muss diese Demokratie sich vehement selbst gegen jene verderblichen Mächte verteidigen. Dann wird die Demokratie zu einem menschlich geschuldeten, wehrhaften Kampfmittel gegen die Finsternis faschistischer Gewaltherrschaft und Menschenvernichtung als Alternative zu einer falschen Appeasement-Politik. Dies äußerte Thomas Mann in der Zeit, in der die Kriegstreiberei Nazideutschlands mit der Einverleibung Österreichs und des Sudetenlands über das „Münchner Abkommen" auf ihren mörderischen Höhepunkt zustrebte und er selbst als Emigrant bereits mit einem Fuß im endgültigen amerikanischen Exil stand.

Sein neuartiges, praktisch politisch erweitertes und differenziertes Verständnis von Demokratie zeigt sich auch in der ziemlich klar durchstrukturierten Niederschrift des Vortrags „The Coming Victory of Democracy". Ich zähle dabei insgesamt neun voneinander unterscheidbare Themenabschnitte oder Segmente, die ich hier im Folgenden zusammenfassen möchte:

1) Gleich zu Anfang des Vortrags kommt das, was sich erst recht im Lauf der folgenden Jahrzehnte als das eigentliche, tragende Merkmal der Demokratie herausstellen sollte, mit überaus treffender psychologischer Begrün-

dung zur Sprache: *die Notwendigkeit der ständigen Veränderung der Demokratie.*

Die Voraussetzung für diese Annahme ist: Das Hauptkriterium für die Präferenz der Demokratie gegenüber allen anderen Gesellschaftsformen ist der ganze, leib-seelische (und nicht nur mehr der vor allem ideelle) Mensch und seine Fähigkeiten und Bedürfnisse. Damit wird erst recht deutlich, dass Demokratie nicht ein statisches Gebilde ist, wie es in den vorangegangenen Schriften noch manchmal den Anschein hat, sondern ein hochsensibler, dynamischer Prozess. Grund dafür ist die labile Natur des Menschen und die Unvorhersehbarkeit seines Handelns aufgrund seiner Willensfreiheit und damit seiner Fähigkeit, sich immer wieder neu für das Gute oder das Böse zu entscheiden. Zur Verführbarkeit des Menschen zum Bösen gehört es daher auch, dass jedes mühsam aufgebaute System der Demokratie nicht nur in Frage gestellt, sondern gezielt, von außen, aber genauso auch von innen bedroht und bekämpft, ja beseitigt werden und mittels Lüge und Gewalt durch ein menschenverachtendes und menschenvernichtendes Herrschaftssystem ersetzt werden kann. Damit ist Demokratie, wie es wörtlich heißt, von vornherein *kein gesichertes Gut* und muss daher andauernd geschützt und lebenserhaltend an laufende Veränderungen angepasst werden. Demokratie braucht ständig eine „Selbstbesinnung", „Wieder-Erinnerung" und „Bewusstmachung" für ihre „Erneuerung im Gedanken und im Gefühl" (XI, 912).

Diese ständige Veränderlichkeit ist aber nicht nur eine Eigenschaft der Demokratie, sondern ein Grundbedürfnis eines jeden individuellen, die Demokratie begründenden Menschen. Der in der Natur des Menschen liegende Drang zur Veränderung ist zugleich auch ein Wagnis. Denn die freie Entscheidung führt nicht nur zu positiven Veränderungen, sondern „verführt" nur allzu leicht ins verwerfliche Gegenteil.

> Es steht nun einmal mit dem Menschen so, dass er sich in keiner Lage und unter keinen Umständen auf Erden ganz wohl befindet, keine Lebensverfassung ihm ganz gerecht wird und ihm ganz gemäß ist. Warum dem so ist, warum gerade für dieses Geschöpf auf

> Erden immer ein Rest von Ungenüge, Unzufriedenheit und Leiden bleibt, ist ein Geheimnis, – ein für den Menschen vielleicht sehr ehrenvolles, aber auch schmerzliches Geheimnis; und jedenfalls hat es zur Folge, dass der Mensch im Kleinen und Großen nach Abwechslung, Veränderung, nach dem Neuen trachtet, weil er sich eine Verbesserung und Erleichterung seines immer halb peinlichen Zustandes davon verspricht. (XI, 912)

Die Verführungskraft der menschlichen Ideen, die die Demokratie bedrohen, liegt in dem Neuigkeitsreiz der pseudorevolutionären, faschistischen „Morgenrötlichkeit" und dessen faulem Zauber durch die Verdrehung der Werte der Demokratie. Der Haupterfolg des Faschismus besteht in seiner schreienden Jugendlichkeits-Propaganda, seinem Reklametrick, die Demokratie als vergreist, verrottet, überlebt, abgestanden und gähnend langweilig, sich selber aber als höchst lustig und prall von Leben und Zukunft hinzustellen und damit dem unter seinem Neuigkeitsbedürfnis leidenden Menschen entgegenzukommen. Dieser faschistischen Spekulation wiederum hat die Demokratie durch eine Wiederentdeckung ihrer selbst zu begegnen und damit ihr selbst den ihr eigenen, sehr viel höheren Neuigkeitsreiz zu verschaffen. Der wesentliche Unterschied zwischen Demokratie und Faschismus ist, dass der Faschismus ein hässliches, vergängliches Kind seiner Zeit ist, die *Demokratie* hingegen *zeitlos-menschlich,* und dass diese Zeitlosigkeit immer auch ein Maß an potentieller Jugend bedeutet.

Zusammenfassend lässt sich zu diesem ersten, einführenden Abschnitt sagen, dass Demokratie in erster Linie der *Selbstverwirklichung* des Menschen in seiner grundlegenden *Veränderlichkeit im Rahmen seiner geistigen Anlagen und Grundbestimmung* dient. (XI 910–916 Z.11)

2) Der *Endsieg* der Demokratie (S. 916) gegen die sie bedrohenden Tendenzen fußt zum einen auf dem Wissen und dem Glauben an die menschliche Zeitlosigkeit der Demokratie. Deren Hauptmerkmale sind gewiss das Prinzip der Majorität, die Friedensidee und das Recht auf Selbstbestimmung. Der höchste und umfassendste Wert der Demokratie ist jedoch vor

jeder anderen Staats- und Gesellschaftsform inspiriert von der *Würde des Menschen* aufgrund seiner *Zugehörigkeit zu einer höheren Ordnung, seines Gewissens und seines Wissens um Gut und Böse,* um die „Erbsünde“, des tiefen Gefühls um seine sich über sein Fehlverhalten erhebende Geistigkeit. (XI, 916–918)

3) Deshalb ist eine wesentliche Aufgabe der Demokratie die optimistisch menschenfreundliche *Erziehung.* (XI, 919–921 Mitte)

4) Demokratie ist *Denken,* aber es ist ein *dem Leben und der Tat verbundenes Denken.* Das heißt, dass bei der Errichtung und Erhaltung einer Demokratie politisches Denken und Handeln immer eng zusammengehören. Die eine oder andere Eigenschaft allein reicht nicht für die Verwirklichung politischer oder gar staatsmännischer Aufgaben. Als Repräsentant dieser Einheit von Denken und Handeln führt Thomas Mann den tschechischen Philosophen, Soziologen, Schriftsteller und Politiker sowie Mitbegründer und Staatspräsidenten der tschechoslowakischen Republik, Tomáš Garrigue Masaryk, als besonderen Demokraten an. (XI, 921–924 oben)

5) Der *aristokratische Einschlag der Demokratie* ist das ausgesprochene Gegenstück zur Demagogie als Ausdruck einer entarteten Demokratie. Demagogie tritt großsprecherisch auf, ist jedoch in Wahrheit „subalternes Kleinbürgergeschwätz“ sowie geistloser Kleinbürger-Kulturterror. Oder sie entlarvt sich als Pseudo-Aristokratismus, als „Sozialismus der Menschenverachtung“ seitens der sich zu Herrenmenschen aufblasenden Kleinbürger. (XI, 924–928 Mitte)

6) Der Demokratie wohnt auch der *Glaube an die Moral* inne. Sie äußert sich in der Zusammengehörigkeit von bürgerlicher Demokratie und friedensorientiertem Sozialismus sowie der *Arbeit* als der inneren Aufgabe des Friedens und dem „gerechteren sozialen und ökonomischen Ausgleich“ (931). (XI, 928 Mitte–933)

7) Eine Bedingung für den zukünftigen Sieg der Demokratie ist ihre *„volle Besinnung ... auf sich selbst, die Erneuerung ihres geistigen und moralischen Selbstbewusstseins"*. (933–938)

8) Eine weitere Bedingung ist eine *Reform der Freiheit.* (938–940 oben)

9) Demokratie ist *revolutionär* und dient gleichzeitig einer *konservativen „Erhaltung der abendländischen Kulturtradition.*" „Revolutionismus [...] ist in Wirklichkeit konservativen Sinnes." Deshalb kann der amerikanische Präsident Roosevelt als ein konservativer Staatsmann *„eben des sozialen Einschlages wegen"* gelten. „Die soziale Erneuerung der Demokratie ist *Bedingung* und *Gewähr* ihres Sieges". (940–941).

Knapp zwei Wochen vor der Probelesung „Vom kommenden Sieg der Demokratie" in Zürich kurz vor der Überfahrt in die USA mit der englischen Übersetzung in der Tasche schrieb Thomas Mann an René Schickele: „Ich habe selbst das Gefühl, dass mein politischer Vortrag jetzt für die U.S.A. genau das Richtige und eine Unterstützung der Politik Roosevelts ist." (Brief vom 27.1.1938). Über eine literarische Agentur in New York plante er seine sich über zwei Monate erstreckende Vortragsreise quer durch den Kontinent und brach Mitte Februar zusammen mit Katia und Erika mit der „Queen Mary" nach New York auf.

Den Auftakt der Vortragsreise bildete am 1. März die Lesung in der in der Nähe von Chicago gelegenen Universität in Evanston, Illinois. Die sich dort einfindenden 4500 Hörer waren ein gutes Omen für die weitere bevorstehende Tournee.[5] Ähnlichen Zustrom fand die Veranstaltung auf der nächsten Station: der University of Michigan in Ann Arbor. Wenige Tage später ging es wieder zurück nach New York, wo Thomas Mann in der Town Hall sprach. Es folgte Washington mit einer Veranstaltung in der Constitution Hall auf dem Capitolshügel. Die „Washington Post" verstand genau die vom Redner vermittelte wichtigste Botschaft, wenn sie schrieb: „Thomas Mann says Pacifism Towards Fascism Tempts War." In Philadelphia, der

Stadt Benjamin Franklins, las er am 12. März in der Academy of Music und nahm dort auch aktuell Stellung zu der „Gewalttat an Österreich", dem eben erfolgten „Anschluss" an Hitler-Deutschland. Dann folgten Kansas City, Tulsa in Oklahoma und Salt Lake City in Utah, wo sein Vortrag in einer Lokalzeitung mit Foto und der Vorstellung Thomas Manns als „Hitlers most intimate enemy" angekündigt wurde. Von dort brachte der Raketenzug, der sogenannte Streamliner, Thomas, Katia und Erika zum ersten Mal nach Los Angeles an die Westküste, wo den dreien auf Anhieb die Ähnlichkeit der südkalifornischen Landschaft mit der französischen Riviera auffiel. Sie konnten sich vorstellen, sich dort in nicht allzu ferner Zukunft möglicherweise niederzulassen, umso mehr, als Thomas Mann auch zum ersten Mal den besonderen Reiz des Pazifiks für sich entdeckte. Den dreien gefiel die Idylle so gut, dass sie beschlossen, die schon lange geplante Erholungspause hier zu verbringen und einen Bungalow im Garten des Beverly Hills Hotels anzumieten.[6] Dort schrieb Thomas Mann seinen Aufsatz „Bruder Hitler", in dem sich einige inhaltliche Bezüge zum Democracy-Vortrag finden.

Zunächst wurden jedoch noch zwei Vortragstermine in der Bay Area wahrgenommen: im War Memorial Opera House in San Francisco und tags darauf auf dem Campus der University of California in Berkeley. Dann ging es wieder zurück nach Los Angeles zum Vortrag in einem Auditorium mit 6000 Plätzen, wo auch Prominenz aus Hollywoods deutscher Kolonie erschien, darunter der berühmte Filmregisseur William Dieterle, der Thomas Mann einführte. Die über die Vortragsveranstaltung berichtende „Los Angeles Times" hob besonders hervor, dass die Anprangerung der Judenverfolgung und der Konzentrationslager besonders starken Beifall geerntet habe.

Nach der fast vierwöchigen Ruhepause ging es Ende April wieder zurück Richtung Ostküste. Auf der ersten Zwischenstation an der University of Illinois hielt Thomas Mann einen anderen Vortrag, die Demokratie-Rede dann wieder in Cleveland, Ohio in der Public Music Hall vor 3500 Menschen und Anfang Mai in der University of Toronto in Kanada. Den krönenden Abschluss bildete der Auftritt in New Yorks Carnegie Hall mit einer Standing Ovation am Ende. Die letzte Rückreise nach Europa vor der endgültigen Übersiedlung in die USA zunächst nach Princeton erfolgte, nach langen

Aufenthalten in New York und in Maryland, erst Ende Juni. Aber es stand bereits Anfang April nach den Vortragsveranstaltungen in Kalifornien die nächste Vortragsreise bereits im Spätwinter und Frühjahr 1939 fest. Und auch diese sollte längst nicht die letzte vor Kriegsende sein.

Für die Tournee 1939 war ein neuer, an die Demokratie-Rede anknüpfender Vortrag zum Thema Freiheit vorgesehen. Die Reise umfasste etwas weniger, aber dafür überwiegend neue Vortragsorte quer durch den gesamten Kontinent. Die dritte *Lecture Tour* Anfang 1940, im Wesentlichen mit demselben Vortrag wie in 1939, beschränkte sich auf den Osten und Südosten der USA. Ein Jahr später folgte die vierte *Lecture Tour*, wieder eine große, sich auf zwei Etappen im Frühjahr und Herbst aufteilende Reise mit einer etwas größeren Konzentration auf die Südstaaten. Eine eigentlich geplante Vortragsreise für 1942 war nach dem Kriegseintritt der USA im Dezember 1941 hinfällig geworden. Die letzte und fünfte Reise vor der geglückten Landung der Alliierten im Juni 1944 in der Normandie fand im Oktober und November 1943 statt. Sie war wieder kleiner, führte Thomas Mann jedoch auch zum ersten Mal in die berühmte Library of Congress in Washington, wo er schließlich im Frühjahr 1945 ein zweites Mal mit seinem Vortrag „Deutschland und die Deutschen" auftreten sollte.[7]

Thomas Mann hatte sich in den Jahren zwischen 1934 und 1938 nicht nur auf eine schriftliche Verbreitung seines neuen, weit über alle früheren politischen Kundgebungen hinausgehenden politischen Konzepts einer freiheitlichen und zugleich wehrhaften Demokratie beschränkt. Da es ihm jetzt darum ging, einen möglichst großen Teil der Bevölkerung von Angesicht zu Angesicht davon zu überzeugen, dass der Schutz und die Verteidigung dieser Demokratie nicht nur leere Worte bleiben dürften, sondern dass jeder Einzelne zu einer Umsetzung dieser Forderung irgendwie beizutragen hätte, hatte er sich zu dem aufwendigen Unternehmen gleich mehrerer Lesereisen während der kommenden Kriegsjahre entschlossen. Ging es ihm doch bei all diesen öffentlichen Veranstaltungen darum, im Sinne „seines" Präsidenten in Washington seine nicht gerade kriegsbegeisterten Hörer bezüglich einer Befürwortung eines Eintritts der USA in den Krieg gegen Nazideutschland zu überzeugen. Denn nur mit diesem Krieg war, als Ultima Ratio, ein so rabiater und gefährlicher Feind wie Hitler im Verbund mit allen anderen alliierten Kriegsmächten in die Knie zu zwingen. Außer von Studenten und Professoren wurden Thomas Manns Vorträge von politisch Interessierten aus allen Schichten aufgesucht, die auf der lokalen Ebene die politische Kultur Amerikas repräsentierten. Herausragend war dabei die hohe Zahl der Besucher vor allem der ersten Tournee durch 15 amerikanische Städte beim Vortrag „The Coming Victory of Democracy“. Presseberichten zufolge belief sich die Gesamtzahl des Publikums dort auf immerhin 43.000.[8]

Für Thomas Mann war es ein außergewöhnliches und mutiges Unterfangen, sich einmal im Jahr jeweils ein bis zwei Monate lang den Strapazen landesweiter Vortragsreisen, in einer anfangs für ihn teilweise fremden Sprache, zu unterziehen und sich einem manchmal aus Tausenden von Hörern bestehenden Publikum zu stellen. Dort hatte er, im Anschluss an die obligatorische lange Lesung, mit einer Dolmetscherin an seiner Seite (meistens seine Tochter Erika) auch noch eine öffentliche Befragung (Erika nannte sie „Ausquetschung“) zu bewältigen. Meine Großmutter Katia berichtete mir einmal anekdotisch von einer eingesprungenen Dolmetscherin, einer mit groteskem deutschen Akzent Englisch sprechenden Emigrantin, die alle Fragen an Thomas Mann und dessen Antworten darauf brav übersetzte, sich dann aber nicht nehmen ließ, stereotyp zu allem, was er sagte, hinzuzufügen: „End ai ssink, hi is kwaitt rait“.

Demnach beschränkte sich Thomas Mann nicht mehr auf die monologische Übermittlung seiner Gedanken in Form nur einer Lesung, so wie wahrscheinlich in der Regel bisher in Europa. Er trat jetzt vielmehr mit seinen amerikanischen Hörern auch in einen *offenen Dialog* im Sinn eines für dieses Land ursprünglich charakteristischen, freien und *lebendigen Miteinanders*. Dies war für ihn der direkteste und angemessenste Weg, Menschen mit seinen Gedanken zur Demokratie, seinem intensivsten Anliegen, in Berührung zu bringen. Genau dies entsprach der sich auch bis heute immer mehr festigenden, von Politikern wie dem deutschen Bundespräsidenten Frank-Walter Steinmeier unermüdlich verkündeten Erkenntnis, dass die erste Voraussetzung für eine funktionierende Demokratie der *Dialog* ist.

Diese Form eines öffentlichen dialogischen Wirkens im Dienste der Demokratie hätte Thomas Mann möglicherweise auch nach dem Krieg in irgendeiner Weise in den USA fortgesetzt, wäre nicht schon bald nach Beginn des Kalten Krieges das Unglück der McCarthy-Ära hereingebrochen, welches ihn und seine ganze Familie schließlich aus der neugewonnenen amerikanischen Heimat wieder nach Europa zurücktrieb und dessen Spuk erst ein Jahr vor Thomas Manns Tod in der Schweiz wieder beendet werden konnte.

Umso bemerkenswerter ist das Fazit, welches Hans Rudolf Vaget aus allen fünf Vortragsreisen Thomas Manns in den USA während des Krieges zieht:

> Thomas Mann hat mehr von Amerika gesehen und zu mehr Amerikanern gesprochen als jeder andere deutsche Emigrant. Auch wenn seiner Wahrnehmung deutliche Grenzen gesetzt waren, auch wenn er der „Reiserei" gelegentlich überdrüssig war, so lässt sich nicht übersehen, dass er Land und Leute besser kannte als beispielsweise Bertolt Brecht oder Theodor W. Adorno, deren Urteile über das kapitalistische Amerika ihnen flotter aus der Feder flossen, gerade weil sie von keiner nennenswerten persönlichen Erfahrung beschwert waren. Deshalb war Thomas Mann mit Pauschalurteilen über Amerika und die Amerikaner weniger rasch zur Hand als die meisten seiner Schicksalsgenossen. Wie sie alle war er mit massiven Vorurteilen und Klischeevorstellungen gekommen. Je länger er im Land lebte, desto mehr Vorurteile warf er über Bord. Er warf sie sozusagen aus dem fahrenden Zug.[9]

Hatte Thomas Mann während seiner auch für sein Alter phänomenal häufigen, ausgedehnten und anstrengenden amerikanischen Vortragsreisen sehr viel dichter als je zuvor in Europa den direkten Dialog mit der Öffentlichkeit gesucht, so hat er die Erkenntnis, dass *der Dialog der Kern einer jeden Demokratie ist,* nie selber ausdrücklich thematisiert.

Umso mehr werde ich mich mit dieser Frage in den folgenden Kapiteln beschäftigen. Vorher möchte ich aber noch eine andere Emigrantenpersönlichkeit anführen, welche trotz einiger Parallelen zu Thomas Mann doch sehr anders mit ihrer ebenfalls starken Identifikation mit der amerikanischen Verfassung und Demokratie umging als Thomas Mann. Es ist die 1941 aus dem französischen Exil in die USA emigrierte, 30 Jahre jüngere deutsch-jüdische Philosophin und politische Denkerin *Hannah Arendt*.

Hannah Arendt. Die Entdeckung der Freiheit

Thomas Mann hatte bereits vor Kriegsausbruch und auch lange vor seiner Einbürgerung über seine Vortragsreisen hinaus in seinen 55 monatlichen Radioansprachen zwischen 1940 und 1945 die deutsche Bevölkerung zum Widerstand gegen Hitler aufgerufen. Die während des Krieges noch sehr junge Hannah Arendt kämpfte in ihrer neuen amerikanischen Heimat zuerst noch mit einigen Publikationen gegen den europäischen Faschismus und Rassismus. Mit ihren größeren und gewichtigeren philosophischen und politischen Schriften gegen jeden, auch den stalinistischen, Totalitarismus trat sie erst in die Öffentlichkeit, als Thomas Mann während der frühen Fünfzigerjahre wegen der McCarthy-Ära wieder nach Europa zurückgekehrt war. 1961 nahm sie als Reporterin der Zeitschrift „The New Yorker" am Prozess gegen Adolf Eichmann in Jerusalem teil. Neben ihren Reportagen verfasste sie ihr Buch „Eichmann in Jerusalem", dessen Untertitel „Ein Bericht von der Banalität des Bösen" ihr vielfach als Verharmlosung des Holocaust angekreidet wurde und ihr scharfe Kritiken und eine heftige Gegnerschaft einbrachte.

So wie Thomas Mann in Schrift und Wort noch vor Kriegsausbruch, bekannte sich auch Hannah Arendt in ihrem Schrifttum der Sechziger- und Siebzigerjahre aus humanistischen, ethischen und psychologischen Motiven heraus rückhaltlos zur amerikanischen Verfassung als Garant und Vorbild eines demokratischen Systems schlechthin. Der wesentliche Unterschied war, dass sie ihre Analysen der demokratischen Gesellschaftsordnung der

USA mit vergleichsweise abstrakten, wenngleich ausführlich begründeten *Grundkategorien* betrieb, so wie besonders die der amerikanischen Revolution, die sie von allen europäischen Revolutionen scharf und prägnant, sozusagen als ihr persönliches „Markenzeichen", überzeugend abgrenzte. Bei der Herausarbeitung dieser Kategorien hatte sich Arendt von existenzphilosophischen Gedankengängen ihrer Lehrer Karl Jaspers und Martin Heidegger noch aus der Zeit vor ihrer Emigration leiten lassen, die nach ihrer Meinung dem Geist der amerikanischen Verfassung und deren Gründungsvätern entsprachen. Und, last, not least, zog sie aus ihren Erkenntnissen letztlich dieselben praktischen Konsequenzen wie Thomas Mann, nämlich die Realisierung der Grundmuster des freien und offenen, alltäglichen Miteinanders der „American Citizens" untereinander.

Das durch die Freiheitsrevolutionen in Osteuropa um 1990 wieder verstärkte Interesse an Hannah Arendt hat zu einer Reihe neuer Veröffentlichungen über unterschiedliche Aspekte ihres Beitrags zu einer Theorie des Politischen geführt. Diese Veröffentlichungen knüpfen auch an die heute weltweit diskutierten aktuellen Themen der Demokratie an.[10]

Das Erste, was in den politischen Schriften Arendts in den Sechziger- und Siebzigerjahren auffällt, ist die schon fast unvereinbar wirkende Diskrepanz zwischen dem mit ihren Grundkategorien gezeichneten Idealbild der demokratischen Verfassung der USA und der auch schon damals desparaten Wirklichkeit der dortigen politischen Verhältnisse. So wurde Arendt einerseits nicht müde, sich besonders während des Vietnamkriegs mit hemmungsloser Kritik auf die über die Jahre an ihr vorbeiziehenden amerikanischen Administrationen einzuschießen. Die Art, wie sie dies tat, erinnert an Thomas und besonders Erika Manns verzweifelte Angriffe ca. 20 Jahre früher gegen die antidemokratischen Praktiken in den USA während der McCarthy-Ära aus deren ebenfalls schweren Enttäuschung heraus und auch um sich gegen die falschen Anschuldigungen, die gegen sie erhoben wurden, persönlich zu wehren.

Die von Arendt angeprangerten Pervertierungen hinderten sie jedoch nicht daran, an den in der amerikanischen Verfassung niedergelegten Ursprüngen der demokratischen Idee eisern und geradezu patriotisch festzuhalten und diese enthusiastisch als die reinste Form der Demokratie von deren realen Pervertierung abzugrenzen:

> Die Zeiten, da Amerika sich in voller Klarheit von den politischen Kategorien des europäischen Nationalstaats trennte, sind lange vorbei. Die amerikanische Politik handelt und argumentiert nicht im Sinne der Amerikanischen Revolution und der ‚Founding Fathers', sondern ganz im Sinne des europäischen nationalstaatlichen Denkens, als sei dies schließlich und endlich doch das ihr angestammte Erbe.[11]

Nichtsdestoweniger hat ein zentrales, von Arendt besonders hervorgehobenes Charakteristikum der politisch freiheitlichen Struktur der USA, nämlich die *föderale Republik* – jenseits des europäischen Modells souveräner Nationalstaaten – jeden bisherigen Verrat an den ursprünglichen amerikanischen Idealen im Lauf ihrer langen Geschichte bis heute überlebt. Noch 1975, kurz vor ihrem Tod, vermerkte Hannah Arendt in ihrem Essay „200 Jahre Amerikanische Revolution" im Zuge ihrer vernichtenden Kritik an der amerikanischen Politik in der Zeit des endlich zurücktretenden Präsidenten Richard Nixon:

> Die vor zweihundert Jahren gegründeten amerikanischen Institutionen der Freiheit haben länger Bestand gehabt als irgendeine vergleichbare ruhmreiche Periode der Geschichte. Diese Glanzlichter der Menschheitsgeschichte sind mit Recht Paradigmen unserer Tradition politischen Denkens geworden; doch wir sollten nicht vergessen, dass sie, chronologisch betrachtet, immer nur Ausnahmen waren. Als Glanzlichter leben sie fort, um das Handeln und Denken der Menschen in finsteren Zeiten zu erleuchten.[12]

In ihrem Buch „On Revolution" von 1963 schreibt Arendt, dass trotz aller Missbildungen der amerikanischen Demokratie die revolutionären Vorstellungen vom öffentlichen Glück und von politischer Freiheit unabdingbar zur Struktur des amerikanischen Gemeinwesens gehören und daher nie ganz aus dem Bewusstsein amerikanischer Politik zu tilgen sind. Deshalb ist die amerikanische Demokratie in der Geschichte der Neuzeit das herausragendste Beispiel für die Gründung einer Republik durch *gemeinsames freies Handeln*, aus der heraus sich eine eigene *Theorie der Republik* entwickeln lässt. Im Mittelpunkt dieser Theorie steht die Kategorie der *amerikanischen Revolution*, die sich diametral unterscheidet von allen europäischen Revolutionen, die – jedenfalls zu Arendts Lebzeiten – immer mit der Anwendung von Gewalt verbunden gewesen waren. In der Französischen Revolution etwa mündete die Umsetzung des philosophischen Fortschrittsglaubens in eine Schreckensherrschaft und scheiterte daher letztlich. Die politische Gemeinschaft der europäischen Auswanderer nach Amerika schloss dagegen einen aus einem Akt des „Sichaneinanderbindens" bestehenden „Bund". Ein zentrales Kennzeichen dieses Bundes war die Trennung von Staat und Nation und die Teilung der Gewalten als Teilung der Souveränität, die sich besonders in der föderalen Struktur sämtlicher Staaten innerhalb des Bundes zeigte. Und nicht nur in dieser. Die Entscheidungsmacht der Bürger verteilte und verteilt sich im Sinne der Selbstregulierung und Dezentralisierung weit darüber hinaus auch in den regionalen, ja lokalen Bereich der einzelnen Staaten hinein.

> Die politische Gemeinschaft, die auf Grund dieses ‚Bundes' entsteht, enthält die Quelle für die Macht, die allen denen zufließt, die ihm angehören und die außerhalb der politischen Gemeinschaft zur Ohnmacht verurteilt wären. Im Gegensatz hierzu erwirbt der Staat, der aus der Zustimmung der Untertanen entsteht, ein Machtmonopol, das außerhalb des Zugriffs der Beherrschten steht, die aus dieser politischen Ohnmacht nur heraustreten können, wenn sie beschließen, den Staatsapparat zu brechen.[13]

Deswegen entsprach die Unabhängigkeitserklärung der Vereinigten Staaten von 1776 laut Arendt diesem Grundsatz der Freiheit im Rahmen einer Verfassung der Vereinigten Staaten. Dagegen entstand die französische Verfassung von 1791 auf der Grundlage eines zentralistisch organisierten Nationalstaates, der die Bürger nicht mit mehr, sondern mit weniger Macht ausstattete. Somit ist die Französische Revolution, letztlich ähnlich wie die englische, aus der absolutistischen Monarchie, die US-amerikanische jedoch aus einer „begrenzten Monarchie" hervorgegangen. Daher sei in Frankreich nunmehr, so sagt sie, der „Wille der Nation die Quelle der Gesetze", während in den Vereinigten Staaten im Anschluss an Montesquieu die Regierungsgewalt durch Gesetze beschränkt worden sei.

Die besondere Kraft der von Arendt herausgestellten, auf dem pluralistischen, gemeinsamen freien Handeln der Menschen beruhenden „amerikanischen Revolution" zeigt sich besonders darin, dass das, was 1945 in Europa an Wiederaufbau und Re-Demokratisierung mit amerikanischer Hilfe begonnen und sich über die Jahrzehnte fortgesetzt hatte, sich nur 15 Jahre nach ihrem Tod in einem nächsten großen Sprung nach vorn vollenden sollte. Der von den USA angestoßene und lange begleitete westeuropäische Demokratisierungsprozess im Zusammenhang mit amerikanischer Wirtschaftshilfe und amerikanischer wirtschaftlicher Expansion hatte auch auf die kommunistisch regierten osteuropäischen Völker trotz der weitverbreiteten Kapitalismuskritik eine solche Faszination ausgeübt, dass dort wiederholt Versuche unternommen wurden, demokratische Systeme zu errichten, die jedoch von der Sowjetdiktatur konsequent niedergeschlagen wurden. Erst bei der Auflösung der Sowjetunion 1990 sprang der Funke in alle osteuropäischen Länder über bis zum Flächenbrand; der bespielhafte schallende Ausruf in der DDR „Wir sind das Volk" klang wie eine neue Variante von *We the People* in der Präambel der amerikanischen Verfassung. Was diesmal geschah, beruhte nicht mehr wie noch 1945 auf Betreiben der amerikanischen oder einer sonstigen Siegermacht. Die osteuropäische Befreiungsbewegung war vielmehr zu einem von den USA weitgehend abgekoppelten Selbstläufer geworden, da der große Bruder jenseits des Teichs schon länger die Neigung zeigte, sich schrittweise aus dem transatlantischen Bündnis zurückzuziehen. Und diese Befreiungsbewegung war, völlig neuartig in Europas Geschichte, eine gewaltfreie, friedliche, „samtene" Revolution. Voraussetzung hierfür war, dass, im Gegensatz zu Ostberlin 1953,

Ungarn 1956 und Prag 1968, die bisher tonangebende Sowjetmacht am Ende war und deren bisherige Vasallen jetzt freien Lauf hatten, das inzwischen Überfällige zu tun. Und es scheint, als würde dieses geglückte Experiment auch noch heute weiterhin Schule machen, wenn Menschen, etwa in Belarus, gegen betrügerische und brutale, antidemokratische Maßnahmen der Regierung genauso unbeugsam, aber friedlich aufbegehren.

An einem wesentlichen Punkt von Arendts Gedankengängen sind meiner Ansicht nach mit Recht Zweifel angemeldet worden. Es war ihr Bestreben, bei der Gründung einer herrschaftsfreien und auf dem freien Willen der Menschen fußenden Republik aus ihrem tiefen Misstrauen gegenüber jedem religiösen Antrieb der Politik heraus das Prinzip der Religion aus dieser Politik auszuklammern. Dieser Versuch führt jedoch schnell zur Verkennung gerade der auch zutiefst religiösen Ursprünge der amerikanischen Republik. Das Gelingen der amerikanischen Revolution wäre undenkbar gewesen ohne den tiefen christlichen Glauben der im 17. und 18. Jahrhundert zu großen Teilen puritanischen Auswanderer auf der Flucht vor der sie drangsalierenden anglikanischen Staatskirche. Und nur deren nicht zu brechendes Gottvertrauen bei der Überwindung der vielen natürlichen wie auch kriegerischen Hindernisse im Lauf ihrer sukzessiven Landnahme gab ihnen dafür die notwendige Durchhaltekraft. Richtig ist allerdings, dass die Vereinigten Staaten Politik und Religion auf zwei Ebenen betrieben haben: Auf der Beletage hat man mit der Gewaltenteilung, dem gesamten parlamentarischen Gebilde, der Verfassung und Gesetzgebung etc. eine politische Infrastruktur geschaffen, die ganz und gar den Ideen der europäischen bzw. der schottischen Aufklärung (Locke, Hume, Hobbes) folgt, während sozusagen im Keller ein z. T. voraufklärerisches religiöses Depot angelegt wurde.[14] Und genau aus diesem wurde über die Jahrhunderte bis zur heutigen Kalamität der Evangelikalen immer wieder wenig reflektierter irrationaler, da in der Zeit nicht weiterentwickelter religiöser Zündstoff bezogen. Dieser begünstigte gefährlich-aggressive Sektenbildungen, radikal losgelöst von inzwischen gängigen philosophischen und wissenschaftlichen Erkenntnissen wie beispielsweise der Evolutionslehre. Was die Rolle der amerikanischen Verfassung in der Trennung zwischen Religion und Staat betrifft, hat Arendt in ihrer nüchternen Betrachtungsweise also wiederum recht behalten.

Zentral wichtig bleibt nach wie vor der Aspekt der *Pluralität* innerhalb der kategorialen Struktur von Arendts politischer Theorie vom herrschaftsfreien Raum der amerikanischen Republik und von der sich in deren Verfassung niederschlagenden amerikanischen Revolution. Diese Pluralität im politischen Raum äußert sich in der Dialektik zwischen Freiheit und Gleichheit in der Politik. Dies impliziert die Wichtigkeit, die Perspektive des anderen einzunehmen. An politischen Vereinbarungen, Verträgen und Verfassungen sollten möglichst viele gewillte und geeignete Personen auf konkreter Ebene beteiligt sein. Aufgrund dieser Auffassung stand Arendt der rein repräsentativen Demokratie kritisch gegenüber und bevorzugte Rätesysteme sowie Formen *direkter Demokratie.*

Diese Gedankengänge Arendts legen fast zwingend die Notwendigkeit des verbindenden und jedes Miteinander auch politisch stärkenden *Dialogs* nahe, den ich als Kern und Grundlage einer jeden Demokratie sehe. Gerade die Dialektik zwischen Freiheit und Gleichheit und diejenige zwischen der eigenen Perspektive und der des anderen lässt an eine für den politischen Diskurs besonders geeignete Form des Dialoges denken, die sogar als Instrumentarium für eine Reinigung und Reform einer Demokratie in der Krise geeignet ist: an den besonders in schwierigen Konflikt- und Problemsituationen einsetzbaren „partnerzentrierten" Dialog, auf den ich in den folgenden Kapiteln zurückkommen werde.

Im Vergleich zu Thomas Manns sprachlich und psychologisch höchst einnehmender Analyse der Grundlagen unserer freiheitlichen Demokratie vor allem in „The coming Victory of Democracy" wirken die Ausführungen Hannah Arendts abstrakt und spröde. Ihre große Stärke besteht jedoch in ihrer bestechenden geschichtlichen und philosophischen Herleitung der Demokratie und in deren aus ihrem Werk herauszulesenden Zukunftsperspektiven. Letzteres mag auch an Arendts größerer Unbefangenheit liegen, da diese bereits im jungen Alter und ohne einen langen, komplizierten Vorlauf an eigenen politischen Entwicklungen aus Deutschland emigriert war und bis zu ihrem Lebensende in ihrer neuen amerikanischen Heimat weilte.

Wenn wir uns den gegenwärtigen Tiefpunkt der über die Jahrzehnte hinweg immer krasser in Richtung Oligarchie verwahrlosenden amerikanischen Demokratie vor Augen halten und einsehen müssen, dass Amerika sich inzwischen von den Grundsätzen seiner Verfassung noch um einiges weiter wegbewegt hat als zu Arendts Lebzeiten, dann bleibt es natürlich umso ungewisser, welche Chancen einer auch nur teilweisen Renaissance der in der amerikanischen Verfassung verankerten Demokratie überhaupt noch einzuräumen sind. Und: Was würde passieren, wenn sich alle Erneuerungsversuche auf Dauer als vergeblich erwiesen, das heißt, trotz aller Bemühungen nicht mehr ausreichend greifen würden? Wird diese in der Geschichte einmalige Form einer Nationen übergreifenden und pluralistisch herrschaftsfreien Konzeption heute, fast 50 Jahre nach Arendts Tod, vor der Realität doch langfristig endgültig kapitulieren müssen und sozusagen in Konkurs gehen, sollte sie sich in ihrer eigenen amerikanischen Geburtsstätte als nicht mehr wiederherstellbar erweisen? Würde dies tatsächlich einen unbedingten Bankrott nicht nur der USA, sondern auch der in deren Verfassung niedergelegten Idee der bisher „reinsten" Demokratie bedeuten? Das heißt: Muss diese Idee unbedingt im eigenen Stammland verwirklicht werden, um überleben zu können?

Ist dieses „reine Demokratiekonzept" nicht auch auf weitere, ja beliebige andere Regionen, andere Kontinente langfristig anwendbar? Ist sie nicht generell ein allgemein zukünftiges Menschheitskonzept? Wobei ich mir unter kleinschrittigen interkontinental-internationalen Maßnahmen auf der Basis gemeinsamer Beschlüsse auf Augenhöhe alles andere vorstelle als die in der Vergangenheit berüchtigten amerikanisch-weltpolizeilich und imperialistisch fremden Ländern und Kulturen aufgedrückten Zwänge eines „American Way of Life".

Eine Voraussetzung dafür wiederum ist, dass die beiden Kontinente Nordamerika und Europa, die – wenngleich in einem sozusagen über Jahrhunderte zeitversetzten Pingpongspiel – in den Genuss dieses demokratischen Konzepts gekommen sind, sich jetzt beide erheblich anstrengen müssten, ihren unter erheblichen Opfern erworbenen Schatz ihrer Demokratien zu hüten und gegen äußere Bedrohungen und interne Krisen zu schützen und zu bewahren. Diese Aufgabe ist nur dann zu bewältigen, wenn beide Kontinente in transatlantischem Einvernehmen zusammenhalten und einander gegenseitig unter die Arme greifen. Nicht nur füreinander, sondern auch, um zusammen noch effektiver am Aufbau einer Demokratie in Ländern mitzuwirken, in denen sie noch deutlich unterentwickelt ist und deren Bürger den Aufbau einer eigenständigen demokratischen Gesellschaftsform schon länger herbeisehnen.

Dies alles mag auf den ersten Blick in der heute in sich zerstrittenen Welt wie eine weltfremde Utopie erscheinen. Oder ist diese Vision möglicherweise doch realisierbar, wenn man die geschichtlich und kulturell immer noch enge Zusammengehörigkeit der beiden Kontinente Amerika und Europa bedenkt und diese ihre schon länger infrage gestellte Zusammengehörigkeit wieder zu festigen wünschen?

Ein Zeichen dafür, dass diese transatlantischen Beziehungen noch immer gelebt werden, ist die Existenz einiger wichtiger transatlantischer kulturpolitischer Stützpunkte und Brückenköpfe in den USA, besonders in den liberalen Küstenregionen. Ich denke dabei beispielsweise an das 2017 in New York in einer ehemals vom Goethe-Institut genutzten bundeseigenen Liegenschaft an der 5th Avenue in Manhattan neu gegründete kulturelle Zentrum für deutsch-amerikanischen Austausch, die „German Academy Tenfourteen".[15] Und ein Jahr später wurde, um hier den Kreis zurück zu Thomas Mann zu schließen, an der Pazifikküste in Los Angeles das hier bereits im Blickfeld stehende, von der deutschen Bundesregierung errichtete transatlantische Dialogzentrum im ehemaligen kalifornischen Exilhaus Thomas Manns eröffnet. Beides sind, wie noch eine Menge anderer innerhalb der USA verstreuter Institutionen, noch junge, aber für die Zukunft vielversprechende kulturpolitische Projekte zur Unterstützung und Belebung des transatlantischen Miteinanders.

Die rassistisch-nationalistisch gefärbten America First-Parolen zwischen 2016 und 2020 sind nicht nur eine spezifisch amerikanische Krankheit. Sie haben in den vergangenen Jahren auch in Europa eine erschreckende

Renaissance erfahren. Trotzdem ist dort glücklicherweise immer noch eine klare mehrheitliche Bejahung der demokratischen Gegenrichtung zu verzeichnen, sodass das Denken in nationalen Kategorien dort eher den Charakter eines auslaufenden Modells annimmt. Zur Vermeidung einer gefährlichen Verengung des nationalen Gedankens auf die Gesinnung eines aufgeblähten Herrenmenschentums scheint man inzwischen heute eher einer *regionalen* oder *kontinentalen* und zugleich auch einer *globalen* (weltbürgerlichen) Identität zuzuneigen als einer herkömmlichen nationalen Identität. Die Epoche des neuzeitlichen Nationalstaatentums als Leitbild einer sich verstärkt nach außen hin abgrenzenden Souveränität von Staaten mit Menschen gleicher Kultur und gleicher politischer Interessen reicht, wie wir vorhin von Arendt hörten, geschichtlich kaum weiter zurück als bis zur Französischen Revolution. Bezeichnenderweise sind Einwanderungsländer wie die USA oder der staatliche Zusammenschluss verschiedener Bevölkerungsgruppen wie in der Schweiz oder in Belgien von dieser eindimensionalen Entwicklung ausgenommen.

Das nationalstaatliche Denken des 19. Jahrhunderts entspringt einem durchaus nachvollziehbaren freiheitlichen Selbstbestimmungs- und Machtstreben ihrer Leitfiguren und vieler ihrer Bürger. Aber der schleichende Übergang vom stolz-souveränen Nationalstaatentum zum Nationalismus und von dort zu den exzessiven Auswüchsen ab dem frühen 20. Jahrhundert in gleich mehreren wie Pilze aus dem Boden schießenden faschistischen Staaten blieb nicht aus. Die Entwicklung in diese Richtung kündigte sich bereits im späten 19. Jahrhundert mit durchaus selbstherrlich-militaristischem Säbelrasseln und Kriegstreiberei gegen die anderen Nationen an. Sie mündete schließlich in den Ersten Weltkrieg mit der mehr oder weniger gleich verteilten Schuld aller beteiligten europäischen Staaten. Dazu kam noch, dass die Siegermächte mit ihrer mehr als unklugen Demütigung des deutschen Kriegsverlierers durch den aufgezwungenen Versailler Vertrag und die unzumutbaren Reparationen zu Deutschlands baldigem Amoklauf in die Barbarei des Nationalsozialismus wesentlich mit beitrugen.

Als umso wichtiger erscheint es mir heute, mehr als 75 Jahre nach dem Zweiten Weltkrieg , dass kein Land auch nur einen einzigen Schritt in diese unheilvolle Richtung tut. Es scheint mir vor allem eine Frage der Zeit zu sein, dass sich diese Erkenntnis durchsetzen wird und dass wir uns alle endgültig von diesem gefährlichen und verderblichen Irrtum abwenden und ihn weit hinter uns lassen werden.

Dialogisches Miteinander

Nachdem Bundespräsident Frank-Walter Steinmeier bei seiner Rede zur Eröffnung des kalifornischen Thomas Mann House am 19. Juni 2018 die Wichtigkeit des transatlantischen Dialogs zwischen den letztlich immer miteinander verbunden bleibenden amerikanischen und europäischen Kontinenten betont hatte, legte er in den folgenden Jahren in seinen Reden und Ansprachen und in seinen immer häufigeren tagespolitischen Interventionen das Gewicht auf den *Dialog als Kern einer jeden Demokratie.* Anlass für seine diesbezüglichen Stellungnahmen waren die zunehmenden Angriffe gegen die Demokratie in Europa, insbesondere auch in Deutschland durch rassistische Gewaltausübung, erschütternde Mordanschläge und generell überhand nehmende verbale Entgleisungen auch als Ausdruck einer erschreckenden Sprachverrohung und einer erklärten Gegnerschaft extremistischer Gruppierungen gegen jeden zwischenmenschlich zusammenhaltenden Dialog.

Dieser Fokus unseres deutschen Staatsoberhaupts auf den *Dialog* als unverzichtbare Grundlage für jede freiheitlich demokratische Grundordnung besonders im Sinn der maßgeblichen Artikel 1 (Unantastbarkeit der Würde des Menschen) und 2 (Recht auf freie Entfaltung der Persönlichkeit) des deutschen Grundgesetzes verstärkte meinen Wunsch, mich auf meinem biographischen Hintergrund für eine Vertiefung eben dieses Dialogs im Dienste unserer freiheitlichen Demokratie noch stärker als bisher einzusetzen. In Sinn dieser Gedankengänge des Bundespräsidenten war es nicht schwer, Demokratie und Dialog in ein einfaches und leicht nachvollziehbares Verhältnis zueinander zu setzen. Betrachtet man, wie

Frank-Walter Steinmeier in seiner Rede bei der Eröffnung des Thomas Mann House Demokratie als einen fortlaufenden Erneuerungsprozess bezeichnete, in dem Sinn, dass die Zukunft der Demokratie nicht zu gewinnen ist ohne eine Idee von der Demokratie der Zukunft, dann wird die *Rolle des Dialogs* in diesem fortlaufenden Erneuerungsprozess evident. Sie besteht darin, dass in einer pluralistischen Gesellschaft politisch tragfähige Erneuerungen einzig durch einen minimalkonsensbildenden *Dialog auf Augenhöhe* zustande kommen.

Deshalb war es für mich nach der Neueröffnung des Thomas Mann House und dazu noch als US-amerikanischer Staatsbürger naheliegend, als Erstes in den USA mit den Menschen in Kontakt zu treten, die darunter leiden, wie weit ihnen *Dialogfähigkeit* und *Dialogbereitschaft* abhanden gekommen sind. Ich betrachtete es als eine wichtige Aufgabe, mit diesen meinen amerikanischen Mitbürgern gemeinsam ihre zunehmend zermürbende Situation zu reflektieren und nach Möglichkeiten zu suchen, mit der Krise des Landes besser umzugehen. Der Plan, dies im Rahmen einer Vortragsreise quer durch den US-amerikanischen Kontinent zu versuchen, reifte in mir in den Monaten nach meiner Rückkehr aus Kalifornien langsam immer deutlicher heran. Dazu trug auch wesentlich das Bewusstsein bei, dass ich von meinem Lebensweg und meiner beruflichen Ausbildung her eigentlich die besten Voraussetzungen und ein brauchbares Rüstzeug mitbrachte.

Ich glaube, dass bereits meine erste wissenschaftliche Hausarbeit zu Beginn meines Theologiestudiums über die philosophischen Grundlagen der zwischenmenschlichen Beziehung im Standardwerk des reformjüdischen Religionsphilosophen Martin Buber, der programmatischen, in der jüdischen und christlichen Mystik verankerten philosophisch-religiösen Schrift „Ich und Du“, wegweisend war. Der Kerngedanke des hier angestrebten *dialogischen Miteinanders* ist in dem Satz auf den Punkt gebracht: *Alles wirkliche Leben ist Begegnung.* Das heißt, dass die Identität des Menschen nie allein aus sich selbst heraus, sondern immer in der Relation zu dem ihn Umgebenden zu sehen ist. Erst die Begegnung mit einem menschlichen Gegenüber, dem „Du“, oder mit der dinglichen Welt des „Es“ ermöglicht eine gewisse Abgrenzung des „Ich“ von seiner Umwelt. Dialoge verändern uns. Sie sollten deshalb nicht primär auf ein definierbares Ziel ausgerichtet sein, sondern ihrer Natur nach offenbleiben.

Für meine Hörer in den USA pflegte ich als Ergänzung zu Buber gerne auch Charles Taylor, einen führenden amerikanischen Vertreter der politisch ausgerichteten Philosophie des *Communitarianism,* zu zitieren.

„[M]y discovering my own identity doesn't mean that I work it out in isolation, but that I negotiate it through dialogue, partly overt, partly internal, with others."[16] – „Die Entdeckung meiner eigenen Identität bedeutet nicht, sie von allem losgelöst, sondern sie im Dialog, teils ausdrücklich, teils innerlich, mit anderen zu vollziehen."

Dieses dialogische Miteinander hatte auch im Rahmen meines Psychologiestudiums meine Wahl des Schwerpunkts in der praktischen Ausbildung in der *Gesprächspsychotherapie* oder *Client Centered Therapy* nach dem therapeutischen Konzept des US-amerikanischen Psychologen und Pädagogen Carl Rogers bestimmt. In deren Zentrum steht das authentische, das bedingungslos akzeptierende und das einfühlende empathische Verstehen und Aufgreifen von Inhalten des inneren Bezugsrahmens des Klienten. Dieses während meiner Ausbildung von mir über mehrere Jahre systematisch praktizierte Verfahren brachte mich gleich nach meinem Studienabschluss als klinischer und als medizinischer Psychologe unter anderem auch als Therapeut auf eine Kinderkrebsstation im Universitätsklinikum im Westfälischen Münster. Dort versuchte ich, die zum Teil lebensbedrohlich erkrankten Kinder dazu anzuregen, sich über ein Kaleidoskop aufnotierter Klinikalltagsberichte, Erzählungen, Gedichte oder Briefe ein wenig freizuschreiben oder über Bilder sich frei zu malen aus ihrem Knäuel von Ängsten, Hoffnungen, Träumen, Sehnsüchten, Leiden und ihrer Verzweiflung. Dies sollte ihnen dazu verhelfen, sich selbst und anderen Mut zu machen zum Weiterkämpfen.

Diese Vergegenständlichung und Vertiefung von Grenzerfahrungen war auch für das therapeutische Team auf der Krankenstation, neben so manchen mit ihnen gemeinsam durchlebten schweren Stunden, eine uns immer wieder tief berührende und mit Dankbarkeit aufgenommene Bereicherung. Es war übrigens frappierend, bei unseren Teamkonferenzen Ähnlichkeiten zu entdecken zwischen den von den lebensbedrohlich kranken Kindern wiedergegebenen inhaltlichen Motiven und den auf den bekannten Postkartenbildern abgebildeten Inhalten der Zeichnungen der von der physischen Auslöschung durch die Nazibarbarei bedrohten Kinder im Konzentrationslager Theresienstadt.

In meiner Zeit als aktiver Psychologe und Psychotherapeut neigte ich wie viele „vom Fach" dazu, politische Deformationen, die Ursachen für die Macht des Bösen, die zum Absturz eines scheinbar stabilen demokratischen Systems in Barbarei oder auch nur den Abstieg in soziale Ungerechtigkeit und in kulturfeindliche Vergötzung von Reichtum und Macht führen, einseitig zu psychologisieren. Und ich verfiel – eine Berufskrankheit von uns Psychologen – auch immer wieder der Illusion zu glauben, diese politischen Deformationen psychotherapeutisch beheben zu können.

Es mag zwar eine auf solider wissenschaftlicher Basis gewonnene tiefenpsychologische Erkenntnis sein, dass Feindbilder, Hass und Vernichtungsphantasien ganzer Volksgruppen oder Nationen die Folge von nach Vergeltung schreienden nationalen Demütigungen, Missachtung und Herabsetzung sind. Und es kann auch sein, dass sich dieses biographisch bedingte hasserfüllte Aufbegehren der „Abgehängten" und der Missachteten oft auch in der vermuteten psychischen Schädigung ihrer populistischen Volksführer widerspiegelt. Diese durchaus bestechenden Erkenntnisse aus dem tiefenpsychologischen Bereich dürften allerdings faktisch wenig ausrichten, solange uns keine praktischen einzel- oder sogar gruppentherapeutischen Maßnahmen zur Behebung der tief ins Gesellschaftliche gehenden Störungen zur Verfügung stehen. In jedem Fall gibt es jedoch grundlegende und ganz einfache menschliche Verhaltensmuster im alltäglichen Umgang miteinander, mit denen bei ausreichendem Einsatz im zwischenmenschlichen und im politischen Bereich die verheerenden und folgenreichen psychologischen und politischen Irrwege vorbeugend angegangen und vielleicht auch gemildert werden können.

Zusätzlich zu Martin Buber als Leitfigur für mein Verständnis des zwischenmenschlichen Dialogs haben mich die persönlichen Begegnungen mit dem aus Österreich stammenden Benediktinermönch, Eremiten, spirituellen Lehrer und weltweit tätigen Vortragsreisenden Bruder David Steindl Rast stark geprägt. Nach seiner Promotion in Psychologie folgte Bruder David seiner nach dem Krieg aus Wien emigrierten Familie nach Amerika und trat dort in das neu gegründete Benediktinerkloster Mount Saviour in Elmira, NY, ein. Nach zwölf Jahren klösterlicher Kontemplation sowie Studien in Philosophie und Theologie wurde Bruder David 1965 im Zuge des Zweiten Vatikanischen Konzils beauftragt, sich dem Dialog zwischen Christentum und Buddhismus zu widmen. Vor einigen Jahren zog es ihn wieder zurück in seine österreichische Heimat. Seitdem lebt und wirkt er im 1993 neu gegründeten, Europakloster genannten Benediktinerkloster Gut Aich im österreichischen Salzkammergut.

In einem seiner vielen philosophisch-theologischen Vorträge über den kranken Zustand unserer Gesellschaft habe ich Bruder David immer wieder betonen hören, dass die Grunderkenntnis des Philosophen René Descartes *Cogito ergo sum* („ich denke, also bin ich") grundfalsch sei. Vielmehr gehörte wegen der Einbindung des Menschen in ein universal bergendes Beziehungsnetz dieser Grundsatz korrigiert zu *Communico ergo sum*: Ich kommuniziere, also bin ich. Als ich einmal in einem Gespräch mit einem jüngeren schweizer Kapuzinermönch Bruder Davids Gedankengänge zu Descartes erwähnte, blickte der mich erstaunt an und meinte kopfschüttelnd: „Ja ja, diese Philosophen ... die denken sich gern immer irgendetwas Gutes aus ... Ich würde allerdings stattdessen ganz schlicht sagen: *amo ergo sum*. Ich liebe, also bin ich."

Ich freute mich besonders über diese Wendung, weil ich sie in Zusammenhang zu bringen vermochte mit meiner frühen wissenschaftlichen Auseinandersetzung mit Martin Bubers Philosophie der Grundbeziehung zwischen Ich und Du. Und mir wurde wieder deutlich, dass über jeden, im Einzelfall noch so erfolgreichen Einsatz psychotherapeutischer Methoden gegen durch Bindungsdefizite bedingte frühkindliche narzisstische Störungen hinaus auch noch andere, pragmatische Maßnahmen zum Tragen kommen müssen. Ich meine ganz alltäglich den unermüdlichen, „mit Bohren auf harten Brettern mit Leidenschaft und Augenmaß" (Max Weber) geführten *zwischenmenschlichen Dialog*. Immer mit der abgewandelten

Descartes'schen Formel im Hintergrund: *Communico ergo sum* oder *Amo ergo sum.*

Nach meiner über lange Jahre gewonnenen Überzeugung wird dieser immer wieder mit unermüdlicher Geduld zu führende zwischenmenschliche Dialog in politischen Problem- und Konfliktsituationen dann am ehesten zu einem Erfolg führen, wenn die am Dialog Beteiligten bestimmte psychologische und letztlich ethische Voraussetzungen beachten, bewusst verfolgen und gezielt pflegen. Dabei geht es um die selbstreflektierende Abgleichung der eigenen inneren Identität mit der nach außen vertretenen Überzeugung auf dem Hintergrund eines festen Wertesystems. Dies erfolgt durch eine bis ins Kontemplative gehende Innenschau. Gefördert werden kann diese Festigung im Sinne eines In-sich-Ruhens über die direkte Übungspraxis der Kontemplation oder auch mithilfe verschiedener psychologischer Verfahren aus dem Bereich des Entspannungs- und Achtsamkeitstrainings sowie verschiedener Formen des Yoga oder Qi Gong oder ähnlicher Methoden. Bei diesen weit verbreiteten Verfahren ist es schwer, die genaue Grenze zwischen profanen und spirituellen Verfahren zu ziehen. Denn die meisten gehen zurück auf die ältesten fernöstlichen spirituellen Traditionen auch im klösterlichen Bereich oder auf Methoden schamanischer Heiler im Sinne der ältesten Naturvölker. Dabei belegen kontemplative Erfahrungen die scheinbar paradoxe Tatsache, dass eine je tiefere und konzentrierte kontemplative Versenkung in der Einsamkeit des Einsiedlers gleichzeitig eine desto größere Öffnung in die Weite des allumfassenden Universums und damit auch einen intensiveren Zugang zum unmittelbaren Gegenüber ermöglicht.[17] Viele, besonders auch junge Menschen gehen diese Art von Übungswegen zur Selbst- und Sinnfindung unter fachlicher Anleitung, u.a. in Meditationszentren mit festen Ausbildungselementen.

Etwas neuartiges Eigenes mit dem Fokus auf den Kern spiritueller Selbstfindung über den intermonastischen Dialog findet sich im letztlich religionsübergreifenden Konzept des seit 1999 bestehenden Trägervereins Weltkloster e.V.[18] Dieses hat seine wichtigsten Anregungen aus der Tradition neohinduistischer und christlicher Ashrams bezogen – klosterähnlicher Orte der Innerlichkeit, der Besinnung und des „Übens" unter Anleitung spiritueller Meister in Form eines Dialoges u. a. auch in der verbindenden Stille der Kontemplation. Das Grundkonzept des Weltklosters geht allerdings einen wesentlichen Schritt über bekenntnisgebundene Ashrams hinaus. Es ist von Anfang an eine in sich pluralistische aktive Begegnungs- und Dialogstätte, in der Ordensleute (Mönche, Nonnen) aller Weltreligionen sozusagen als geistig-geistliche Brückenbauer einen mehrtägigen spirituellen Austausch auf Augenhöhe führen, dessen Ergebnisse ganz am Ende ihrer klausurartigen Dialogtage der Öffentlichkeit vorgestellt werden. Das administrative Zentrum des Weltklosters befindet sich auf der deutschen Seite des Bodensees. Seine Dialogveranstaltungen finden jedoch in verschiedenen mitteleuropäischen Klöstern und sonstigen Zentren verschiedener Religionen statt, die sich dem sich stetig erweiternden Netzwerk des Weltklosters zugehörig fühlen.

Vor allem seit dem Zweiten Vatikanischen Konzil Mitte des 20. Jahrhunderts gehört der pluralistische interreligiöse Dialog zwischen Geistlichen und Ordinierten aller Religionen weltweit zu deren spiritueller Übungspraxis. Ein zentraler Aspekt des besonders im Weltklosterkonzept als friedensstiftender *Erfahrungsdialog* bezeichneten dialogischen Austauschs[19] ist die *Stille der Meditation und Kontemplation.* Diese mehr aus dem Inneren des Herzens als vom Kopf her gesteuerte, aus der Schatzkammer ältester religiöser Kulturtraditionen stammende Praxis dient zum einen der introspektiv gleichsam auslotenden Erkenntnis der eigenen religiösen Wurzeln und der eigenen religiösen Identität. Dieses Begegnungskonzept fördert gleichzeitig auch das Kennenlernen und Wertschätzen der geistigen Welt des anderen innerhalb der akzeptierten Vielfalt der Bekenntnisse durch vorurteilsfrei-respektvolles Zuhören und empathisch einfühlendes Verstehen.

> Als Plattform für einen vertieften Austausch im Bereich von Meditation und Kontemplation, theologischem und philosophischem Diskurs stellen wir daher ein Forum zur Verfügung, in welchem der Einblick in die eigenen religiösen Wurzeln vertieft und für die Begegnung mit Praktizierenden anderer Religionen durch

> Kennenlernen und Wertschätzung in Theorie und Praxis füreinander erfahrbar gemacht werden sollen. [...] Im Zentrum des Weltkloster Begegnungskonzepts steht hierbei das Teilen individueller Erfahrungswerte und Formen spiritueller Praxis, bei dem die Begegnung auf der Ebene gemeinsamer innerer Erfahrungen eine zentrale Rolle einnimmt. Sie dient als Brücke zwischen den religiösen Traditionen und soll insbesondere durch die Präsentation und Ausführung authentischer Formen traditionell klösterlicher Übungen/Rituale und einem gemeinsamen, kontemplativ ausgerichteten Tagesablauf gefördert und kultiviert werden.[20]

Das über den interreligiösen Bereich hinausgehende religionsübergreifende Konzept des Weltklosters besteht darin, wie in konzentrischen Kreisen um den monastischen Kern herum Dialoggespräche auch mit Nicht-Ordensleuten über Aspekte von Musik, Literatur, Philosophie und Naturwissenschaft zu führen, die – sozusagen an der Grenze zwischen spirituellem und nichtspirituellem Bereich – auf eine religiös neutrale, werteorientierte Sinnfindung hin angelegt sind.

Darüber hinaus wiederum gehört zum intermonastischen Erfahrungsdialog des Weltklosterkonzepts auch die Auseinandersetzung mit den Gründen für den religiösen und politischen Extremismus sowie mit den möglichen Formen des Widerstandes gegen jede Form von Gewaltausübung zugunsten einer pluralistisch partnerschaftlichen Haltung und einer zwischenmenschlichen Begegnung auf Augenhöhe. Insofern erscheint es als durchaus plausibel, die Grundprinzipien Authentizität und Empathie des intermonastischen Erfahrungsdialogs in jedem zwischenmenschlichen Dialog in Problem- und Konfliktsituationen etwa im Bereich von Politik, Wirtschaft, Ökologie und Klima anzuwenden, in dem sich die Kontrahenten in kleinen Schritten um Annäherung an ein wertschätzend partnerschaftliches Einvernehmen bemühen. Eine Realisierung von Grundhaltungen wie Authentizität, Achtsamkeit und Empathie dürfte im gesellschaftspolitischen Diskurs vor allem dann besonders gefragt sein, wenn die Gesprächspartner bei der Verhandlung heikler und mit Tabus belegter und entsprechend emotional besetzter Themen oft rasch an die existenziell tieferen Schichten ihres Bewusstseins und Vorbewusstseins geraten und deshalb gut daran tun, sich um einen entsprechend vorsichtigen und sensiblen Umgang miteinander zu bemühen.

Insofern könnte, neben anderen beispielhaften spirituellen und psychologischen Konzepten des zwischenmenschlichen Dialogs, besonders auch der intermonastische Erfahrungsdialog des Weltklosterkonzepts als eine, unsere demokratische Strukturen festigende Grundlage gelten für jede „profane“ Form eines *partnerzentrierten Dialogs* mit all seinen verbalen und nonverbalen Anteilen.

Partnerzentrierter Dialog

Etliche mit schwierigen Verhandlungsaufgaben beauftragte Experten – Politiker, Gewerkschaftsführer, Unterhändler – stellen einer spannungsvoll erwarteten Gesprächssituation eine der Selbstfindung dienende, besondere innere Einstimmung, eine Art meditatives oder kontemplatives *Innehalten* oder *In-sich-Zurücktreten* in der *Stille* voran. So höre ich gelegentlich, dass mit charismatischen Führungskräften ausgestattete Staatsmänner sich vor der öffentlichen Verkündung einer wichtigen Entscheidung etwa eine halbe Stunde lang still zurückziehen, bevor sie vor das Mikrophon treten. Auf diese Weise pflegen sie sich auch gern auf heikle und entscheidende Verhandlungen vorzubereiten. Der langjährige deutsche Botschafter in London und Washington, Peter Ammon, hat in einem Interview einmal gesagt, dass zu einer guten Diplomatie die Bereitschaft zur Selbstkritik gehöre, dass Diplomatie nie im Alleingang, sondern immer im Miteinander zum Erfolg führen könne und dass immer auch ein Minimum an Vertrauen dem Gesprächspartner gegenüber dazugehöre. Bekanntlich ist Israels erster Ministerpräsident David Ben-Gurion ein diesbezüglich eindrucksvolles Vorbild gewesen. Vor wichtigen politischen Entscheidungen pflegte er länger in innerer stiller Zurückgezogenheit zu verharren und bei politischen

Verhandlungen auch eine besonders kommunikative Einstellung und Fähigkeit an den Tag zu legen.

Dass gerade politische Konfliktdialoge auf der emotional selbstreflektierenden Ebene sehr viel leichter den Weg zu einer persönlichen Annäherung bahnen können, wurde auch berichtet in einem Artikel in „Die Zeit" vom 14. November 2019. Dieser Prozess lässt je länger desto stärker das Denken in den Kategorien von Sieg und Niederlage zurücktreten zugunsten von Annäherung und Balance zwischen scheinbar unvereinbaren Positionen. Ein hoffnungsvolles Beispiel dafür sehe ich in der dialogisch hoch versierten Moderation des Davoser Weltwirtschaftsgipfels durch dessen Leiter Klaus Schwab.

Vor nicht langer Zeit wohnte ich einem vom deutschen Bundespräsidenten Frank-Walter Steinmeier moderierten Gespräch zwischen einer Journalistin, einem Religionssoziologen und einem Islamforscher über das Verhältnis von Religion und Demokratie bei. Dieser in meinen Augen authentische und beziehungsgeleitete Austausch zwischen auch kontroversen Positionen erinnerte mich an einigen Stellen an einen auf eine wissenschaftlich-theologische und politische Ebene verlagerten interspirituellen Erfahrungsdialog. Eigene Überzeugungen wurden authentisch und transparent vorgetragen und fortlaufend vertieft und die Anliegen der Gesprächspartner empathisch und wertschätzend aufgenommen und weiter hinterfragt. Da es sich nicht um einen spirituellen Erfahrungsaustausch zwischen ordinierten Geistlichen handelte, sondern um einen Sachdiskurs zwischen Experten unterschiedlicher Fachrichtungen, wurde die persönliche religiöse Identität der Gesprächsteilnehmer (und auch die des Moderators!) nie ausdrücklich thematisiert. Sie klang jedoch aus allen Beiträgen erkennbar durch. Mir wurde jedenfalls im Lauf dieses Gesprächs deutlich, dass dieses ein Vorbild sein könnte für Dialoge auch in Amerika, wo wir wieder ein verstärktes Miteinander kultivieren und ein Klima von Entfremdung, Konkurrenzdenken und Ellbogenmentalität überwinden sollten. Denn: „Alles wirkliche Leben ist Begegnung." (Martin Buber).

Dies soll aber auch nicht heißen, dass das dialogische Durcharbeiten von politischen Kontroversen in jedem Fall gerade in der oft schwierigen Anfangsphase eines politischen Diskurses ein offenes Ausfechten anscheinend unvereinbarer Standpunkte vermeiden oder umgehen sollte. Wenn wir davon ausgehen, dass zur Verteidigung der Demokratie und zur Durchsetzung demokratischer Reformen – ganz im Sinn der Ansprache des Bundespräsidenten zur Eröffnung des Thomas Mann House: „Struggle for Democracy" – auch der *Kampf* als Mittel dazugehört, dann ist der Streit so lange ein legitimes Mittel, als dieser als eine Form des Kampfes um die Demokratie und nicht als verletzende Diskreditierung eines Kontrahenten verstanden wird. Streitgespräche können klärend und reinigend sein, solange trotz sachlicher Härten der gegenseitige persönliche Respekt gewahrt bleibt und der Rahmen einer *konstruktiven Streitkultur* nach vorgegebenen kommunikativen Regeln nicht verlassen wird.

Natürlich ist der Weg vom geglückten partnerzentrierten Dialog zu einer dadurch gefestigten Demokratie nicht eingleisig. Je stabiler eine demokratische Ordnung ist und je entspannter das politische Klima, desto leichter gehen selbst problembehaftete Dialoge von der Hand und desto angstfreier lässt man sich auch auf sie ein. In einem Klima gesellschaftlicher Polarisierung und misstrauischer Abgrenzung dagegen werden Dialoge eher rar oder sie konzentrieren sich mehr auf den geschützten privaten Raum. Einer solchen Aufspaltung in einen öffentlichen und in einen privaten gesellschaftlichen Bereich werden wir begegnen, wenn wir uns im folgenden Kapitel mit der gegenwärtigen traurigen Wirklichkeit des gesellschaftlichen Lebens in den USA beschäftigen. Deshalb möchte ich hier nochmals an das anknüpfen, was Hannah Arendt mit der für alle Demokratien vorbildhaften „amerikanischen Revolution" gemeint hat: Das ist die, anders als in Europa, erstmalig gewaltfrei abgelaufene Revolution, die 1776 zur Erstellung der herrschaftsfreien, föderalen und durch einen freien Bund gekennzeichneten amerikanischen Verfassung geführt hat, deren Grundartikel noch heute ein Maßstab sind für alle überfälligen gesellschaftlichen Reformen im Land. Die Ziele und Vorgehensweisen eines partnerzentrierten Dialogs in der politischen Auseinandersetzung entsprechen damit genau der Einstellung, mit der die friedlich-freiheitlichen amerikanischen Revolutionäre ihre seinerzeit am herrschaftsfreien

Miteinander orientierten Verfassung erstellt haben. Insofern könnte man diese Art von offenem und authentischem Dialog als ein mit der demokratischen Grundhaltung der amerikanischen Verfassung übereinstimmendes Kommunikationsinstrument bezeichnen. Nicht umsonst war der Geburtsort der mit dem partnerzentriertem Dialog verwandten, von Empathie und Selbstkongruenz gekennzeichneten *Client Centered Therapy* von Carl Rogers so wie auch Thomas Gordons *Parent Effectiveness Training* und *Teacher Effectiveness Training* die USA des 20. Jahrhunderts. Deshalb und nur deshalb dürfte die konsequente Anwendung der Grundhaltungen gerade des partnerzentrierten Dialogs im reformbetonten politischen Prozess und zum Abbau gewaltbereiter und extremistischer Haltungen ein eher lohnender Versuch sein. Und das bleibt natürlich keinesfalls auf die USA als das „Geburtsland" herrschaftsfreier Demokratie beschränkt. Es gilt für alle Demokratien, die nach diesem Muster entstanden sind oder sich weiter diesem Muster angenähert haben wie die europäischen Demokratien nach dem Zweiten Weltkrieg sowie darüber hinaus auf anderen Kontinenten.

Dialoge im zwischenmenschlichen, zwischenstaatlichen und interkulturellen Bereich sind eine der Komplexität des Menschen entsprechende, facettenreiche, vielfältig bunte und höchst spannende Angelegenheit. Die Dialogfähigkeit gehört zu den unabdingbaren Voraussetzungen für unser einvernehmliches Zusammenleben. Sie ist ein geistiger Nährboden für jede Demokratie. Und wenn wir davon ausgehen, dass Demokratie unserer modernen Auffassung vom Menschen am überzeugendsten entspricht und unsere friedliche Koexistenz am ehesten garantiert, dann ist der Dialog als Ausdruck unserer Fähigkeit zuzuhören, zu verstehen und zu verbalisieren, ein Wahrzeichen menschlicher Kultur und Würde und erst recht eine Grundlage für das geistige Klima einer Demokratie. Im Totalitarismus ist das vorgefertigte Dogmengebäude einer mit Sanktionen versehenen Ideologie das brutale Instrument zur Beherrschung von Menschen durch Machthaber. Diese Ideologie schließt den Dialog aus, würgt ihn ab, verbietet ihn, damit die totalitären Kräfte die Massen unter Kontrolle behalten. Die Grundlage für eine friedliche Demokratie ist dagegen der Dialog. Und die Grundlage für einen vor allem partnerzentrierten Dialog wiederum ist das ethisch begründete Streben nach einem Ausgleich zwischen eigenen und fremden Interessen im Sinne einer vertieften zwischenmenschlichen Verständigung und Begegnung. Deshalb ist es von zentraler Bedeutung, eine die Menschen zusammenführende Gesprächskultur weiterzuentwickeln und sich um eine Realisierung konstruktiver, vom partnerzentrierten Dialog inspirierter Kommunikationsformen und Einstellungsmuster zu bemühen. Gesprächskultur heißt auch *Sprachkultur*. Es geht nicht nur um Inhalte, sondern auch um die Form der Übermittlung. Eine heute weltweit um sich greifende, oft menschenverachtend niedermachende Sprachverrohung ist neben der Sprach*losigkeit* die zweite Barriere eines lebenswichtigen Miteinanders. Auch da droht uns ein zentraler Aspekt unserer Kultur verloren zu gehen, wenn wir nicht mehr eine von Achtsamkeit geprägte Haltung dagegensetzen.

Wir sollten unsere geistigen Kräfte nicht unterschätzen. Sie wirken, in welchem Ausmaß auch immer, in beide Richtungen. So wie im „postfaktischen Zeitalter" politische oder wirtschaftliche Machthaber die Wunschbilder und Ängste ihrer Mitbürger dafür nutzen, diese durch Lügenpropaganda und Manipulation gezielt für ihre eigenen Interessen zu täuschen und zu lenken, genauso können und müssen wir im Gegenzug dazu unsere eigenen Vorstellungskräfte mobilisieren und konstruktiv einsetzen. Dies erfolgt dadurch, dass wir bei der Konzentration auf unser eigenes Inneres in kontemplativer Stille aufbauende Leitbilder und Visionen erzeugen und uns so selbst klarmachen, was wir wirklich wollen. Nehmen wir das Beispiel Plastikverbot. Warum will ich das? Weil ich mir ein Leben vorstelle, in dem ich und alle Menschen frische und saubere Luft einatmen, die nicht durch das Verbrennen von Plastikmüll verpestet ist, und in dem die Meere frei sind von diesen Partikeln, an denen die Meerestiere elend zugrunde gehen. Je intensiver ich dies ausphantasiere, desto leichter lässt es sich auch zusammen mit vielen Gleichgesinnten in der Praxis durchsetzen. Vor allem, wenn ich selbst den Anfang mache.

Nach allem, was ich bisher über die Grenzen und die Gefahren, aber auch über die Kostbarkeit der Demokratie und über die am Demokratisierungsprozess beteiligten Tiefendimensionen des zwischenmenschlichen Dialogs gesagt habe, möchte ich zum Schluss einen der größten Staatsmänner und erbittertsten Verteidiger und Retter der parlamentarischen Demokratie, Winston Churchill, aus seiner berühmten Rede vom 11. November 1947 im House of Commons zitieren:

> No one pretends that democracy is perfect or all-wise. Indeed, it has been said that democracy is the worst form of government except all those other forms that have been tried from time to time." – „Niemand behauptet, Demokratie sei vollkommen und allem überlegen. Man hat schon gesagt, die Demokratie sei die schlechteste aller Staatsformen, ausgenommen alle anderen, die im Laufe der Zeit ausprobiert worden sind.

Das Vertrauen auf die im eigenen Selbst verankerten Leitbilder und Visionen ist letztlich das „Herzstück" der fortlaufenden Entwicklung und schließlich einer nachhaltigen Festigung von allem, was den Namen Demokratie verdient. Aus diesem Grund ist es wichtig, den leider meistens viel zu oberflächlich gebrauchten und auf den rein rechtlichen Aspekt reduzierten Begriff der Demokratie im Sinne eines vorgefertigt statischen Verständnisses zu ersetzen durch eine als ständigen Prozess verstandene Gesellschaftsform der Demokratie. Diese Demokratie muss sich laufend am Wesen des Menschen und an dessen sich verändernden Bedürfnissen, Fähigkeiten und Grenzen orientieren. Je selbstverständlicher uns dies bewusst ist, desto überzeugender kann der partnerzentrierte Dialog als unverzichtbare Grundlage für eine lebendig und lebensfähig bleibende Demokratie gesehen werden.

Nonverbale Kommunikation. Daniel Barenboims West-Eastern Divan Orchestra

Mit dem mehr vom Inneren des Herzens als vom Kopf gesteuerten partnerzentrierten Dialog weitläufig verwandt ist auch die *nonverbale Kommunikation* mit ihren emotionalen Anteilen auch aus dem Bereich des Unterbewussten. Jedes nichtsprachliche Verhalten gibt Auskunft über innere Zustände des Sprechenden. Wenn es dem Empfänger gelingt, diese zu entschlüsseln – gleich ob über körpersprachliche Signale oder über Tonfall oder Wortwahl des Gesprochenen – kann er die emotionale Befindlichkeit und die kommunikative Absicht des Sprechenden erkennen. Der Psychologe Paul Watzlawick hat dieses Phänomen auf seine berühmte Formel gebracht: „Man kann nicht nicht kommunizieren". In Anlehnung daran werden von kommunikationswissenschaftlicher Seite nonverbale Kommunikation gern auch als „analog" und verbale Kommunikation als „digital" bezeichnet.[21]

Neben dem eher spontan unterbewussten und daher weniger kontrollierbaren nonverbalen Ausdruck durch Blickkontakt, Mimik, Gestik, Körpersprache oder vegetative Signale wie Erröten, Schwitzen und Atmung gibt es auch bewusst eingesetzte Symbole im äußeren Erscheinungsbild eines Menschen, wie Kleidung, Frisur und Accessoires oder die Wahl bestimmter Farben in der Kleidung als Ausdruck eines bestimmten Lebensgefühls oder als Zeichen der Zugehörigkeit zu einer bestimmten Kultur, politischen oder religiösen Richtung oder Berufsgruppe. Durch solche Signale vermittelte Vorinformationen können den Anfangskontakt zwischen Menschen beschleunigen oder ihn auch umgekehrt hemmen oder verzögern, wenn die aufgenommenen Eindrücke aufgrund bestehender Vorurteile eine innere Abwehr erzeugen.

Ein inhaltlich eher neutrales Beispiel ist besonders am Anfang die Kommunikation zwischen Geschäftspartnern, die durch klare gemeinsame Zielsetzungen und Rollenerwartungen formal miteinander verbunden sind. Je komplexer die Vereinbarungen jedoch werden, eine desto persönlichere und engere Beziehung werden die Partner miteinander eingehen müssen. Ein besonders sprechendes Beispiel dafür ist die Beziehung zwischen Arzt und Patient. Denn in der hochsensiblen Kommunikation zwischen beiden führen immer wieder die feinsten nonverbalen Signale zu weichenstellenden Einschnitten in dem für den Patienten manchmal lebenswichtigen diagnostischen und therapeutischen Prozess.

Politisch relevant für eine Förderung von Dialog und friedlichem Zusammenleben werden soziale Rollen erst in einem größeren Kommunikationsverbund. Ein herausragendes Beispiel von internationaler Größenordnung und überdauernder Bedeutung ist das 1954 gegründete, inzwischen 23 Mitgliedsstaaten und 3400 Mitarbeiter sowie über 14.000 Gastwissenschaftler aus 85 Nationen umfassende weltgrößte Europäische Forschungszentrum für Teilchenphysik CERN in Meyrin bei Genf. Der besondere Zweck dieser Großeinrichtung ist, zusätzlich zur physikalischen Grundlagenforschung mithilfe eines großräumigen Teilchenbeschleunigers, das ethnisch und weltanschaulich grenzüberschreitende Zusammenwirken von Wissenschaftlern in hohen Positionen und mit entsprechender wissenschaftlicher und politischer Einflussmöglichkeit in ihrem jeweils eigenen Land. Dies geschieht mit der Absicht, über Kommunikation und Metakommunikation die eigenen, von zuhause mitgebrachten Einstellungen gegenüber allem Fremden zu hinterfragen und den eigenen Interessen- und Einstellungshorizont so weit zu erweitern, dass jeder Wissenschaftler nach seiner Rückkehr nachhause mit seinen neugewonnenen Erfahrungen in der Lage ist, kraft seiner gesellschaftlichen Position nicht nur fachlich, sondern auch gesellschaftspolitisch konstruktiv zu wirken.

Eine andere internationale Einrichtung und Verbindung von Menschen mit vergleichbarer Zielsetzung zeichnet sich durch ein regelmäßiges und zeitintensives Zusammenwirken auf der *künstlerisch-musikalischen Ebene* aus: das 1999 in der damaligen Kulturhauptstadt Weimar von dem argentinisch-israelischen Dirigenten und Pianisten Daniel Barenboim und dem in Palästina geborenen und 2003 verstorbenen amerikanischen Literaturwissenschaftler Edward Said gegründete *West-Eastern Divan Orchestra.* Dessen Musiker im Alter zwischen 14 und 25 Jahren stammen etwa je zur knappen Hälfte aus Israel und aus arabischen Ländern und die übrigen, je nach Situation, aus anderen Ländern. Die oberste Maxime der in diesem Orchester mitwirkenden Musiker ist, dass zwischenmenschliche und zwischenstaatliche Konflikte wie besonders der im Nahen Osten nie mit Krieg, sondern nur durch Verständigung und Einsicht lösbar sind und dass Menschen aufgrund unterschiedlicher Herkunft, Kultur und religiöser Überzeugung nie zu Feinden werden dürfen.

Der Name des Orchesters leitet sich ab von Goethes Gedichtsammlung *West-östlicher Divan,* zu der er sich von dem persischen Dichter Hafes und dessen *Diwan* (Gedichtsammlung) inspirieren ließ. Die beiden Gründer des Orchesters haben sich von Anfang an von der in dieser Gedichtsammlung zum Ausdruck gebrachten Vision eines friedlichen Zusammenlebens vor allem der Völker im Nahen Osten leiten lassen.

Das Medium für den kommunikativen Austausch zwischen den Musikern aus den genannten, auch untereinander verfeindeten Ländern ist vordergründig natürlich die verbale Sprache, die sachliche Verständigung, Diskussionen, Streitgespräche oder gelegentlich vielleicht auch ein vertiefender partnerzentrierter Dialog über persönliche, musikalische und politische Themen. Im Mittelpunkt ihres Zusammenwirkens steht jedoch auch genau das, was Daniel Barenboim einmal in einem Zeitungsartikel mit den Worten ausgedrückt hat, dass *Musik uns die Möglichkeit gibt, „Dinge zu spüren, die wir ohne Musik nicht fühlen.* Das müssen auch Politiker wissen."[22] Musik ist demnach das, was beim gemeinsamen Musizieren an dadurch entstehenden Emotionen tief bis ins Unterbewusste dringt und dort weiterarbeitet und noch lange oder möglicherweise sogar prägend nachwirkt.

Der erste Anstoß zur Orchestergründung kam vom Generalbeauftragten von „Weimar 1999", Bernd Kauffmann, der Barenboim für das musikalische Rahmenprogramm der Festkonzerte in der Kulturhauptstadt dieses Jahres zu gewinnen suchte, während Barenboim eher die Idee eines Sommer-Workshops für junge Musiker aus dem Nahen Osten favorisierte. Als Kauffmann im Gespräch mit Barenboim das Musikfestival auch unter dem Aspekt des Gedenkens an die jüdischen Opfer im nahe gelegenen Konzentrationslager Buchenwald ins Spiel brachte, musste Barenboim unweigerlich an seine spätere Kindheit in Israel denken, und es wurde ihm deutlich, dass gerade Weimar mit seiner großen kulturellen Tradition und der gleichzeitigen Nähe zu Buchenwald für ein auf Versöhnung und Frieden ausgerichtetes Musikprojekt geradezu prädestiniert war. Ihm wurde dabei immer klarer, wie sinnvoll es wäre, mit Jungmusikern aus beiden verfeindeten Regionen des Nahen Ostens zu arbeiten, um sie, besonders über die stets leidenschaftliches Engagement erfordernde Musik, einander näherzubringen und sie von der Wichtigkeit einer beidseitigen Koexistenz zu überzeugen. Dementsprechend überlegte er sich bereits im Vorfeld, an alle Streicher-Pulte seines ihm vorschwebenden Musik-Ensembles jeweils einen Israeli und einen Araber zu platzieren, die bisher nichts voneinander wussten oder sich sogar hassten. Sie sollte dieselben Noten gemeinsam spielen – mit derselben Dynamik, derselben Bogenführung, demselben Vibrato. „Sie mussten mit dem Feind das gleiche ‚A' stimmen, die gleiche Qualität des Tons, die gleiche Phrasierung erzeugen. Sie mussten tun, was sie nie getan hatten: sich mit dem Feind koordinieren. Abends war ein menschlicher Kontakt da, der morgens um zehn, vor Beginn der Proben, nicht existierte. Das schafft keine Bedingung für den Frieden. Aber es schafft die Bedingungen für eine mögliche Freundschaft."[23]

Als Erstes ging es darum, Mitglieder für den Workshop aus den anvisierten nahöstlichen Ländern zu gewinnen. Barenboim wusste von zwei Orchestern in Kairo und nahm an, dass es dort auch Schulen geben würde, in denen man einen Aufruf lancieren und von interessierten Studierenden Videos und Kassetten anfordern konnte. Aber auch in den Konservatorien in London und New York ließ sich nach Studenten aus Israel und den arabischen Ländern fragen. Die Anfragen verliefen mit überraschendem Erfolg, auch was die von den Interessenten mitgeschickten Demotapes betraf, die durchweg von hohem musikalischem Niveau zeugten.

Nach Prüfung der Bänder durch einen Assistenten Barenboims an der Deutschen Staatsoper wurde eine erste Vorauswahl getroffen und es wurden Vorspieltermine festgelegt. Die Spitzenmusiker aus den arabischen Ländern und aus Israel lagen qualitativ in etwa gleich, wodurch ein hinderliches

Konkurrenzdenken zwischen den Vertretern beider Ländergruppen vermieden werden konnte. Der nächste Schritt bestand in Gruppenproben, und schließlich ließen sich die betreffenden Gruppen zum Gesamtorchester und zusätzlich zu einem eigenen Kammermusikensemble zusammenfügen. Das Orchester bestand schlussendlich aus achtundsiebzig Jungmusikern – einunddreißig Arabern und zweiunddreißig Israelis. Der Rest waren in diesem ersten Gründungssommer deutsche Stipendiaten.[24].

Barenboims Absicht war nie gewesen, das beste Jugendorchester der Welt zu gründen. Er wollte die Möglichkeit eines großräumigen gemeinsamen Musizierens schaffen, natürlich auch mit dem impliziten Ziel eines Brückenbaus zwischen den beiden verfeindeten arabisch-israelischen Brüdervölkern über die Musik. Erwartungsgemäß zeigten sich die Teilnehmer bei den ersten Orchesterproben noch zurückhaltend und abwartend, aber die Atmosphäre wurde zunehmend offener und freundlicher und mehr und mehr von Neugierde erfüllt.[25] Letzteres wurde dadurch bestärkt, dass die Musiker aus dem Nahen Osten bisher nur sehr wenige Orchestererfahrungen gemacht hatten. Wie ich erst kürzlich von Daniel Barenboim erfuhr, hatten vorher nur etwa 60 Prozent der Musiker in einem Orchester gespielt, und 25 Prozent hatten noch nie ein Orchester gesehen. Dies bestätigte umso mehr die besondere Begabung und Lernfähigkeit der gewonnenen Jungmusiker.

Eine bedeutende Rolle in Weimar spielte auch Edward Said als offizieller Mitbegründer des Orchesterprojekts. Barenboim und Said hatten sich schon vorher in London kennengelernt. Said erwies sich als sehr daran interessiert und fähig, Parallelen zwischen Musik, Literatur, Philosophie und Naturwissenschaften zu ziehen, ohne sich auf eine Disziplin festzulegen. Er war der ideale Partner dafür, mit seinem friedensbewegten Universalgeist die aus „Feindesländern“ stammenden Mitglieder zusammenzuführen, und er tat dies dann auch mit einer Reihe illustrer Abendvorträge, wo er beispielsweise über den West-Ost-Konflikt sprach sowie über Goethes Faust und über den in uns Menschen oft steckenden Teufel. Dabei überzeugte er seine jungen Hörer, wie wichtig es deshalb sei, einmal das vor den Toren Weimars gelegene frühere Konzentrationslager Buchenwald zu besichtigen, zumal jener besagte Teufel auch dem Volk Goethes und Beethovens innegewohnt und diesem eingegeben habe, das jüdische Volk auszulöschen. Bereits am Tag nach diesem Vortrag fand der Ausflug nach Buchenwald statt, an dem mit Ausnahme von zwei Mitgliedern das vollzählige Orchester teilnahm.

Das neue Orchester fand rasch weltweit sowohl künstlerisch-musikalische als auch politische Zustimmung und Unterstützung und entfaltete über viele Jahre eine rege und erfolgreiche Konzerttätigkeit zuerst in Weimar und Chicago. Ab 2002 etablierte es sich nachhaltig im spanischen Musikleben, besonders in Sevilla in der spanischen Region Andalusien. In den dortigen seit dem achten Jahrhundert muslimisch beherrschten Teilen der Iberischen Halbinsel hatte von 711 bis zur brutalen Re-Christianisierung 1492 weitgehende Religionsfreiheit geherrscht. In der Provinz Granada lebten während dieser sieben Jahrhunderte Juden, Muslime und Christen friedlich zusammen.

Der Radius der Konzertveranstaltungen vergrößerte sich zunehmend, und er beschränkte sich keinesfalls auf Bemühungen, ausschließlich im Hinblick auf den Nahostkonflikt als Vorbild für Verständigung und menschliches Miteinander aufzutreten.

Trotzdem bestand eines der Hauptziele Barenboims von Anfang an darin, mit dem Orchester in sämtlichen Herkunftsländern der Musiker aufzutreten. Ein in diesem Sinn völlig unvergessliches und mehrfach dokumentiertes, aber bisher noch einmaliges Highlight war der Konzertauftritt des West-Eastern Divan Orchestra im August 2005 in Ramallah im palästinensischen Autonomiegebiet, nachdem das Konzert ein Jahr zuvor aus Sicherheitsgründen schon einmal hatte verschoben werden müssen. Die israelischen und arabischen Musiker mussten auf unterschiedlichen Luft- und Landwegen nach Ramallah ein- und wieder ausreisen, die Israelis nur mit spanischen Diplomatenpässen über Tel Aviv und die arabischen Musiker über Amman. In dem von bewaffneten Schutztruppen umgebenen und bis in die Gänge an den Seiten und hinten vollbesetzten Konzertsaal des Kulturpalasts mit der auf dem Boden sitzenden Prominenz der Stadt erklang unter Daniel Barenboims Leitung Mozarts Sinfonia Concertante für Klarinette, Oboe, Horn und Fagott und danach Beethovens Fünfte Symphonie. Nach deren letzten Takten setzten mehrminütige stehende Ovationen ein. Auf die kurze Ansprache von einem der palästinensischen Minister folgte Barenboims bewegende, ebenfalls aufgezeichnete „Botschaft der Menschlichkeit[…] der Solidarität für eine Freiheit, die Palästina und die gesamte Region benötigt […]". Der aufwühlendste Moment erfolgte ganz am Schluss, als es im Zustand allseitiger restloser, glücklicher Erschöpfung Abschied nehmen hieß und die an dem Abend wie selten zu einer fast mystisch anmutenden Einheit zusammengewachsenen israelischen und arabischen Musiker mit Schmerzen und unter Tränen wieder in ihre politische Realität auseinandergerissen wurden und in ihre Reisebusse zu den beiden verschiedenen Flughäfen einstiegen.

Daniel Barenboim wird in allen seinen offiziellen Verlautbarungen über dieses Orchesterprojekt nicht müde zu betonen, dass es nicht dazu da ist, den Frieden zu bringen. Grundaufgabe der überwiegend aus verfeindeten Ländern stammenden Mitglieder ist es, über die Musik und über ihr stetiges Zusammenwirken darin, Barrikaden des Hasses und der Vorurteile einzureißen und neue humane Brücken zu bauen. Hier kommt es darauf an, einander immer wieder geduldig und vorurteilslos zuzuhören und über immer wieder neue Entdeckungen von Gemeinsamkeiten ein von Respekt und Friedenswillen bestimmtes Zusammenleben im Geiste der Brüderlichkeit und Nächstenliebe aufzubauen.

Eine mich besonders bewegende Frage betrifft die Nachhaltigkeit der in diesem Projekt angestrebten kommunikativ-dialogischen und kooperativen Haltung im Zusammenleben. Was sind die aus ihrer Heimat mitgebrachten psychologischen Voraussetzungen der einzelnen Musiker? Und wie wirkt es sich auf sie aus, wenn sie während der oft langen Pausen im Orchesterprojekt in ihr Herkunftsland zurückkehren und dort oft länger bleiben müssen?

Die innere Bindung der jungen Musiker an ihr arabisches oder israelisches Zuhause bleibt auch nach den noch so tief prägenden, neuen gemeinsamen Erfahrungen aus der Zusammenarbeit und dem Zusammenleben mit ihren ursprünglich fremden Kollegen immer noch stark. Die Musiker sind aufgrund ihrer Liebe zur Musik und wegen der sie erwartenden Orchestergemeinschaft und Konzerttätigkeit sicherlich überaus glücklich, wenn ihre Bewerbung dort Erfolg hat und sie aufgenommen werden. Auch musikalisch ist es immer wieder phänomenal, wie rasch sie sich in die ihnen bisher nur wenig bekannten Werke der europäischen Klassik einfühlen und sich hineindenken können. Trotzdem identifizieren sie sich in der Regel weiterhin mit ihrem heimatlichen Land, und sie müssen wahrscheinlich außerhalb ihrer Orchestergemeinschaft gelegentlich innerlich dagegen ankämpfen, nicht wieder in ihr früheres, ihnen von Kindesbeinen an eingetrichtertes radikales Freund-Feind-Schema und in ihr Bild von „den" Arabern bzw. „den" Israelis wieder ein Stück zurückzufallen. Zum Prozess der Einstellungsänderung ist uns ein besonders sprechendes, aus dem Jahr 2004 stammendes Statement eines 15-jährigen palästinensischen Orchestermitglieds über dessen Rückblick auf die Zeit fünf Jahre früher erhalten geblieben.

> Israelis waren für mich noch nicht mal Menschen ... Mit denen befasst man sich nicht, die müssen ausgeschlossen werden. Alles, was wir von ihnen wahrnehmen, war das Töten, sogar Massaker und äußerste Brutalität. Das war alles, was ich in den Israelis sah. Und hier (im Orchester) traf ich auf Israelis, die dieselben Interessen haben und ein ähnliches Leben führen wie ich. Das veränderte beinahe meine Vorstellung davon, was einen Menschen ausmacht.[26]

Diese segensreiche Art von Einstellungsveränderung durch das gegenseitige Kennenlernen im Alltag der Orchesterproben, Workshops und Konzertreisen schützt natürlich nicht vor dem gelegentlichen Aufbrausen plötzlicher Wutausbrüche oder Feindseligkeiten während hitziger Diskussionen zwischen den beiden Gruppen, die unter Umständen auch zu einer Zerreißprobe werden können. Die amerikanisch-israelische Cellistin Elena Cheah, Mitglied des Orchesters seit 2006, setzt sich in ihrem Buch über dieses Orchester besonders auch mit den manchmal unvermeidlichen inneren Spannungen zwischen den dortigen Musikern auseinander, die trotz der gelungenen starken gegenseitigen Annäherungen und trotz des neu gewonnenen Weitblicks über ihre nationale Identität hinaus dieser trotzdem weiterhin treu bleiben.

> Zudem sah ich mich in einer Gemeinschaft von Menschen, die fest in ihren kulturellen „Heimatländern“ verwurzelt waren, aber dennoch ihr Bestes gaben, um einem größeren Ganzen anzugehören, das weit über die Grenzen ihrer kleinen, Not leidenden Länder hinausreichte. Sie besaßen genau die Art Geschichte und kulturelle Sicherheit, nach der ich mich sehnte, aber viele davon waren qualvoll und systematisch zugleich damit beschäftigt, die Vorstellung von ‚wir‘ versus ‚die anderen‘ abzuschütteln, die sie zusammen mit den anderen Traditionen ihrer Völker geerbt hatten … Sie hatten einen Ort, den sie Heimat nennen konnten, und dennoch besaßen sie den Mut, die Schutzsphäre ihrer nationalen Identität zu verlassen, selbst wenn es für einige ihrer Familienangehörigen einem Verrat gleichkam.[27]

Anlässlich des 250. Geburtstags von Ludwig van Beethoven spielten Daniel Barenboim und sein West-Eastern Divan Orchestra ein ganz besonderes Jubiläumskonzert in der Oper von Beethovens Geburtsstadt Bonn. Auf dem Programm standen das von Barenboim gespielte Dritte Klavierkonzert und die Fünfte Symphonie. Ein Freund von mir, der das Konzert im Fernsehen mitverfolgte, berichtete, er habe sich bei einem Besuch im Schiller-Haus in Weimar, als er dort im dunkeln Zimmer stand und ihn die dort stehenden Kränze anstarrten, gefragt, ob denn von hier wirklich die welt- und menschheitsumspannende „Ode an die Freude“ ausgegangen sei. Bei jenem glanzvoll strahlenden Festkonzert hingegen, vor allem bei Barenboims entrückendem Spiel, da habe er, auch ohne Beethovens Neunte, genau dies geradezu überwältigend gefühlt. Auch auf mich wirkte dieses Ereignis, als habe das sich diesmal ganz auf das Werk und auf das Freiheits- und Menschheitsideal Beethovens fokussierende Orchester damit auch ein Zeichen dafür setzen wollen, sich in Zukunft noch weiteren globalen Themenspektren zu widmen.

Noch im selben Winter wurde ich zusammen mit der deutsch-palästinensischen Journalistin Isabel Abou Rashed von der „Frankfurter Allgemeinen Zeitung“ beauftragt, Daniel Barenboim über die Zukunftsperspektiven des West-Eastern Divan Orchestra zu interviewen. Einstieg in das Interview war die besondere Bedeutung seines Orchesters, vor allem die Sternstunden dieses dauerhaftesten internationalen Projekts, das eine europäische Kulturhauptstadt je hervorgebracht hat. Aber wir wollten natürlich auch wissen, was dieses Projekt eigentlich bewirken kann, wenn man bedenkt, dass das bisher einzige Konzert auf palästinensischem Boden in Ramallah schon 16 Jahre her ist und dass es überhaupt, trotz der auch sonst überall großartigen Erfolge, in den letzten Jahren sehr viel stiller um dieses besondere Projekt geworden war.

„Unser erster Auftritt in Berlin Anfang der 2000er war eine Offenbarung", antwortete Barenboim. „Doch inzwischen hat sich das Publikum an das Divan gewöhnt. Dabei ist es doch nie normal, dass dieses Orchester existiert. Es ist aus Mitgliedern verfeindeter Nahostbewohner zusammengesetzt. Diese Zusammensetzung ist nicht einfach und ständig in Gefahr." So schön der Zusammenhalt und so ermutigend das Engagement in diesem Orchester auch war, so unglücklich und pessimistisch äußerte sich Barenboim anschließend über die verfahrene politische Situation in Nahost und darüber, dass angesichts des sich im Gegenteil immer weiter verschärfenden Konflikts keine Lösung in Sicht sei.

Ich rechnete gerade ein wenig zurück in die Geschichte des Nahostkonflikts seit 1948 mit dem großen Einschnitt des Sechstagekrieges 1967. Prompt äußerte Barenboim als Nächstes, dass er die insgesamt verheerende Entwicklung von 1967 bis heute sehr viel negativer bewerten würde als die ersten 20 Jahre. Eine Folge der die arabischen Staaten demütigenden Niederlage im Sechstagekrieg war 1973 der Überraschungsangriff der Ägypter und Syrer während des jüdischen Versöhnungsfests Jom Kippur gewesen: der Jom-Kippur-Krieg. Die Angreifer konnten zwar zurückgeschlagen werden und der Krieg endete wieder mit einem militärischen Sieg Israels, aber diesmal mit horrenden Verlusten für beide Seiten. So führte dieser Krieg zu einer Traumatisierung der israelischen Öffentlichkeit und zu schweren Vorwürfen gegen die eigene Regierung – so lange, bis sich die zuvor noch von vielen als „jüdische Mutter Courage" verehrte Regierungschefin Golda Meir 1974 zum Rücktritt gezwungen sah. Dies führte schließlich in der neunten Knessetwahl 1977, nach den bisher dominierenden linken Regierungen seit der Staatsgründung, zur Einsetzung von Menachem Begin als erstem israelischem Premierminister aus dem revisionistischen Flügel des Zionismus und zu einer konservativen Mehrheit im Parlament und damit einer gravierenden Veränderung der politischen Landschaft in Israel. Seitdem eskalierte die Gegnerschaft zwischen Israel und den arabischen Staaten über die kommenden Jahrzehnte zu vermehrten militärischen Angriffen diesmal besonders von Israels Seite gegen arabische Staaten und zu einer zeitweisen Besetzung von Teilen des Libanon, was wiederum in den späten Achtzigerjahren zu Aufständen von palästinensischer Seite und zur organisierten Intifada-Bewegung führte. In die Zeit dieser andauernden gewaltsamen Wirren fiel auch 1995 die tragische Ermordung des liberalen israelischen Ministerpräsidenten Jitzchak Rabin durch extremistische Juden. Der im letzten Augenblick gescheiterte Versuch eines durch den US-Präsidenten Bill Clinton vermittelten Abkommens in Camp David 2000 zementierte schließlich noch weiter die Gegnerschaft und ließ beiderseits immer öfter kriegerische Auseinandersetzungen und terroristische Gewaltakte aufflammen.

Dies war der politische Stand im Nahen Osten, als das legendäre Konzert des West-Eastern Divan Orchestra 2005 in Ramallah im palästinensischen Autonomiegebiet zustande kam. Und auch danach änderte sich in der verfahrenen Situation in Nahost bis heute nichts zum Positiven. Im Gegenteil. An der Spitze der Regierungen, besonders in Israel, stehen noch heute Leute, die dafür garantieren, dass von dem gegenseitigen gnadenlosen Hass der beiden sich wie in einem Grabenkrieg gegenüberstehenden und einander belauernden Todfeinde nicht um einen Millimeter zurückgewichen wird, solange die betreffenden, auch in der Bevölkerung inzwischen hoch umstrittenen Regierungschefs so fest auf ihrem Stuhl kleben bleiben.

„Israel ist immer noch Besatzer“, äußerte Barenboim als Nächstes. „Und die Palästinenser sind die Besetzten. Der Besatzer hat mehr Verantwortung. Aber die Israelis haben immer noch kein Verständnis für die Palästinenser! Es gibt keine Lösung für diesen Konflikt. Es ist deprimierend.“ Die vier Jahre katastrophaler Fake-Präsidentschaft in den USA blieben seiner Ansicht nach für den Nahost-Konflikt eher eine Nebensache, und auf dessen Nachfolger würde er ebenfalls nicht allzu viel Hoffnung setzen wollen, meinte Barenboim, und fuhr fort: „Ich bin nicht jemand, der denkt, die Welt ist abhängig von den Vereinigten Staaten. Man muss eine neue Art finden zu denken. Der Wille auf beiden Seiten muss wieder geweckt werden, zueinanderzufinden. Dann ist man auch erst unabhängig von Amerikanern und Europäern. Man muss Selbstschuld annehmen lernen in Israel."

Dies hört sich fast so, als hätten sich die anfänglichen Hoffnungen auf Divan nicht erfüllt und als sei das Projekt letztlich sogar gescheitert. Gefragt, was der 2003 verstorbene Mitbegründer des Divan, Edward Said, sagen würde, wenn er das Orchester heute sehen könnte, antworte Barenboim: „Er wäre glücklich über die musikalische Entwicklung des Orchesters. Und er wäre traurig, dass das menschliche Echo in der Region nicht das ist, das wir uns vorgestellt hatten." Er meinte damit den ursprünglichen Plan, in allen arabischen Herkunftsländern der Musiker zu spielen. Denn davon ist der Divan heute meilenweit entfernt. Der Traum nach dem sensationellen Auftritt in Ramallah 2005 war gewesen, dort nochmals zu gastieren. Aber das wurde dem Orchester bisher von beiden Seiten verwehrt. Barenboims letztes Konzert dort fand 2019 mit dem dortigen Konservatoriumsorchester statt. Und nicht nur die Veranstalter, auch die Divan-Musiker bekommen die Atmosphäre in Nahost zu spüren, wenn sie in der Heimat weilen. Nicht von ihren Regierungen, sondern von ihrer unmittelbaren Umgebung, ihren Familien. „Sie sind zuhause oft keine Helden", erklärte Barenboim.

Aber was die durchgehend hohe Begabung der aus den Nahost-Ländern rekrutierten Musiker betrifft, so erinnerte Barenboim nochmals an Edward Said, der gesagt haben soll: „Du wirst sehen, wir werden von den jungen Leuten mehr lernen als sie von uns." In diesem Sinn gab es in unserem Gespräch über den Divan auch viel Positives zu resümieren. Barenboim erzählte gerne über die Zusammenarbeit seiner 80 bis 100 Musiker. Er beschrieb das Orchester als stabilen Mikrokosmos, in dem Israelis und Araber im Dienst einer höheren Sache, der Musik, gewaltfrei koexistieren. Was die Zuhörer und Zuschauer nicht mitbekommen, sei, dass die enge und fruchtbare Zusammenarbeit auch eine Außenwirkung hat. Denn auch wenn es schwierig sei, so gäben die Orchestermitglieder ihre positiven Erfahrungen in ihren Heimatländern weiter, ein Leben lang. „Die Erzählungen beider Seiten sollen ein Echo haben, das möchte ich", meinte Barenboim. „Dass man sich kennenlernt, nicht beeinflusst. Sich öffnen, herausfinden, zuhören, darum geht es." Bei mehr als 40 Prozent israelischen und ebenso vielen arabischen Musikern im Ensemble ist dieser Effekt nicht zu unterschätzen. In den letzten 21 Jahren sind im Orchester Freundschaften entstanden, es wurde gewaltfrei debattiert, und es gab auch Liebespaare von unterschiedlichen Seiten. Eine israelische Geigerin und ein palästinensischer Pianist leben heute mit dem Segen ihrer Familien verheiratet in Nazareth. Über allen Planungen und Überlegungen schwebt gewissermaßen das grundlegende Credo von Daniel Barenboim: „Es gibt letztlich keine politischen und keine religiösen Konflikte. Es gibt nur menschliche Konflikte."

Barenboims Prinzip, junge Musiker aus Nahost für sein gemeinsam wirkendes Orchester zu gewinnen, hat inzwischen eine weitere Institutionalisierung erfahren. 2016 entstand auf seine Initiative in Berlin Mitte im Gebäude des früheren Kulissendepots der Staatsoper Unter den Linden die gemeinnützige Barenboim-Said-Akademie GmbH, eine durch den Bund jährlich mit 7,6 Millionen Euro geförderte private Musikhochschule, in der bis zu 100 Stipendiaten, bevorzugt aus den Ländern des Nahen Ostens, für zwei Studiengänge aufgenommen werden: für den Bachelor of Music, Undergraduate Degree (Regelstudienzeit vier Jahre) und für das Artist Diploma (Regelstudienzeit zwei Jahre). Der fast gleichzeitig gebaute, der Akademie angegliederte und nach dem französischen Komponisten Pierre Boulez benannte Konzertsaal mit seinem unverwechselbaren architektonischen Profil prägte das öffentliche Gesicht der Akademie durch seine elliptische Form, die eine direkte Begegnung zwischen Künstlern und Publikum fördert und damit zu einem weiteren Resonanzraum für einen noch weiter greifenden Dialog wird. Der Boulez-Saal bereichert das Berliner Konzertleben mit einem hochkarätigen Programm von etwa 150 Veranstaltungen pro Jahr. Die runde Einheit von international brückenbauendem Orchester, interdisziplinärer Ausbildungsakademie und begegnungsförderndem Konzertsaal rechtfertigt zweifellos die kostenaufwendige Förderung dieses humanistisch vielschichtigen Kulturprojekts. Die Staatsministerin für Kultur und Medien, Monika Grütters, sagte bei der Eröffnung der Akademie 2016 klipp und klar, die Finanzierung der Akademie sei ein „Beitrag der Bundesregierung zum Friedensprozess in Nahost".

Dem für Barenboim obersten Prinzip der Völkerverständigung entsprechend breit und ganzheitlich am Menschen und dessen Kultur- und Kommunikationsbezug orientiert ist der Fächerkanon dieser besonderen Akademie angelegt. Er umfasst eine Instrumental- und Kammermusikausbildung sowie Unterricht in Komposition, Musiktheorie und -geschichte sowie Deutsch und Literatur. Das Eigene und Besondere an dem Konzept jedoch ist im Sinne des Manifests „Musical Education as Humanistic Education: A Manifesto"[28] der für jede Musikerausbildung unerlässliche, menschlich fundamentale Lehrbereich, der dort als *Humanities* bezeichnet und von der Mitverfasserin des Manifests, Roni Mann, geleitet wird. Dessen Lerninhalte bestehen aus Themen der Philosophie, Anthropologie, Gesellschafts- und Politikwissenschaften. Er ist sozusagen die Grundnahrung für Herz und Kopf eines jeden sich für Verständigung und Frieden einsetzenden Musikers und Künstlers. Die Humanities „sind nicht Teil eines Friedensprogramms. Sie sollen Horizonte öffnen sowie eine innere, kreative Lebendigkeit fördern und das Bedürfnis nach Begegnung und Dialog im Sinne des jüdischen Religionsphilosophen Martin Buber", hat Roni Mann einmal formuliert.[29] Das Kurskonzept verstärkt nicht nur den Willen, am Brückenbau innerhalb der Orchestergemeinschaft mitzuwirken. Vielleicht kann das ein oder andere Orchestermitglied daraus auch noch zusätzliche Kraft beziehen für etwaige schwierige Auseinandersetzungen, wenn es in seine andersartige Welt nachhause zurückkehrt. Andererseits wird mit den Humanities auch das Ansinnen Edward Saids fortgeführt, der bis kurz vor seinem Tod 2003 im Rahmen der Proben des Divan regelmäßig Gesprächsrunden zu Friedensthematiken abhielt.

Rund 15 Prozent der Mitglieder des Divan kommen jährlich aus der Akademie. Diese ist sehr viel mehr als nur eine Schmiede für Musikernachwuchs. Sie ist auch eine Bildungsstätte für ein kulturelles, von Dialogbereitschaft und dem Willen zur Zusammenarbeit geprägtem Denken.

Wie sieht die Zukunft für das Ensemble aus, wollten wir im Rahmen des Interviews wissen. Daniel Barenboim ist Jahrgang 1942 und könnte einen Nachfolger für sein sensibelstes Projekt ins Auge fassen. Doch er ist emotional noch viel zu stark an den Divan gebunden. „Wollen Sie mich schon in Rente schicken?", fragte er lachend auf unsere vorsichtige Nachfrage, um gleich nüchtern fortzufahren: „Nun, es müsste jemand sein, der Verständnis für die humanistische Seite des Projekts hat. Man kann nicht irgendjemanden holen wie in einem normalen Orchester. Am besten wären ein arabischer und ein israelischer Dirigent, die sich die Aufgabe teilen."

Ob Barenboims Traum-Spielorte in der Zukunft eine Rolle spielen, bleibt ungewiss. Er könne sich etwa gut vorstellen, wieder vor der Uno zu spielen, nachdem die USA wieder ins Klimaabkommen zurückgekehrt sind. Überhaupt spiele er überall sehr gerne mit Divan. Doch sein Wunsch aus tiefstem Herzen lautet: „Noch einmal in Ramallah spielen."

Vieles, was vor der Gründung der Akademie gemeinsam auf der Ebene des hauptsächlich praktischen gemeinsamen Musizierens im werteorientierten Miteinander intensiv gelebt worden war, hat mit der Gründung der von Anfang an den Zielsetzungen von Divan orientierten Akademie über theoriegeleitete, konzeptuelle Ausformulierungen eine ausgeprägtere kategoriale Struktur erhalten, und diese hat ihren praktischen Niederschlag in einem konkreten, gestuften musikalischen Ausbildungsprogramm gefunden. Das Zusammenwirken von Menschen mit extrem unterschiedlichen, scheinbar unvereinbaren Identitäten vor allem über die Musik und das gemeinsame Musizieren soll und muss sogar letztlich zu einem verbalen dialogischen Austausch zwischen den miteinander verbundenen Menschen führen. Doch dieser verbale Dialog selbst ist nicht mehr ausdrücklich Teil des Barenboim-Said-Konzepts. Der Kern des im existenziellen Tiefenbereich ansetzenden Fühlens und Ausdrückens über die Musik liegt im *nonverbalen* oder auch *vorverbalen* Bereich des zwischenmenschlichen Miteinanders. Dieser nonverbale Bereich ist der besondere Beitrag dieser außergewöhnlichen Musikergemeinschaft und deren Gründer und Leiter zu einem verantwortungsbewussten, friedensbewegten Miteinander der Menschen, die mit ihrem vorbildhaften gemeinsamen Handeln gegen rückständige und zerstörerische Kräfte in unserer Gesellschaft im wahrsten Sinne des Wortes anspielen. Aber auch über das Musizieren hinaus reihen sich die Musiker sowohl untereinander als auch zumindest versuchsweise bei sich zuhause in das Bemühen vieler anderer Menschen ein, auch auf der verbalen Ebene für die Bewahrung, die Festigung und die Weiterentwicklung unserer demokratischen Systeme einzustehen.

An dieser Stelle frage ich als Nächstes, wie die verschiedenen Rädchen im Getriebe des nach vorne gerichteten Kampfes um die Demokratie als politisches Instrumentarium der Wahrung der Menschenwürde und der freien Entfaltung der menschlichen Persönlichkeit miteinander zusammenhängen und wie sich die Ganzheit demokratischer Strukturen am besten darstellen lässt.

Ganzheitliche Demokratie

In meinen bisherigen Ausführungen habe ich versucht, die hochgradige Komplexität, Vielschichtigkeit und doch auch Ganzheitlichkeit des Systems einer den Bedürfnissen, Möglichkeiten und Grenzen des Menschen angepassten parlamentarischen Demokratie herauszustellen. Entsprechend komplex und mehrschichtig ist das räumliche Gebilde, mit dem ich versuche, Wesen, Sinn und Aufgabe der Demokratie anschaulich darzustellen. Am angemessensten erscheint mir der Vergleich mit einem oben breiten und sich bis zur unteren Spitze gleichmäßig verengenden Trichter, der so tief in die Erde gerammt wird, dass die obere Öffnung auf der Höhe der Erdoberfläche zu liegen kommt. Zwischen Oberfläche und Spitze sind zwei unterschiedlich breite Zwischen-Etagen eingebaut.

Die einzig sichtbare, breiteste Oberfläche repräsentiert den *rechtlichen* Aspekt der Demokratie: Die Verfassung und die dort festgeschriebenen Gesetze garantieren allein die Gleich*berechtigung* ihrer Bürger bezüglich ihres

Wahlrechts, ihres Rechts der freien Meinungsäußerung, der freien Religionsausübung und bezüglich des innerbetrieblichen Mitsprache- und Mitbestimmungsrechts – unabhängig von der moralischen Wertigkeit der zur Debatte stehenden Inhalte und unabhängig von dem den beteiligten Menschen zugesprochenen oder eben nicht zugesprochenen persönlichen Wert und ihrer persönlichen Würde. Wer Demokratie rein formalistisch unter diesem rechtlichen Aspekt sieht, amputiert sie im Sinne einer Verkürzung um den wichtigen Aspekt des persönlichen Wertes und der Würde des Menschen. Der betreffende Bürger darf zwar ungehindert zur Wahlurne gehen, aber das Wahlergebnis bleibt nichtssagend, wenn es bei Auszählung und Auswertung der abgegebenen Stimme gezielt verfälscht oder wenn vor der Wahl das Wählerurteil mit Falschmeldungen manipuliert wurde, wenn die Wahl nicht geheim war oder gegenüber dem Wählenden wegen seiner von der „Norm" abweichenden Wahlentscheidung nachträglich Sanktionen verhängt werden.

Solche Dinge passieren seltener und eine ehrlichere Auswertung der Wahlergebnisse wird eher garantiert sein, wenn im Sinne der nächsttieferen, aber schmaleren Schicht innerhalb des besagten Trichters Demokratie unter *ethischem* Aspekt gesehen mit der grundsätzlichen Gleich*wertigkeit* aller Menschen gleichgesetzt wird.

Noch tiefer und auf eine noch kleinere Fläche verdichtet liegt die Schicht der *Demokratie im Sinn von Menschenwürde* – das den Menschen in seiner Besonderheit achtende Gut sozusagen an der Grenze zwischen Ethik und Spiritualität. Diese Menschenwürde begründet die spezifische Bedeutung, den Rang und die Werthaftigkeit des Menschen. Ein demokratisches Staatssystem, welches sich (wie beispielsweise in Artikel 1 des deutschen Grundgesetzes) die Forderung nach Beachtung der *Menschenwürde* zu eigen macht, erfüllt besonders seine Aufgabe und Bestimmung und wird auch dementsprechend am stärksten immun sein gegenüber einer gezielten, zynischen Pervertierung demokratischer Grundrechte. In diesem Sinn stand das, was wir in der Legislaturperiode von 2016 bis 2020 in Washington mitbekommen haben an menschenunwürdiger Missachtung und Pervertierung der US-Verfassung durch hohe Regierungsbeamte, die aus dem nur allzu durchsichtigen Grund der reinen Machterhaltung die Vorladung von Kronzeugen bei einem dringend notwendig gewordenen Amtsenthebungsverfahren eines Präsidenten verhindern, im beschämenden Kontrast zu dem, was ich in meiner Kindheit als zum Alltag des damaligen Amerika gehörig erlebt habe. Ich meine die damals noch landesweite Orientierung an dem nicht nur verfassungsmäßig festgeschriebenen, sondern auch gelebten Ehrenkodex der US-amerikanischen Demokratie während der Präsidentschaft von Franklin D. Roosevelt. Seine sich über vier Amtszeiten erstreckende Präsidentschaft war einerseits durch innenpolitische Reformen unter dem Schlagwort New Deal zur Bekämpfung der Weltwirtschaftskrise und durch die Einführung der Sozialversicherung und eines bundesweiten Mindestlohns geprägt. Aber auch durch sein Agieren als politischer Führer im Zweiten Weltkrieg gehört er zu den bedeutendsten Staatsmännern der amerikanischen Geschichte. In Umfragen unter Historikern und der US-Bevölkerung belegt er stets einen der ersten drei Plätze der besten US-Präsidenten (mit Washington und Lincoln).

Die am tiefsten unter der Erde liegende punktscharfe Spitze ist das eigentliche menschliche Fundament dessen, was das Wesen der Demokratie am tiefsten erfasst. Es ist der Wille, die Trias unserer Demokratie – die Gleichberechtigung, Gleichwertigkeit und Würde eines jeden Menschen – zu verteidigen, zu schützen und immer wieder neu zu festigen. Hier greifen die Grundprinzipien des partnerzentrierten Dialogs nach bestimmten kommunikativen Regeln auf der Grundlage introspektiver Überprüfung eigener fundamentaler Überzeugungen als Spiegel authentischer Identität. Dies ist die Voraussetzung für eine verstärkte Bereitschaft und Fähigkeit, sich auf Menschen unterschiedlichster geistiger und kultureller Identität und eines entsprechend unterschiedlichen Wertesystems einzulassen und sie als gleichwertige Dialogpartner ernst zu nehmen. Diese Grundhaltung erleichtert wesentlich unsere Fähigkeit, auch unsere demokratisch-politischen Vorstellungskräfte zu mobilisieren und konstruktiv einzusetzen. Dies erfolgt dadurch, dass wir bei der Konzentration auf unser eigenes Inneres aufbauende Leitbilder und Visionen erzeugen, die uns auf das hinweisen, was wir wirklich wollen.

Der Wille zum dialogischen Miteinander als Weg zu demokratischem Zusammenleben ruht auf zwei Säulen. Die eine ist die *Grundüberzeugung vom freien Willen des Menschen* und von der Vielschichtigkeit und damit auch der begrenzten Vorhersehbarkeit menschlicher Wahrnehmung und menschlichen Handelns. Die andere gründet in der philosophisch und religionsübergreifend spirituell zu erfassenden *Ganzheitlichkeit aller Beziehungen bzw. im Prinzip der Beziehung an sich, im kommunikativen Miteinander, im Ineinanderschwingen von Allem mit Allem als Grundlage eines jedes Dialogs im Beziehungsgeflecht des Seins.* Man kann es auf den gemeinsamen Nenner der *Liebe* bringen und damit gegen jede individualistische Vereinzelung und Isolation setzen. Und das bedeutet im praktischen Leben das Gegenteil von autistischer Abgrenzung und Ausgrenzung, von falscher Selbstbehauptung, Aggression und Machtgehabe sowie von Feindseligkeit, Hass und Gewalt, die in der Angst vor dem Abgehängtsein und der Ausgrenzung, vor dem Zu-kurz-Kommen und dem Nicht-mehr-gesehen-Werden gründen.

Bei einer effektiven Verteidigung demokratischer Grundwerte gegen nationalistisch-rassistische Übergriffe und populistische Manipulations- und Täuschungsversuche geht es natürlich oft auch unsanft und unfriedlich zu. Innere tiefe Überzeugungen können sich leicht mit heftigen Wutgefühlen Luft machen, die mit einer empathischen Grundhaltung nicht mehr kompatibel sind. Das muss aber nicht so sein. Denn Empathie hat mit politisch unangebrachter Überdiplomatie und Appeasement nichts zu tun, so wenig wie klare und scharfe Grenzziehungen nicht unbedingt mit menschenverachtend-unzivilisierten Ausfällen gekoppelt sein müssen. Trotzdem setzt Empathie immer ein minimales Grundvertrauen, einen minimalen gemeinsamen Nenner voraus, an dem man überhaupt erst einmal dialogisch ansetzen kann, um ihn nach Möglichkeit zu erweitern.

In der gegenwärtigen weltweiten Krise der Demokratie taucht immer wieder die Behauptung auf, dass unsere Demokratie am Ende sei. Das ist grundfalsch. Denn diese Demokratie hat in Wirklichkeit noch gar nicht richtig begonnen. Es gibt im Zuge der fortschreitenden Weiterentwicklung der menschlichen Spezies seit dem Zeitalter der Aufklärung bisher hauptsächlich ein *Konzept von Demokratie* vor allem auf dem geduldigen Papier der Verfassung der betreffenden Staaten. Und es gibt zweifellos auch immer wieder gelungene Versuche der Realisierung. Die Wahrscheinlichkeit eines nachhaltigen Gelingens hängt hauptsächlich davon ab, wie ganzheitlich am Menschen orientiert dieser Demokratieansatz ist und vor allem wieweit er es auch bleibt. Die Entwicklung der letzten 50 Jahre zeigt, dass in der heute zunehmend aufgeklärten Zeit – sogar oder gerade zunehmend in Entwicklungsländern! – die Sehnsucht nach einem demokratischen Leben eher wächst, dass aber die tatsächliche Qualität einer versuchten Demokratie in der heutigen Zeit des politischen und technologischen Umbruchs immer ungesicherter und gefährdeter erscheint. Das heißt, angesichts des heutigen Entwicklungsstandes der Menschen orientieren sich diese zwar zunehmend an demokratischen Prinzipien, aber je höher die Ansprüche dabei werden, als desto schwieriger erweist sich oft das Gelingen und desto größer ist auch die Rückfallgefahr bis hin zur weitgehenden Korrosion und Aushöhlung oder gar Zerstörung einer Demokratie und deren Pervertierung zu einem leeren Etikett.

Wir Menschen werden nur äußerst langsam reif für die Nutzung unserer Freiheit im Dienste des kostbaren, aber überaus anfälligen Systems unserer jungen Demokratie. Die Segnungen einer einseitigen technologischen Revolution scheinen uns immer mehr zu entgleiten, wenn wir mit der Anpassung der Technologie an menschliche Grundwerte nicht mehr nachkommen. So wie wir Menschen die für uns selbst geschaffenen technologischen Errungenschaften im Blick behalten müssen, damit sie nicht wie Zauberlehrlinge außer Kontrolle geraten, müssen wir auch den Zauberlehrling in uns selbst in Schach halten. Heinrich Mann hat einmal mit seinem etwas wehmütig-verhaltenen Optimismus gesagt: „Ich bin davon überzeugt, dass aus der Menschheit irgendwann einmal noch etwas Anständiges werden kann.“[30] Umso mehr gilt es, das Pflänzchen der Demokratie wachstumsfördernd zu pflegen und vor antidemokratischen Übergriffen zu schützen. Die vermutlich immer noch in der Mehrheit unschlüssigen, leicht beeinflussbaren Schichten unserer Bevölkerung brauchen im weitesten Sinne eine unermüdliche vertrauensbildende Aufklärung und Bewusstmachung. Dieser Lernprozess kann nicht früh genug in Familie und Schule auf der Basis frühkindlicher Bindungsfähigkeit einsetzen. Von einer gegen Zerstörungsversuche resistenten demokratischen Ordnung sind wir noch meilenweit entfernt. Umso mehr müssen wir uns vorsehen, dass wir nicht plötzlich überrascht werden von einem bösen Erwachen in einer irreversibel gewordenen politischen Finsternis.

Die Unvereinigten Staaten von Amerika. Lecture Tour from Coast to Coast

Während ich auf meiner Münchner Terrasse zum langsam immer dunkler werdenden Himmel blicke, gehe ich in meinen Gedanken die ersten Stationen meiner geplanten Reise durch. Die mir selbst gestellte Aufgabe. In gewissem Sinne auch ein Wagnis? Ein Experiment? Eine Pflicht gegenüber meiner Herkunft, meinen Vorfahren, meinem Amerika? Eine Kolumbusfahrt mit all ihren Risiken, Unwägbarkeiten, Gefahren, aber auch überraschenden Neuentdeckungen, wunderhaften Ereignissen und Ergebnissen? Welche geheimnisvolle Kraft zieht mich jetzt, 2019, in dieses zerrissene und gebeutelte Land zurück, von dem niemand weiß, wohin es weiter irrlichternd hinsteuert? Reicht es heute noch zu sagen, das Land habe die beste, älteste und bewährteste demokratische Verfassung? Und dies alleine würde schon garantieren, dass das Land sich langfristig wieder fangen würde, womöglich wieder das alte werde, welches es zur Zeit meines dortigen Kindheitsparadieses war? Kann ich mir da selber glauben?

Hier muss ich an die kurze Parabel *Das Feuer und die Ameisen* von Alexander I. Solschenizyn aus seinem Buch „Im Interesse der Sache" denken, die mich seit Jahrzehnten immer wieder beschäftigt und die gegenwärtig noch größere Aktualität erhalten hat als zur Zeit ihrer Niederschrift.

> Ich warf ein morsches Holzstück in das Feuer. Ich hatte nicht bemerkt, dass es innen dicht von Ameisen bevölkert war. Als das Holz zu knacken begann, stürzten die Ameisen heraus und liefen verzweifelt umher. Sie liefen das Holz entlang und krümmten sich,

> wenn die Flamme sie verbrannte. Ich angelte nach dem Holz und rollte es zur Seite. Nun konnten sich viele Ameisen retten. Sie liefen auf den Sand und über die Kiefernnadeln. Doch seltsam: [S]ie liefen nicht vom Feuer fort. Nach eben überstandenem Entsetzen kehrten sie um. Irgendeine Macht zog sie zurück zur verlassenen Heimat! Zahlreiche unter ihnen liefen wieder auf das brennende Holz, stürzten hin und her und kamen um.[31]

Seit ich sie zum ersten Mal las, als sie 1970 in deutscher Übersetzung erschien, war ich davon völlig fasziniert (ohne dass ich damals an Amerika dachte). Und jetzt? Wie soll ich die kurze, prägnante und schauerliche Geschichte im Zusammenhang mit meinem neu aufgebrochenen Verhältnis zu den USA verstehen? Die Geschichte beginnt ja noch ganz normal. Der Protagonist angelt ein von ihm versehentlich in das Feuer geworfenes Holzscheit wieder heraus und rollt es zur Seite, nachdem er bemerkt hat, dass es von Ameisen bevölkert ist, die jetzt verzweifelt den Flammen zu entkommen versuchen und teilweise elendiglich verbrennen. Glücklicherweise retten sie sich jetzt und irren erst einmal ziellos auf dem Waldboden umher. Aber dann geschieht das Unfassliche. Sie laufen nicht nur nicht vom Feuer weg, sondern kehren sogar um: „Irgendeine Macht zog sie zurück zur verlassenen Heimat“, heißt es. Und sie laufen wieder auf das noch brennende Holzscheit, stürzen hin und her und kommen um.

Parabeln bringen uns in ihrer markanten Bildhaftigkeit die Realität zwar eindringlich und deshalb unausweichlich, aber dafür auch wenig differenziert nahe. Ich hielt den Vergleich der USA 2019 mit einem morschen, brennenden und für Lebewesen unbewohnbar gewordenen Holzscheit nicht für rundherum abwegig.

Was trieb mich ausgerechnet jetzt, wenngleich temporär, in meine nunmehr fast brennende alte Heimat zurück? Hätten sich die USA in einem mit der deutschen oder auch sonstigen europäischen faschistischen Diktaturen im 20. Jahrhundert auch nur annähernd vergleichbaren Zustand oder meinetwegen sogar „nur“ in einem Zustand des Rückfalls in die McCarthy-Ära befunden, hätte ich dieses Land – ganz im Sinne der politischen Tradition meiner Familie – natürlich nicht betreten. Ich fragte mich, ob das in der Parabel geschilderte Zurückstreben der Ameisen in ihre brennende Behausung mit deren selbstmordähnlicher Verfallenheit der eigenen Heimat gegenüber erklärt werden kann. Die Rückkehr könnte ja auch einer irrationalen Hoffnung entspringen, dass ihr eben verlassenes Zuhause ihnen vor der weiter brennenden Umgebung einen gewissen Schutz bieten könnte, sobald der nachlassende Brand ein unbeschadetes Nachhausekommen ermöglichen würde. Es gab in der Nazizeit einige tragische Beispiele für eine leichtfertige Rückkehr von Menschen nach deren gelungener Flucht, die dann sofort verhaftet und umgebracht wurden.

Amerikas zwei Gesichter

Inzwischen drang in der Öffentlichkeit immer klarer die Erkenntnis durch, dass die gegenwärtige traurige Administration in Washington mehr als eine tragische Panne war. Entscheidend dafür dürfte der Zustand noch vor der Präsidentschaftswahl 2016 gewesen sein, der fast zwangsläufig zu dieser Kalamität führte. Ich beziehe mich dabei insbesondere auf Situationen während der zweiten Amtsperiode des durch höchst unfaire, feindselige Praktiken der republikanischen Opposition in seiner Regierungsmacht weitgehend gelähmten Präsidenten Barack Obama, die sich als Vorboten für den katastrophalen Ausgang der nächsten Präsidentenwahl erwiesen.

Michelle Obama berichtet in ihrer Autobiographie „Becoming“ von einigen sie schwer deprimierenden Situationen während der Präsidentschaft ihres Mannes. Insbesondere erwähnt sie eine seiner Reden im Kongress zur vielfach alarmierenden Lage der Nation und seinen Appell an den gesamten Kongress, wie wichtig es wäre, gemeinsam zum Wohl der US-amerikanischen Bevölkerung die desaströsen Missstände zu beheben. Michelle beobachtete während dieser Rede mit Entsetzen die hasserfüllten Gesichter der geschlossen ostentativ wie trotzige Kinder mit verschränkten Armen und geballten Fäusten in ihren Bänken sitzenden republikanischen Abgeordneten während der ganzen Rede ihres Präsidenten. Es war ihnen deutlich anzusehen, dass es ihnen nicht im Geringsten um die großen Themen der US-amerikanischen Gesellschaft und um das Wohl von deren Mitbürgern ging.

Es war klar, wohin diese Feindseligkeiten langfristig führen würden: dahin, dass ausländische, feindselige Geheimdienste oder auch führende Politiker nach dem Prinzip *Divide et impera* die Situation manipulativ ausnutzten, irreführende Falschnachrichten ausstreuten und sonstige Infiltrationen als Spaltpilze einsetzten, um so das System der ganzen Nation zu destabilisieren.

Diese apriorische Verweigerung einer jeden Kommunikationsbereitschaft findet sich in der US-amerikanischen Administration bedauerlicherweise nicht nur zwischen den Mitgliedern der miteinander inzwischen verfeindeten Kongressparteien. Es gibt dort, was eigentlich noch schlimmer ist, auch Frontbildungen und Fraktionsgegnerschaften innerhalb ein und derselben Partei. Als besonders auffällig empfand ich, dass zu Beginn des Wahlkampfs gegen den republikanischen Präsidentschaftskandidaten, wo eine fest geschlossene Einheit besonders bei der Wahl eines überzeugenden demokratischen Gegenkandidaten gefordert gewesen wäre, die Zerstrittenheit und die aufreibenden Flügelkämpfe innerhalb der demokratischen Kongresspartei weiterführendes Miteinander geradezu unmöglich machten. Das Hauptproblem liegt jedoch nach wie vor in der unüberwindlichen Demarkationslinie zwischen den beiden Kongressparteien.

Das Problem dieser Polarisierung rührt vor allem von einem Umstand her, der zur Zeit der Entstehung der Vereinigten Staaten nicht vorhersehbar war. Die beiden großen Parteien der USA, Republikaner und Demokraten, haben kaum kontinuierliche und auch keine klaren regionalen Parteistrukturen. Sie haben keinen Auftrag zur Willensbildung und treten auf Bundesebene hauptsächlich zu Präsidentschaftswahlen in Erscheinung. Dies alles geht auf den Umstand zurück, dass der Verfassungskonvent von 1787 keine Parteien vorgesehen hatte – ein zentraler Unterschied zum Parteiensystem vieler europäischer Demokratien, einschließlich Deutschlands.

Die auf Thomas Jefferson zurückgehende, aber erst 1828 von US-Präsident Andrew Jackson gegründete *Demokratische Partei* vertrat bis ins frühe 20. Jahrhundert vor allem in den Südstaaten eine strikte Rassentrennung. Im Gegenzug dazu wurde 1854 die *Republikanische Partei* (*Grand Old Party*) mit dem Ziel gegründet, die Sklaverei einzuschränken oder gar abzuschaffen, was dann 1865 am Ende des von den Nordstaaten gewonnenen Bürgerkriegs unter Präsident Lincoln geschah. Unter der Präsidentschaft von Woodrow Wilson (1913–1921) und insbesondere durch die Reformen des New Deal (1933–1938) durch Präsident Franklin D. Roosevelt wurden die Demokraten im Gegensatz zum Wirtschaftsliberalismus der Republikaner deutlich mit einer progressiven Sozialpolitik identifiziert. Das amerikanische Zweiparteiensystem würde heute ganz anders funktionieren, wenn die beide Parteien sich immer noch wie früher aus einer breiten Mittelschicht rekrutieren würden, was sich jedoch durch die wachsende Kluft zwischen sozial und kulturell auseinanderdriftenden Bevölkerungsschichten geändert hat.

Bis in die Sechzigerjahre des 20. Jahrhunderts galten die USA, ähnlich wie Großbritannien, als Musterbeispiel einer stabilen Demokratie mit pragmatisch ausgerichteten, unideologischen Parteien, gleichsam ein Gegenentwurf zum ideologisch zerklüfteten und traditionellen Herrschaftsstrukturen und Glaubensbekenntnissen verhafteten europäischen Festland. Das änderte sich jedoch, als die beiden ewigen Parteien sich ab den Siebziger- oder ansatzweise sogar Sechzigerjahren nach und nach immer fester mit ihren fast schon klischeehaften Rollen identifizierten und danach auch ihr politisches Credo und Identitätsprofil bis heute immer enger eingrenzten. Die republikanische Seite konservativ, klerikal religiös, provinziell und marktliberal, die demokratische Partei liberal, säkular, urban, ethnisch pluralistisch und sozialstaatlich orientiert. Es sind Charakteristika, die die demokratische Partei aus der US-amerikanischen Verfassung als urdemokratisches (in der Epoche Lincolns auch republikanisches!) Gedankengut in die heutige Zeit hinüberzuretten versucht hatte.

Beide Parteien richten heute ihr jeweiliges Parteiprogramm ganz und gar an der von ihnen vertretenen ideologischen Grundausrichtung aus. So scharf ist die Abgrenzung und so hart sind die Fronten zwischen den beiden

Parteien und ihren Wählern, dass in den USA unterschiedliche Wählerzugehörigkeiten innerhalb ein und derselben Familie schon kaum mehr vorstellbar sind. Die quer durch die amerikanische Wählerschaft hindurchgehende Polarisierung der US-amerikanischen Gesellschaft[32] ist wahrlich keine Erfindung des 2016 wie durch eine Welle ins Oval Office geschwemmten herrschsüchtigen Showman mit pathologischer psychischer Struktur, der in politischen Angelegenheiten ein blutiger Laie war. Vielmehr war die vier Jahre von den USA und der ganzen Welt durchlittene, bisher beschämendste Präsidentschaft in der Geschichte der USA ein Produkt der sich lange vor der betreffenden Fake-Präsidentschaft über Jahrzehnte aufschaukelnden Gegnerschaften. Diese waren schon während der zweiten Legislaturperiode der Präsidentschaft Barack Obamas auf ihrem Höhepunkt. Sie machten alle seine ehrlichen demokratischen Anstrengungen besonders im Gesundheitswesen zunichte und setzten schließlich nach ihm Amerika und der ganzen Welt jenen *Fake President* ins Nest, dessen unrühmlichen Namen wir rasch vergessen sollten. Das sich in einem Patt befindende angelsächsische Zweiparteiensystem hatte sich, jedenfalls bis zur nächsten Präsidentenwahl im November 2020, als politisch kaum mehr handlungsfähig erwiesen, weil beide Parteien zu sich gegenseitig hauptsächlich Schuld zuschiebenden und dialogunfähigen Weltanschauungsorganisationen verkümmert waren.

Glücklicherweise ist im Unterschied zur Überhitzung des politischen Betriebs in den USA das europäische, nach dem Zweiten Weltkrieg noch deutlich ideologieanfällige, aber dann über die Jahrzehnte zu einem erfrischenden Pragmatismus findende Mehrparteiensystem gegen ideologisch-populistische Infiltrierungs- und Übertölpelungsversuche bisher weitgehend resistent geblieben. Das erst vor etwa 100 Jahren fast zu spät und nur unter furchtbaren Kriegs- und Terroropfern zur Demokratie gelangte europäische Festland hat nach 1945 langsam den Weg zu einer einigermaßen verlässlichen freiheitlich demokratischen Grundordnung gefunden, die von deren Feinden nicht so rasch zu zerstören ist. In tragischer Umkehrung zu den europäischen Nachkriegsverhältnissen, in denen der materielle und moralische Wiederaufbau Europas von einem politisch starken Amerika geleistet wurde, könnte sich paradoxerweise das heutige

Amerika von der gegenwärtigen weitgehenden Stabilität Europas einiges abschauen.

Was zur zunehmenden kollektiven Sprachlosigkeit, dem Misstrauen und der Abschottung der Amerikaner gegeneinander in einem gewissen Widerspruch zu stehen scheint, ist – jedenfalls an den Orten, die ich auf meiner Vortragsreise kurz kennengelernt habe – ein in die Augen springendes Miteinander der Menschen im Kleinen, im öffentlichen Alltag auf der Straße, in Supermärkten, Cafés und öffentlichen Verkehrsmitteln. Da mag es von Region zu Region Unterschiede oder Schwankungen geben. Aber wer kennt nicht die liebenswürdig naive, großzügige, hilfsbereite, offene und pragmatisch zupackende Art so vieler amerikanischer Menschen?

Ich glaube, es ist auch kein Zufall, dass die anders als die deutsch-europäische Tiefenpsychologie mehr mit dem praxisorientierten „Einfühlenden Verstehen" und der „bedingungslosen Akzeptanz" und „Echtheit" operierende *Client Centered Therapy* des amerikanischen Psychologen und Pädagogen Carl Rogers, auf die ich mich in meiner Psychotherapieausbildung schwerpunktmäßig verlegt hatte, aus diesem Land stammt. Rogers erweiterte später seinen Therapieansatz auf personenzentrierte *Encountergruppen*, deren unstrukturierte Selbsterfahrung Begegnung und Annäherung zwischen Personen verschiedenster kultureller, religiöser, politischer oder sonstiger Zugehörigkeit in einem Klima gegenseitiger Akzeptanz und Authentizität ermöglichte. Das stärker methodisch strukturierte Win-win-Kommunikationsmodell des *Parent Effectiveness Training* sowie des *Teacher Effectiveness Training* für gewaltfreie und partnerzentrierte Konfliktlösung von Rogers Schüler Thomas Gordon war vor allem seit den Siebzigerjahren weit über die USA hinaus ein Welterfolg und Gordon fungierte auch als Berater des Weißen Hauses in der Konferenz zum Thema Kinder. Ich weiß nicht, wieweit im jetzigen sehr viel rauer gewordenen Beziehungsklima der USA die dortige vielgerühmte Kinderfreundlichkeit gelitten hat. Ich als Kind habe sie dort überall und immer als ungemein wohltuend und Geborgenheit vermittelnd empfunden, und sie fehlte mir auch nach meiner Übersiedlung in das damals noch vom Krieg schwer gezeichnete Europa im Alter von knapp neun Jahren fast schockartig, was sicher auch ein Grund war für mein während meiner ersten europäischen Jahre schier unerträgliches Heimweh nach Amerika.

Wenn ich mich auch heute irgendwie immer noch stark als Amerikaner fühle, dann ist das etwas, was ich mit Worten kaum beschreiben kann, weil es mir in diesem Land von kleinst auf ins Unterbewusste eingeimpft worden ist, so wie gewisse Grundeinstellungen und Grundgewohnheiten jedem Menschen in seiner frühesten Kindheit. Es sind archaisch im Tiefsten ruhende landesweite Eigenheiten: Gesten, Blicke, gewisse mimische Besonderheiten, Stimmklang und Artikulation, aber auch halbbewusste Ganzkörper-Bewegungen der Menschen, die ich genauso unterschwellig wahrnehme und reflexhaft analog beantworte und die es ausmachen, dass ich mich ganz automatisch wie „einer von ihnen" fühle. So, wie ich dies aus keinem der verschiedenen europäischen Länder kenne, in denen ich mich seit meinem neunten Lebensjahr aufgehalten oder auch länger gewohnt habe, auch nicht in Deutschland und in der Schweiz, woher meine beiden Eltern stammen. Wenn dieses „Heimatgefühl" in Kalifornien, wo ich aufgewachsen bin, sicherlich am stärksten ist, so ist trotzdem ganz US-Amerika in jenem untergründig „archaischen" Sinn mein Land geblieben, im Vergleich zu Europa, wo meine kulturelle Identität vermutlich etwas weiter an der rationalen Oberfläche liegt als mein in den tieferen Schichten ruhender ethnischer Ursprung.

Nach meinem erzwungenen Abschied von Amerika als knapp Neunjähriger musste ich 25 Jahre später nochmals zweimal hintereinander erfahren, wie tief sich das aus meiner frühesten Kindheit stammende amerikanische Heimat- und Zugehörigkeitsgefühl in mir eingeprägt hatte. Irgendetwas in meinem Unterbewusstsein hatte mich Mitte der Siebzigerjahre dazu getrieben, im Laufe zweier Sommer je einen etwa sechswöchigen, teils privaten, teils offiziell „beruflichen" Aufenthalt in „meinem" Kalifornien zu organisieren. Das erste Mal war es die Teilnahme an einer 17-tägigen internationalen personenzentrierten Encounter-Selbsterfahrungsgruppe nach Carl Rogers in La Jolla bei San Diego nahe der mexikanischen Grenze, die sich für mich als emotional zunehmend aufwühlendes Erlebnis erwies. Dies wurde bestimmt erheblich dadurch verstärkt, dass diese Selbsterfahrung auf dem kalifornischen Boden meiner frühen Kindheit stattfand.

Im Jahr darauf leistete ich als in der Psychiatrie in Deutschland arbeitender klinischer Psychologe ein sechswöchiges sozialpsychiatrisches Praktikum im Community Mental Health Center des Langley Porter Psychiatric Hospital in San Francisco ab, wohin ich vom Haus meiner Eltern am anderen Ende der Bay täglich mit dem Auto hin- und zurückfuhr. Auch diese Zeit war emotional intensiv, weil ich in einem konzentrierten Arbeitsprogramm mit Patienten und Kollegen täglich in einen engen, erfahrungsreichen Kontakt geriet.

In beiden Jahren fiel mir die Rückkehr nach Deutschland ungeheuer schwer. Ich fand mich gefühlsmäßig für einige Wochen überhaupt nicht zurecht, mir fehlte der Boden unter den Füßen, und während der ersten Tage überfielen mich gelegentlich Panik- und seelische Schmerzattacken und es zog mich noch lange intensiv zurück nach Amerika. Bei späteren längeren Aufenthalten ist dieses Gefühl während der Jahrzehnte dann langsam doch verblasst. Aber ich wundere mich noch heute über die Kraft, welche die emotionale Identifikation mit der eigenen biographischen Herkunft auf einen Menschen ausüben kann. Als gebürtiger Amerikaner bin ich geneigt, dabei – mit Hannah Arendt – *eher* von einem regionalen als von einem nationalen Identitätsgefühl zu sprechen.

Als typisches Merkmal US-amerikanischer Identität sehe ich auch die in den USA stark ausgeprägte Nachbarschaftshilfe, auch in den „gehobenen" bürgerlichen Kreisen. Eines der alltäglichen Beispiele ist die selbstverständliche Mitnahme einer Person im Auto, die an der Bushaltestelle steht und wartet. Das gibt es in Europa natürlich genauso. Ich behaupte nur, dass es dort „statistisch" seltener passiert und weniger selbstverständlich ist.

Ein schon seit Jahrzehnten in den USA lebender Deutscher erzählte mir einmal von einem „Test" auf einem möglichst belebten Platz zuerst in einer deutschen und dann in einer amerikanischen Stadt. Die Gruppe pflanzte sich in beiden Fällen demonstrativ auf, entfaltete umständlich einen großen Stadtplan und gab vor, hilflos darin eine bestimmte Straße zu suchen. In Europa dauerte es durchschnittlich ziemlich lange, bis endlich einer der Passanten anhielt und seine Hilfe anbot. In den USA pflegte in einer vergleichbaren Situation gewöhnlich nach nur wenigen Minuten jemand zur Stelle zu sein. Selbst in den abgehängten, ärmsten Gegenden der USA gehört die seit Jahrhunderten eingespielte und wahrscheinlich noch aus der Kolonialzeit stammende Praxis des früher überlebenswichtigen Zusammenhalts von Einwanderern immer noch zur Selbstverständlichkeit der dortigen Menschen.

Besonders berührend ist oft auch der Umgang mit den erschreckend mehr werdenden sozial völlig Abgestiegenen und Bettelarmen, völlig unabhängig von der jeweiligen Region, ob im sogenannten *Rust Belt* in den Appalachen oder in den wachsenden Armenvierteln des einst so blühenden Los Angeles, San Franciscos oder in vielen anderen amerikanischen Städten. Unter Brücken, in Containern, PKWs, Zelten oder im Freien hausende Menschen (auch schutzlos den Gefahren ausgelieferte Frauen), die ihre Mieten nicht mehr bezahlen konnten, versorgen sie sich *gegenseitig* mit Essen. Einmal sah ich in einer Fernsehreportage, wie ein sozial selbst völlig abgehängter Handwerker für die schutzlosesten Obdachlosen zimmergroße *Tiny Houses* aus Holz baute und darin seine bedürftigen Freunde so lange an einem gewünschten Platz wohnen ließ, bis eine Villenbewohnerin in unmittelbarer Nachbarschaft die Polizei rief und der Häuschenbauer die Behausung samt Insassin auf seinem Lastwagen in eine menschenfreundlichere Umgebung verlegte. Und last, not least sollten hier auch die fliegenden Kolonnen von Ärzten, Auszubildenden und Zahnärzten erwähnt werden, die in einer x-beliebigen Stadt in Abständen in Schwärmen in Sportstadien oder leeren Hallen auftauchen und alle bedürftigen, zum Teil von weither kommenden Kranken, die für ihre Krankenversicherung nicht mehr aufkommen können, unentgeltlich ambulant versorgen. Was für ein Kontrast oder vielmehr was für eine Form der Kompensation oder Linderung des Leidens eines großen Teils der US-amerikanischen Bürger unter dem krank gewordenen Gesundheitssystem ihres Landes. Außer einer winzigen Oberschicht kann sich kaum jemand eine wirklich qualitativ hochwertige Krankenversorgung leisten, die den Menschen eine angemessene Lebensqualität und Lebenserwartung sichert. Eine große Zahl der Kliniken und Krankenhäuser liegen landesweit in den Händen von sie aufkaufenden Finanzinvestoren, und die behandelnden Ärzte gehören überwiegend nicht zur Krankenhausinstitution, sondern sind häufig Leihärzte, für deren Arbeit die Leihfirmen oft unbezahlbar hohe Extrarechnungen an die recht und schlecht versicherten Patienten stellen. *Obamacare* war der Versuch einer Reform dieser menschenunwürdigen Zustände. Aber die republikanische Partei hatte in ihrem Zynismus nichts Besseres zu tun, als diesen Reformversuch zu kippen, nur um auf dem Rücken der Patienten das „sozialistische" Gesundheitssystem Präsident Obamas zu untergraben. Es war auffallend zu sehen, dass diese Opfer der brutal *Obamacare* zusammenstreichenden Administration in Washington keinerlei Wut oder Verbitterung zeigten, sondern im Gegenteil eine ergreifende, geradezu naiv heitere Gelassenheit und schließlich auch eine herzliche Dankbarkeit für die ihnen erwiesenen Wohltaten.

Wenn ich mir vergegenwärtige, wie lange und stark meine eigene individuelle Identität mit meinem Geburtsland Jahrzehnte meines Lebens auf weit davon entfernten Kontinenten überdauert hat, wundert mich eigentlich nicht, dass Menschen das, was ihnen die fundamentale Botschaft ihrer vor 250 Jahren ratifizierten Verfassung an Grundhaltungen eingegeben hat, gegen alle politische und moralische Überlagerungen, Verbiegungen und Korrosionen im Lauf der Geschichte doch zumindest unterbewusst, aber umso tiefer und nachhaltiger in ihrem Herzen bewahrt haben. So sehr sie sich nach außen hin im Parteien- und Ideologiegezänk voller Misstrauen und Angst und mit der weitverbreiteten Krücke des Waffenbesitzes voreinander verbarrikadieren, so haben sie sich trotzdem irgendwo die alten bewährten, noch aus der Gründerzeit stammenden Werte des engen sozialen Zusammenhalts erhalten. Insoweit könnte man sagen, dass die Früchte der friedvoll freiheitlichen amerikanischen Revolution die durch die Jahrhunderte folgenden Berg- und Talfahrten bis heute leidlich überdauert haben. Und nach einer so langen Zeit ist auch die Hoffnung berechtigt, dass sie auch noch bis in eine gewisse Zukunft hinein erhalten bleiben werden.

Der klaffende Gegensatz von mitfühlender Solidarität und gnadenloser, vom Geld diktierter politischer Gegnerschaft droht in diesem Land der unglaublichen Widersprüche und himmelschreienden sozialen Ungleichheiten zunehmend zu einer sozialen und gesellschaftlichen Zerreißprobe zu werden.

All die hier aufgeführten Beispiele für eine „landestypische" spontane und improvisierte Solidarität zwischen Menschen deute ich als Ausdruck eines noch auf die Einwandererzeit zurückgehenden, über Jahrhunderte tradierten und im Unterbewusstsein festgehaltenen Gefühls enger Zusammengehörigkeit, eines generellen Gleichwertigkeitsgefühls eines ungeheuchelten Miteinanders und Füreinanders dieser ihr gemeinsames historisches Schicksal teilenden Menschen auf praktischer Ebene. Ich vermute, es ist der sich lange fortsetzende Nachklang einer prägenden Grundhaltung von Menschen, die im Zuge ihrer Masseneinwanderung in der Gründerzeit und während ihrer gemeinsamen Pionier- und Wanderzeit sich durch alle Hindernisse und Gefahren mit Ausdauer, Kreativität und vor allem mit einem engen Zusammenhalt auf Gedeih und Verderb hatten hindurchkämpfen müssen. Dies machte diese Menschen einerseits hart und resistent, sowohl im Miteinander als auch im Füreinander. Aber notfalls auch im Gegeneinander, wenn sie sich in ihrem Existenzkampf immer wieder neu gegen Widerstände behaupten mussten und auch in ihren Mitkämpfern oft plötzlich einen Feind zu erblicken glaubten, der ihnen etwas streitig zu machen drohte und den sie dann gelegentlich rasch und wirksam ausschalten zu müssen glaubten. Einem in seiner althergebrachten Struktur und Sesshaftigkeit vergleichsweise „verweichlichten" Europäer muss diese landestypische Haltung eher befremdlich vorkommen. Er wird in der vor allem in den ländlichen Regionen etwa in Amerikas Süden oder Südwesten rudimentär immer noch vorhandenen Form einer Cowboy-artigen Selbstbehauptung einen oft gefährliche Formen annehmenden anachronistischen Individualismus erblicken.

Larry Diamond, Demokratie-Forscher und Professor für Soziologie an der Stanford University, hat in einem öffentlichen Interview zum Thema „How to Fix Democracy" vom 19. 12. 2019 gesagt[33], dass ihm viele der ihm persönlich bekannten Kongressabgeordneten auf Bundesebene wie auch in den Staatsparlamenten auf der privaten Ebene menschlich durchaus sympathisch und individuell auch in politischen Angelegenheiten ausgesprochen moderat erschienen. Bei öffentlichen politischen Auftritten würden sie jedoch für ihre jeweilige Partei extrem polarisierend agitieren. Dies führte er darauf zurück, dass diese Abgeordneten, gewissermaßen als parteigebundene Gefangene im gnadenlosen Parteienkampf gegeneinander radikal auf Parteilinie gebracht und entsprechend, durch einen Gruppendruck, hemmungslos aggressiv auftreten würden. Diese Beobachtung könnte einer der Schlüssel sein zum besseren Verständnis des merkwürdig sich einbürgernden Widerspruchs zwischen amtlich politischer und ziviler Kommunikation in den USA.

Mir ist völlig klar, dass der immer zermürbendere politische Grabenkrieg in den Unvereinigten Staaten von Amerika eine Folge der geradezu hoffnungslosen Stagnation der Verhältnisse, das heißt einer Unfähigkeit oder sogar Unwilligkeit zu überfälligen Gesetzesreformen ist. Dies bestärkt mich in meiner sich von Jahr zu Jahr verfestigenden Erkenntnis, dass es nicht genügt, eine Demokratie, wie die ursprüngliche in Amerika, einfach nur aufzubauen und unbesehen durch die Zeiten fortzuführen. Sie muss sich auch immer wieder durch *Veränderungen* und *Reformen* den sich wandelnden Zeiten anpassen. Diese Änderungen beziehen sich sowohl auf die zentralen Artikel ihrer Verfassung als auch auf die sich einbürgernden gesellschaftlichen Entwicklungen im Lauf der Geschichte des Landes.

Natürlich hat es zwischen 1787 und dem Zweiten Weltkrieg Veränderungen gegeben, die sich auch in den *Amendments*, den 27 Zusatzartikeln der Verfassung niedergeschlagen haben. Aber es gibt immer noch wunderliche Anachronismen in der amerikanischen Gesetzgebung, die sich nur mit dem Festhalten am Buchstaben der wie heilig gehaltenen Verfassungsartikel erklären lassen. So glaube ich, dass der gegenwärtige politische Tiefpunkt in der 250-jährigen Geschichte der USA, neben vielem anderem, grundlegend auf zwei bzw. letztlich drei immer noch nicht geänderte politische Strukturen zurückzuführen ist.

Das eine ist die in Art. II der Verfassung verankerte Bestimmung, dass nicht die Gesamtzahl der demokratisch Wählenden (*Popular Vote*) den Präsidenten und Vizepräsidenten kürt, sondern das sogenannte Wahlmännerkollegium (*Electoral College*). Dieses besteht aus Wahlleuten, die, je nach

Größe der jeweiligen 50 Bundesstaaten, in unterschiedlicher Anzahl aus diesen entsandt werden. Dieses System sollte ursprünglich die Souveränität der einzelnen Bundesstaaten gewährleisten. Aber wie die erschreckende Realität der Präsidentenwahl von 2016 gezeigt hat, kann es den Wählerwillen folgenreich verfälschen. Ohne das Wahlmännersystem hätte nicht der *Fake President* mit seinen über 70 Wahlmännern Vorsprung die Wahl gewonnen, sondern die demokratische Präsidentschaftsanwärterin Hillary Clinton mit ihrem Gesamtvorsprung von immerhin zwei Millionen Wählern. Über Hillary Clinton lässt sich sagen, was man will. Aber wäre sie dem faktischen Wählerwillen entsprechend Präsidentin geworden, so sähe heute die Welt sehr anders aus.

Das zweite, den USA und Großbritannien leider gemeinsame, politische Hemmnis ist das Zweiparteiensystem, welches in beiden Nationen verantwortlich ist für die jede Demokratie schwer schädigende Aufspaltung in zwei unversöhnliche Lager.

Und der dritte, die beiden ersten Anachronismen miteinander verbindende, ganz wesentliche Missstand in der US-amerikanischen Demokratie ist, dass sie inzwischen bedenkliche Züge einer *Oligarchie* trägt, in der nicht (mehr) die Menschen („We the People") regieren, sondern die Macht des Geldes. Die Gründung einer neuen größeren Partei, welche endlich die die amerikanische Politik immer verheerender lähmende Zweiparteienfront aufbrechen könnte, wäre grundsätzlich nur möglich mit Hilfe gigantischer Finanzierungsaktionen seitens der die Geldmittel bereitstellenden Sponsoren, denen das Programm der neu zu gründenden Partei passt oder eben nicht. Dasselbe Geld bestimmt auch primär die scheinbar demokratische Wahl eines jeden Machthabers auf allen politischen Ebenen bis hinauf zum Präsidenten. Ohne den Einsatz von Milliarden von Dollar im Wahlkampf kann, unabhängig vom ärgerlichen Wahlmännersystem, von vornherein niemand Präsident werden, der nicht selber entweder zu den reichsten amerikanischen Bürgern gehört oder aber durch unvorhersehbaren Geldfluss zu einem der reichsten Bürger gemacht wird. George Washington und Abraham Lincoln würden sich im Grab umdrehen, bekämen sie auch nur ahnungsweise mit, wie heute Wahlkampagnen in ihrem einstigen Land laufen. Das Übel der Herrschaft des Geldes und damit auch die ins Groteske gehende Kluft zwischen arm und reich ist in den USA alt. Der erste und bisher einzige, der dieses antidemokratische Elend effektiv und über Jahrzehnte nachhaltig aufzubrechen vermocht hat, war der genau rechtzeitig am Ende der Weltwirtschaftskrise aufgetretene Präsident Roosevelt, der mit seinem New Deal die himmelschreiende soziale Ungleichheit beseitigte. Erst Jahrzehnte nach ihm schlich sich langsam und immer schlimmer ausufernd der heutige Jahrmarkt des Präsidentenmachens wieder in das demokratische System der USA. Gerade das durch die Demokratie ermöglichte freie Handeln von Menschen macht beides möglich: Die enorme Kraft eines Einzelnen kann Berge inhumaner sozialer Ungerechtigkeit versetzen. Gleichermaßen können aber auch kleine skrupellose Cliquen große Errungenschaften aushöhlen und schließlich zu Fall bringen.

Selbst die oft einseitig idealisierten, rechtschaffenen und von auch religiösem Idealismus beseelten Gründerväter dieses freien Landes und Schöpfer der die Freiheit garantierenden Verfassung und vor allem deren einwandernde Vorfahren waren alles andere als Heilige. Die Gründerväter selbst pflegten sich in ihrem Unabhängigkeitskampf gegen ihre englischen Kolonialherren gern mit der indianischen Bevölkerung zu identifizieren, die sich einst todesmutig gegen ihre Kolonialherren erhoben hatte. Zwar waren die, welche die Einheimischen Nordamerikas fast bis zur Ausrottung bestialisch abgeschlachtet hatten, damals „noch" Engländer (sowie auch Spanier und Franzosen) gewesen. Aber diese noch der britischen Krone angehörenden Bürger waren gleichzeitig die Vorfahren der sich bald unabhängig machenden ersten US-Amerikaner und Urväter der „Neuen Welt". Sie und ihre Nachkommen waren ebenfalls verantwortlich für die nicht weniger schändliche Versklavung von Millionen von aus Afrika verschleppten Menschen, deren Behandlung vom 17. bis ins späte 19. Jahrhundert hinein überwiegend mit brutaler und massenweise tödlicher Ausbeutung ablief.

Das für alle Menschen geltende Freiheits- und Gleichheitsprinzip in der amerikanischen Verfassung von 1787 galt noch eine ganze Zeitlang für die aus Afrika eingeführten Sklaven nicht. Sogar George Washington persönlich scheint Sklaven gehalten und diese dann erst in seinem Testament befreit zu haben. Vermutlich hat er sie wenigstens menschlich behandelt. Erst etwa gleichzeitig mit dem Verbot der Sklaverei durch die britische Regierung 1808 und dessen Bestätigung 1815 durch den Wiener Kongress beendeten die inzwischen unabhängigen ehemaligen Briten in den amerikanischen *Nord*staaten *nach und nach* die Sklaverei. 1807, also 20 Jahre nach Inkrafttreten der Verfassung, wurde in den USA ein Einfuhrverbot für Sklaven erlassen. Die Südstaaten dagegen hielten auch noch nach ihrer Niederlage im Bürgerkrieg und nach dem deswegen verhängten Sklavereiverbot durch Präsident Lincoln während einer skandalös langen Zeit Sklaven auf ihren Plantagen. Und dort gab es auch entsetzliche Mordexzesse gegen die „Nigger". Der noch heute bis tief in die Reihen der republikanischen Partei in ganz Amerika sein Gift verströmende und bisher anscheinend nicht auszurottende, menschenverachtende Rassismus ist zweifellos eine Folge und ein Erbe der unrühmlich langen Sklaverei auf dem nordamerikanischen Kontinent. Damit liegt trotz des leuchtenden Wirkens der Gründerväter der USA noch heute ein tiefer, brandmalartig stigmatisierender Schatten auf diesem Land, eine Art Fluch, der den Nachkommen der ersten Amerikaner anhängt und der wahrlich keine Rechtfertigung bietet für eine unangemessene Selbstgerechtigkeit der dortigen Bürger.

Die Stimme der nachrückenden Generation

Wenn mich trotz aller Vorfreude auf mein großes Unternehmen „drüben" in meinem Herkunftsland im weitesten Sinne hin und wieder Zweifel oder gar Skepsis und Ängste beschleichen, dann halte ich mir immer wieder vor Augen, dass die US-amerikanische Gesellschaft in ihrer Zweigesichtigkeit kein undifferenziertes, amorphes Gebilde ist. Es wird, genauso wie in Europa, immer einen Teil in ihr geben, dem wir erneut Vertrauen entgegenbringen können. Es ist der Teil, der sich von selbst ständig erneuert.

Es ist auch in den USA die junge Generation, es sind die Kinder und Jugendlichen, deren Äußerungen und deren Tun immer wieder neu eine vorurteilsfreie und bejahende Aufmerksamkeit verdient, weil in ihr die Chance liegt, dass besonders von ihr Ansätze zu einer hoffnungsvollen Erneuerung der Gesellschaft ausgehen können. Ein Beleg für deren gegenwärtig besonders starkes Verantwortungsbewusstsein für ihr Land Amerika ist ihr anwachsendes Protestverhalten gegen die gesellschaftlichen Missstände, unter denen sie und viele andere so sehr leiden. Was für ein andersartiges politisches Bewusstsein als das in meiner Generation, als ich dort Kind war! Am meisten beeindruckt mich, wie lautstark und dabei gewaltfrei sich die Jugend mit ihrer Kritik und inneren Auflehnung gegen die von ihr angeprangerte gesellschaftliche Misere Gehör verschafft. Beispielsweise sind vor einiger Zeit Überlebende der während der letzten Jahre mehrfach vorgekommenen Schülermassaker in den USA, die mit schärferen Waffengesetzen leicht hätten vermieden werden können, in Scharen zum Weißen Haus gezogen. Dort haben sie ihrer Verzweiflung und Trauer um den Verlust ihrer Mitschüler und ihrer Angst vor weiteren Anschlägen Ausdruck gegeben. Und sie haben, wenngleich bisher erfolglos, eine gesetzliche Kursänderung gegenüber der für diese Mordserien mitverantwortlichen Waffenlobby gefordert. Diese mutige Initiative hat bald Gleichaltrige auf der ganzen Welt zu den sogenannten *Fridays for Future* auf den Plan gerufen: die von einer einzelnen Schülerin in Schweden initiierte, sich wie ein Lauffeuer weltweit ausbreitende Schülerprotestbewegung gegen den Klimawandel an allen Freitagvormittagen während der Schulunterrichtszeit. Überall. Auch in Amerika.

Dass inzwischen weite Kreise in der US-Regierung im Bereich von Wirtschaft, Justiz, Militär und Verwaltung von Unmoral, Gier und Menschenverachtung, Hass und Kriminalität vergiftet sind und ihr Oberhaupt in Washington im Verein seiner apokalyptisch evangelikalen Finsterlinge und Höllenfeuerprediger krankhaft blasphemisch in den Stand eines messianischen Erlösers und Gottes erheben würde, wäre für mich nicht halb so schmerzhaft, würde ich dies nur von außen aus der scheinbar überlegenen europäischen Perspektive heraus brandmarken. Als Amerikaner jedoch schäme ich mich dafür und stelle mich und meine staatsbürgerliche Identität sogar in Frage. Vor allem versuche ich mir immer wieder vorzustellen, wie sich dieses Unglück für integre in den USA lebende und dort zur Schule gehende Jugendliche anfühlt.

Also ist es mein besonderer Wunsch, zusätzlich zu meinem offiziellen Vortragsprogramm in den USA auch möglichst viele Highschools und Colleges aufzusuchen. Ich werde dort keine vorgefertigten Vorträge halten, sondern vor allem zuhören und mich selbst nur einbringen bei Themen, zu denen die Kinder und Jugendlichen meine persönliche Meinung wissen möchten. Ich selber will versuchen, von ihnen zu erfahren, wo ihre Sorgen und Ängste gegenüber dem politischen System ihres Landes liegen. Sind es die, von deren Protestverhalten die öffentlichen Medien immer wieder gern berichteten? Wie würden sie ihr Verhältnis zu ihrem Land sowie auch zu Europa und zur übrigen Welt charakterisieren? Welchem Wertesystem fühlen sie sich am ehesten verpflichtet? Würde sich mein Gesamtbild von den Vereinigten Staaten bestätigen, wenn ich möglichst viel von diesen jungen Menschen erfahren würde, oder würde es sich in irgendeine Richtung verschieben?

Das heißt im Klartext, dass mir gerade die von mir besonders in den Fokus genommene jüngere Generation möglicherweise einige Überraschungen bringen wird.

Inzwischen ist der Himmel über meiner Terrasse dunkel geworden und die ersten Sterne treten hervor. Es ist ganz still geworden. Die sich gelegentlich am Himmel bewegenden leuchtenden Punkte sind nicht immer leicht voneinander zu unterscheiden, ob es Drohnen oder Flugzeuge sind oder vielleicht die sich nach unserer Wahrnehmung nur millimeterweise verschiebende ISS-Raumstation. Irgendwann scheinen vom nah gelegenen Münchner Flughafen Franz Josef Strauß gleich mehrere, vor allem an ihrem rot blinkenden Licht erkennbare Flugzeuge in dieselbe Richtung nach Westen aufgestiegen zu sein. Wohin sie wohl fliegen? Vielleicht in die Vereinigten Staaten? Und jetzt Vorhang auf. Das Spiel kann beginnen.

Liberal East Coast

New York

Nach meiner Landung in New York am 19. September 2019 muss ich bald bemerken, dass sich meine positiven Erwartungen bezüglich der US-amerikanischen Ostküste anfangs noch nicht so recht erfüllen wollen.

Als ich zusammen mit dem auf mich wartenden jungen Referenten der New Yorker *German Academy Tenfourteen* in ein Taxi steige, bemerke ich sogleich die hermetisch abgeschlossene gläserne Trennwand zwischen dem Fahrer und uns Fahrgästen. Das Glas der Scheibe ist offenbar so präpariert, dass der Blick zum Fahrer etwas verstellt erscheint und derselbe leicht verzogen wirkt. Die einzige akustische Verbindung scheint eine hinten am Vordersitz angebrachte Sprechanlage zu sein. Daneben befindet sich ein Scheckkartenautomat für die Entrichtung der Taxigebühr. Und im Moment des Losfahrens ist mir so, als hätte ich ein Klicken an den beiden Hintertüren neben uns gehört, was darauf hindeutet, dass wir bis zum Bezahlen des am Scheckkartenautomaten anzuzeigenden Endbetrags Gefangene dieses Beförderungs-Fahrzeugs bleiben. Die nächste Entdeckung, die ich in unserem uns hin und her beutelnden Verlies mache, ist die Inschrift auf einem vor uns angebrachten viereckigen gelben Schild: *ATTENTION: Assaulting A Driver Is Punishable By Up To Twenty-Five Years in Prison* („Ein Überfall auf einen Fahrer kann mit bis zu 25 Jahren Gefängnis bestraft werden"). Fehlt hier nur noch: ‚Welcome to New York' …

Irgendwann beginne ich zu merken, dass das Stadtbild New Yorks sich nicht mehr recht mit meinen letzten Erinnerungen an die Stadt deckt. Meine Frau Christine und ich hatten im Sommer 1987 eine mehrwöchige Tour mit einem Mietauto und einem Zelt von New York über Buffalo und die Niagarafälle an den Ontariosee in Kanada und von da aus wieder in die USA über North und South Dakota, durch den Yellowstone Park in Wyoming, dann Colorado, Utah und den Grand Canyon in Arizona gemacht und waren schließlich durch Nevada nach Kalifornien hoch bis San Francisco gereist. Auf der Fahrt durch einige Großstädte trafen wir diese noch in gutem Zustand an, besonders New York, welches sich in der Tat erschreckend zu seinem Nachteil verändert hat. Wie ich schon vor Antritt meiner Reise gehört hatte, scheint in jüngster Zeit in amerikanischen Städten ein gewisser Grad an zunehmender *Verfallenheit* sichtbar zu werden. Ein Spiegel der politischen und wirtschaftlichen Situation des Landes? Jetzt, da ich dies an vielen schadhaften Häusern und Straßen und Plätzen in Manhattan etwas schmerzlich zu erkennen glaube, fürchte ich mich bereits ein wenig vor der Begegnung mit all den auf meiner langen USA-Reise vorgesehenen Städten.

Unter diesem etwas düsteren Eindruck halte ich kurz Ausschau, wie weit wir wohl entfernt sind von der West 57 Street, an der 1940 der aus seiner ungarischen Heimat emigrierte große Komponist Bela Bartók bis zu seinem Tod kurz nach Kriegsende gelebt hat. Auch wenn das Stadtbild damals noch mal ein völlig anderes gewesen sein dürfte, so überkommen mich beim jetzigen Anblick der verdunkelnden Hochhäuser Vorstellungen vom seelischen Zustand des hier einsam lebenden ungarischen Emigranten. Unter dem damaligen Präsidenten Roosevelt durften politisch Verfolgte oder Verfemte wie Bartók hier noch einwandern. Trotzdem wurde er hier nie heimisch und war durchgehend auf finanzielle Unterstützung angewiesen, besonders zur Heilbehandlung seiner lebensbedrohlich bleibenden Leukämie. Anfang 1944 beauftragte ihn Yehudi Menuhin zur Komposition seiner zweiten Violinsonate, die er in den hiesigen Hochhausschluchten von Manhattan verloren, einsam, arm und leidend fertigstellte bis zur Uraufführung in der Carnegie Hall im November 1944, ein knappes Jahr vor seinem Tod. Ich muss während der Fahrt durch den stockenden Verkehr an dieses kontrastreiche, ungeheuer schwer spielbare, bisweilen spröde klingende Werk mit seinem nackten Aufschrei von Verzweiflung, Wut und Trostlosigkeit denken. Mein Freund Vesselin Paraschkevov hat bei unseren häufigen gemeinsamen Lesungskonzerten immer wieder Sätze daraus unvergesslich und meisterhaft auf seiner Guarneri-Geige vorgetragen.

Das Taxi scheint jedoch an einer sehr viel tiefer bezifferten Straße als der 57. in die breite Park Avenue einzubiegen, dort liegt mein Hotel an einer kleinen Querstraße, die zur 5th Avenue etwa auf der Höhe des Empire State Building führt. Während meiner Kindheit hat mir mein Vater, und ich glaube einmal auch mein Großvater, voller Ehrfurcht und mit patriotischem Stolz dieses damals noch höchste Gebäude der Welt gezeigt. Deshalb werde ich es gleich nach dem Einchecken im Hotel nach so langer Zeit wieder aufsuchen und besichtigen. Vermutlich wird es mir jetzt rührend klein vorkommen.

Am folgenden Tag begebe ich mich mittags schon wieder in eine Art europäische Exklave. Der deutsche Generalkonsul David Gil hat sich die Ehre gegeben, einige wenige handverlesene deutsche und amerikanische Gäste zu einem gewissermaßen transatlantischen Lunch zu bitten. Zu ihnen gehören der deutsche Bundestagsvizepräsident Thomas Oppermann und der schon länger in New York lebende Schriftsteller Daniel Kehlmann. Auf der amerikanischen Seite sind es die Redakteurin und Berichterstatterin beim Magazin „The New Yorker“ Amy Sorkin sowie der Autor und preisgekrönte Übersetzer Damion Searls. Das vom Gastgeber in Gang gesetzte Tischgespräch dreht sich vor allem um die aktuelle politische Lage in den USA und deren Folgen für Deutschland und Europa und für das transatlantische Verhältnis. Themen sind die im jetzt anlaufenden Präsidentschaftswahlkampf sich ungünstig auswirkende Uneinigkeit, ja Zerrissenheit auch der demokratischen Abgeordneten im Kongress untereinander und die grassierende Angst vor der Wiederwahl des *Fake President* im kommenden Jahr. Angesichts der in diesen Tagen beginnenden Klimakonferenz in den Vereinten Nationen wird weiterhin die Frage aufgeworfen, welches denn die eigentlichen Beweggründe der erzkonservativen Kreise für deren strikte Leugnung eines menschengemachten Klimawandels sein könnten, wo doch alle Menschen in gleicher Weise davon betroffen sind. Ist es nur die weitere ungehemmte Steigerung wirtschaftlicher Produktion? Ist diese Vogel-Strauß-Politik nicht auch einfach eine irrationale Trotzhaltung gegen die wissenschaftliche Expertise der Klimaforschung? Ich versuche dann noch, die gegenwärtige politische Situation in den USA im Sinn eines Vergleichs mit der McCarthy-Ära der Vierziger- und Fünfzigerjahre mit allen Gemeinsamkeiten und Unterschieden zu sehen. So verfolgten der republikanische Senator Joseph McCarthy und sein *Committee on Un-American Activities* in einer regelrechten Hexenjagd über schwarze Listen im Lauf von sieben Jahren nur *eine* bestimmte Gruppe von Menschen und belegten sie mit Verhaftungen, Verhören, Gefängnis, Passentzug und Berufsverbot – überwiegend unbescholtene Bürger, die im Verdacht standen, mit dem Kommunismus zu sympathisieren, oder die sich weigerten, andere angebliche Sympathisanten zu denunzieren. Amerikas *Fake President* hingegen hat es zwar *bisher* nicht zustande gebracht, die zahllosen von ihm bekämpften Personen mit Gefängnisstrafen oder sonst juristisch zu belangen. Aber sein rassistischer Hass richtet sich seit vier Jahren gegen alle nichtweißen ethnischen Gruppierungen: Latinos, Mexikaner, Afrikaner, Araber und Asiaten, gegen die er mit seinen täglichen Hetzkampagnen über Twitter Stimmung macht, im eigenen Land zu deren Diskriminierung und zu Gewalt gegen sie aufrief, was unter anderem zu der steigenden Zahl von an Schwarzen begangenen Morden durch US-amerikanische Polizisten führte. Entsprechend verbietet dieser „Präsident" auch über Dekrete die Einreise derselben ethnischen Gruppen in die USA.

Mit diesen gerade nur eben angerissenen Themen und Fragen endet der anregende und freundliche Austausch in der gastlichen Residenz des Generalkonsuls. Denn bald werde ich im Hotel wieder abgeholt für meinen spätnachmittäglichen Vortrag „Democracy will win" in der deutsch-amerikanischen Akademie 1014 (phonetisch Tenfourteen) im Haus des ehemaligen Goethe-Instituts an der Fifth Avenue.

Das gegenüber dem Metropolitan Museum gelegene Gebäude ist ein vornehmes, wenngleich sanierungsbedürftiges und ein bisschen wie ein Spukschloss wirkendes Stadthaus mit heller, gegliederter Kalksteinfassade, Holzvertäfelung und historischen Stuckaturen und mit schweren Eichentüren und ramponiertem Parkett. Vorgesehen ist eine gründliche und zeitaufwendige Wiederinstandsetzung des Hauses mit Mitteln der Bundesregierung. Nichtsdestoweniger ist an diesem zentral gelegenen Standort in der UNO-Stadt New York am Atlantik-Brückenkopf zu Europa jetzt seit einigen Jahren ein gezieltes kulturpolitisches Programm angelaufen. Der Name dieser deutsch-amerikanischen Akademie ist die gebliebene Hausnummer des früheren Goethe-Instituts an der Fifth Avenue. So wie andere nicht nur auf dem Papier, sondern auch praktisch einen gesellschaftlichen Dialog pflegende kulturpolitische Institutionen in den USA, könnte sich langfristig auch dieses transatlantische Leuchtturmprojekt zu einem interkontinentalen Netzwerk erweitern mit dem Anspruch, demokratisches Denken und dialogisches Handeln gegen nationalistische und populistisch-antidemokratische Strömungen weltweit zu fördern.

Ausgangspunkt meines Vortrags „Democracy will win" ist die Skizzierung der Grundzüge der in der Verfassung von 1787 garantierten US-amerikanischen parlamentarischen Demokratie so wie sie auch von meiner 1938 in die USA eingewanderten Familie von ihrem Exil aus in ihrem leidenschaftlichen Kampf gegen Hitler verteidigt wurde. Umso größer der Schock für uns alle kurz nach dem Krieg durch den Rückfall in die verheerende antidemokratische Praxis der McCarthy-Ära, die uns in eine zweite Emigration zurück nach Europa in die Schweiz trieb. Nach einem Sprung in das heutige Amerika mit seinen besorgniserregenden Parallelen zur McCarthy-Zeit komme ich auf den Erwerb von Thomas Manns früherem kalifornischem Exilhaus und dessen Umwidmung zu einem Zentrum eines transatlantischen Dialoges durch die deutsche Bundesregierung zur Festigung der Demokratie und des transatlantischen Bündnisses zu sprechen und rekapituliere die Arbeit der ersten Fellows im Haus.

Der partnerzentrierte Dialog als unverzichtbarer Weg zur Demokratie ist das Herzstück des Vortrags. Es geht um den transatlantischen Dialog zwischen einzelnen deutschen Fellows mit ihren US-amerikanischen Counterparts im heutigen Thomas Mann House. Dieser besteht im Versuch eines Dialogs zum einen zwischen den politisch zunehmend zerstrittenen und einander entfremdeten Menschen innerhalb der USA. Zum anderen ist es auf der zwischenstaatlichen Ebene der Dialog zwischen dem europäischen Deutschland und den USA innerhalb unseres transatlantischen Bündnisses, für den sich der deutsche Bundespräsident nach der Eröffnung des Hauses in seiner Inaugurationsrede „Struggle for Democracy" leidenschaftlich ausgesprochen hat. Je ernsthafter und engagierter Dialoge geführt werden, desto größer die Chance für einen Konsens. Deshalb skizziere ich in meinem Vortrag als Nächstes die philosophische Grundlegung des Dialogs durch Martin Buber und gehe auch kurz auf den Erfahrungsdialog als eine Basis für eine kommunikative Festigung zwischenmenschlicher Beziehungen durch den partnerzentrierten Dialog ein (vgl. S. 63).

Im Anschluss an den Vortrag entspinnt sich eine lebendige und vielfältige Diskussion unter den Hörern. Moderiert wird er von einer Mitarbeiterin der New Yorker Columbia University. Belebt und angeregt durch die allgemeine Resonanz auf meinen Vortrag und das lebendige Gespräch im Auditorium, begebe ich mich zusammen mit den anderen in den Nebenraum zum dort bereitstehenden Buffet. Irgendwann komme ich mit der Institutsleiterin Katja Wiesbrock Donovan ins Gespräch. Sie will natürlich wissen, wie und wohin die Reise durchs Land weitergeht. Ich berichte ihr auch von meinem Vorhaben, unterwegs Blogs für meine Website zu verfassen und diese nach meiner Rückkehr als Grundlage für ein Buch zu nutzen. Auch Alexander Solschenizyns Parabel von den durch eine magische Kraft in ihr brennendes Zuhause zurückkehrenden und dort jämmerlich umkommenden Ameisen gebe ich ihr wieder. Für mich spricht daraus symbolisch die unterschwellig irreale Haltung vieler Amerikaner zu „meinem" Amerika und „meiner" biographischen Heimat (vgl. S. 92). Frau Wiesbrock nickt besorgt und erzählt mir dann mit einem hintergründigen Lächeln, dass nach dem Schock der Präsidentenwahl von 2016 ihre sämtlichen Freunde in New York ihr gegenüber beteuert hätten, dass sie jetzt vorhätten, schleunigst aus den USA auszuwandern. „Und?" „Kein Einziger ist ausgewandert", sagt sie.

Boston. Teaparty

Zwei Tage später begebe ich mich auf meine seit Jahrzehnten wieder erste US-amerikanische Inlandsreise, diesmal von New York nach Boston. Wegen der verhältnismäßig geringen Entfernung lege ich diese Strecke das einzige Mal auf dieser *Lecture Tour* per Bahn, mit dem „Amtrak", zurück.

Bis knapp in die Siebzigerjahre war der Bahnverkehr in den USA, den ich als Kind zusammen mit meinen Eltern noch mit durchgehend mehrere Tage und Nächte dauernden Fahrten mit dem „Pullman" von Küste zu Küste nutzte, sehr stark zurückgegangen. Während der Präsidentschaft Nixons wurde 1971 das halbstaatliche Unternehmen „Amtrak" mit dem blauroten, pfeilähnlichen Logo gegründet. Die Unterhaltungskosten verlangten hohe staatliche Subventionen und belasteten den Staatshaushalt so stark, dass später die Präsidenten Reagan, Bush Senior und Bush Junior dieses Bahnunternehmen wieder abschaffen wollten. Eine neue Situation brachte der Terrorangriff auf das World Trade Center am 11. September 2001, welcher angesichts der tief in den Knochen sitzenden neuen Angst vor dem Fliegen das Reisen mit der Bahn wieder attraktiver machte. Dies bescherte dem Unternehmen einen entsprechend neuen Aufschwung.

Etwa nach der ersten Hälfte der rund dreistündigen Strecke beginnt sich vor meinen Augen eine beeindruckend schöne Landschaft auszubreiten, mit einem besonders bezaubernden Blick auf die Atlantikküste auf der in Fahrtrichtung rechten Seite. In der South Station in der Nähe des Bostoner Stadtzentrums werde ich abgeholt von einer Dozentin für deutsche Literatur der Brandeis University in Waltham, deren Gast ich morgen und übermorgen sein werde.

Als wir uns zu Fuß über den Bahnhofplatz und dann am Atlantik-Kai entlang zu ihrem geparkten Auto begeben, zeigt sie auf ein in frischen Farben glänzendes, restauriertes Segelschiff am Landesteg mit fein gearbeiteten, filigranen Segelmasten, welches fast aus der Christoph-Columbus-Zeit stammen könnte. „Das ist eines der Tea-Party-Schiffe", erklärt sie. „Und daneben ist das dazugehörige Museum". „Tea Party …?", frage ich ungläubig, da ich in der jetzigen konfliktbeladenen Situation in den USA mit dieser Bezeichnung in erster Linie die mitunter destruktivste politische Zusammenrottung reaktionärster Kreise der heutigen republikanischen Partei in den USA verbinde.

„Tea Party. Ja. Sie haben richtig gehört", erwidert sie, als wir das Auto erreicht haben und einsteigen. „Die 2009 entstandene rechtspopulistische Protestbewegung gegen Obamas als kommunistisch verschriene Wirtschafts- und Steuerpolitik nimmt diese Bezeichnung, mit der sie sich auf die revolutionäre Boston Tea Party von 1773 beruft, paradoxerweise für sich in Anspruch [...] Dieses historische Ereignis nennt der amerikanische Historiker Philip Joseph Deloria in Harvard sogar den nationalen Urknall US-amerikanischer Identität, weil die historische Tea Party und ihre Folgen innerhalb von nur zwei Jahren zum Ausbruch des amerikanischen Unabhängigkeitskrieges führten. Die Tea Party war der Höhepunkt eines schon lange schwelenden Steuer- und Zollstreits zwischen den 13 nordamerikanischen Kolonien und dem britischen Mutterland". Während unserer Autofahrt lasse ich mir den Hergang der Eskalation auf jenen „Urknall" hin auch gern mit seinen mir noch wenig bekannten Einzelheiten erklären. „England befand sich unter König Georg III. nach dem Siebenjährigen Krieg in Europa und den zermürbenden Indianerkriegen in Nordamerika in finanziell schwieriger Lage. Dazu kamen die steigenden Kosten für die entsandten Truppen zum Schutz der Siedler gegen die einheimische Bevölkerung, welche Jahr für Jahr den Schuldenberg des britischen Königreichs zusätzlich erhöhten. Diese Belastungen veranlassten die englische Krone, neue Steuergesetze zu erlassen, gegen die sich wiederum die Kolonisten zur Wehr setzten. Als britische Bürger waren sie zwar wahlberechtigt, konnten jedoch wegen der großen räumlichen Distanz von diesem Recht nicht Gebrauch machen. Daher argumentierten sie, dass sie sich zwar weiterhin als britische Staatsbürger mit überkommenen Freiheitsrechten im Sinne der ungeschriebenen englischen Verfassung betrachteten, dass jedoch die Erhebung von Steuern in Nordamerika durch das Londoner Parlament unzulässig wäre. London versuchte nun den Konflikt zu entschärfen, indem es seine Besteuerungsvorhaben in Zölle auf die Einfuhr von Leder, Papier und Tee umwandelte. Aber dies half dem Mutterland nicht weiter, weil in Nordamerika der Absatz an ostindisch-englischem Tee wegen des vielen aus den holländischen Antillen ins Land geschmuggelten Tees ohnehin stark zurückging. Jedenfalls fühlte sich um 1770 herum eine sich ‚Sons of Liberty' nennende Widerstandsbewegung in Boston stark genug, zu einem Boykott sämtlicher Teeimporte aufzurufen. Sie unterstrich diese Maßnahme mit der Aufwiegelung zu gewaltsamen Ausschreitungen, bei der es Tote gab. Dieser

Boykott hatte zur Folge, dass der weiterhin erst recht unverkaufte Tee in den Londoner Lagerhäusern der East India Company tonnenweise verrottete."

„Das klingt ja fast wie eine Umkehrung der Zollpolitik des *Fake President* über den Atlantik gegen Europa und Asien", werfe ich ein. „Ja, Geschichte bewegt sich gern in Spiralen... manchmal allerdings in wechselnde Richtungen."

Dann folgt eine kurze Pause, während wir auf dem Freeway eine Strecke bis zur nächsten Ausfahrt zurücklegen. „1773 beschloss das britische Parlament in seiner Verzweiflung den sogenannten ‚Tea Act'", fährt nun meine Betreuerin fort. „Dieser bestand in einer deutlichen Verbilligung des ostindischen Tees, auf dem sie sitzen geblieben waren, um auf diese Weise den Tee-Import in die Kolonien attraktiver zu machen und anzukurbeln. Solange England allerdings weiter auf der Entrichtung der festgesetzten Importzölle bestand und seinen Tee gleichzeitig nicht so weit verbilligte, dass sein Preis unter dem aus den holländischen Antillen zu liegen kam, ließen sich die neuenglischen Siedler auf nichts mehr ein. Im Gegenteil sprachen sie jetzt sogar kurzerhand ein Landungsverbot für englische Teeschiffe aus bzw. zeigten sich nur dann dazu bereit, diese Schiffe an Land zu lassen, wenn die Importzölle wegfielen."

„Für so was gibt es heute bisher noch keine Parallelen", bemerke ich rasch nebenbei. „Am 16. Dezember kam es dann zu jenem einschneidenden Schritt", fährt die Erzählerin fort. „Nachdem mindestens drei Schiffe in den Bostoner Hafen eingelaufen waren, stürmten, noch bevor die Besatzung mit der Entladung der Schiffe begann, etwa 50 Bostoner Bürger zusammen mit einigen Bauern aus den umliegenden Dörfern als Mohawk-Indianer verkleidet mit schwarz bemalten Gesichtern und unter Kriegsgeheul auf die vor Anker liegenden Schiffe. Dort kippten sie sofort in einer mehrstündigen spektakulären nächtlichen Aktion vor den Augen von Tausenden von herumstehenden Gaffern über 300 Kisten mit zusammen etwa 45 Tonnen Tee ins umliegende Hafenbecken."

„Und warum unter der Maskerade von Indianern?" „Dafür gibt es verschiedene Deutungen. Die plausibelste ist, dass Indianer ein Symbol blieben für die schwere Unterdrückung und schließlich massive Dezimierung benachteiligter Volksgruppen durch die Kolonialherren der britischen Krone. Und die ihren neuen politischen Status als freie Amerikaner anstrebenden Siedler wiederum identifizierten sich wegen ihres zunehmenden revolutionären Widerstands und ihrer Protestaktionen vermutlich mit den einheimischen Opfern eines antiquierten europäischen Feudalismus und einer letztlich ständisch gebliebenen Gewaltherrschaft."

Umso tragischer, dass sich die grausamen Methoden der Landnahme des amerikanischen Kontinents im 17. und 18. Jahrhundert mit der Massakrierung der indianischen Urbevölkerung und der Versklavung der vor allem aus Afrika verschleppten Opfer nach altbewährtem europäischem Muster vollzogen haben, denke ich sofort. Die andere Seite der Medaille, die dabei nicht vergessen werden darf, waren die verschiedenen in Europa über Jahrhunderte immer wieder aufblühenden, vergehenden und wieder in Kriegen, Armut und Seuchen versinkenden Kulturepochen, wie sie das vergleichsweise junge neuenglische Nordamerika nie gekannt hat. Zeigt uns die ethnische und historische Verschränkung des europäischen mit dem amerikanischen Kontinent nicht die nur 150 Jahre nach Inkrafttreten der US-Verfassung letztlich immer noch enge Einheit zwischen Europa und dem daraus hervorgegangenen Amerika? Führt uns dies nicht erst recht die Unsinnigkeit des heute gern proklamierten Wunsches vor Augen, die transatlantische Einheit zwischen den Kontinenten Europa und den USA künstlich in zwei Teile zu spalten?

„Und das war der Anfang vom Ende?", frage ich. „Wenige Monate später ereigneten sich vor allem in Massachusetts weitere vergleichbare Vorfälle. Wanderhändler mit englischem Tee wurden gezwungen, ihn zu verbrennen. Ein Wirtshaus, dessen Besitzer unter dem Verdacht stand, Tee der Ostindiengesellschaft zu verkaufen, wurde von als Indianer verkleideten Bürgern demoliert, und in einigen Städten wurde Tee mit derselben Herkunft sogar öffentlich auf dafür extra errichteten Scheiterhaufen unter feierlichen Verzichtgelöbnissen verbrannt. Auf diese Weise kam es in Neuengland bald zum völligen Verschwinden des betreffenden Krauts."

„Das muss doch seitens des englischen Mutterlands als ungeheure Provokation empfunden worden sein, oder nicht?", frage ich. „Die entsprechenden

Gegenmaßnahmen ließen nicht lange auf sich warten. Im Londoner Parlament wurden Strafaktionen gefordert. So wurde unter anderem die Zerstörung Bostons verlangt. Jedenfalls wurde unter dem Namen ‚Intolerable Acts' eine Reihe von Gesetzen erlassen wie etwa die Schließung des Hafens von Boston und die Einschränkung gewisser Freiheiten der Kolonien. Und wiederum als Gegenzug dazu empfahlen Vertreter aus zwölf Kolonien auf dem ersten Kontinentalkongress im Herbst 1774 in Philadelphia die Aufstellung einer eigenen Miliz … einer Art Kontinentalarmee … Ja, und dann … nur ein halbes Jahr später … brach der amerikanische Unabhängigkeitskrieg aus, der bekanntlich nur kurz dauerte und für die neuen Siedler siegreich ausging".

Mittlerweile haben wir die Einfahrt zum Hotel erreicht. Und so höre ich nur noch wie durch einen Schalldämpfer hindurch den weiteren Fortgang der Geschichte. Dazu gehört, dass, etwa seit der Unabhängigkeitserklärung am 4. Juli 1776, bis heute an jedem 16. Dezember die sogenannte Tea Party gefeiert wird. Dort pflegten und pflegen noch heute die „frischgebackenen" Amerikaner mit ihrem neugewonnenen staatsbürgerlichen Selbstbewusstsein spöttisch das nach einem festen Muster ablaufende Zeremoniell besonders des englischen Nachmittagstees zu imitieren.

Über die Jahrhunderte hat diese Gepflogenheit nach und nach ihren kommemorativen Reiz verloren. Heute ist die Bostoner „Tea Party" lediglich zur ärgerlichen Selbstbezeichnung des defätistisch reaktionärsten Flügels der evangelikal-republikanischen Partei der USA degeneriert – ein ganz anderes Extrem als das der revolutionär aufbruchswilligen und zugleich würdevoll-selbstbewusst nach Freiheit und Autonomie dürstenden Bostoner Bürger, die sich im Sinn der bald formulierten Präambel der amerikanischen Verfassung verantwortungsvoll dem Allgemeinwohl, dem Glück und der Freiheit ihrer Mitbürger verschrieben hatten. Diese Gesinnung war auch die Grundlage für die selbstverständliche Bereitschaft, alle in dieses neue, große, freie Land einwandernden Menschen als Mitbürger aufzunehmen, statt gegen sie innere und äußere Mauern und Stacheldrahtzäune zu errichten. Und das blieb auch über Jahrhunderte so, besonders als 1854 die *Grand Old Party* der Republikaner (!!) gegründet wurde und Abraham Lincoln bald ihr erster Präsident wurde. Erst im frühen 20. Jahrhundert hat sich die urliberale Mentalität der republikanischen Partei ins Gegenteil verkehrt. Überdauert hat bis heute nur die Bezeichnung „Tea Party" als leere Hülle, die von das antiliberale Extrem vertretenden Kräften usurpatorisch für sich in Anspruch genommen wird.

„Das ist wohl eines der vielen Beispiele in der Weltgeschichte für die Revolution, die ihre eigenen Kinder frisst", schließe ich unsere Unterhaltung ab.

Die jüdische Brandeis University

Am nächsten Vormittag geht es dann nach Waltham zur Brandeis University. Die Idylle der dorthin führenden gepflegten neuenglischen Holzhäusersiedlungen in hügeliger Landschaft lässt mich die düstere Großartigkeit der New Yorker Wolkenkratzerschluchten vergessen. Der dann irgendwann auftauchende umfangreiche Campus der Universität mit großangelegten Grünflächen und einem Komplex imposanter hochmoderner Stahl- und Betonkonstruktionen mit einem Schlossgebäude im klassizistisch-englischen Stil dazwischen wirkt wie ein eigenes kleines Gemeinwesen. Die etwa 6000 Studenten fassende, der Förderung der amerikanisch-jüdischen Gemeinschaft dienende, aber nicht konfessionsgebundene Privat-Universität wurde 1948 gegründet und nach Louis Brandeis, dem ersten jüdischen Richter am Obersten Gericht der USA benannt. Etwa die Hälfte der dort Studierenden sind jüdischer Abstammung. Eines der von Louis Brandeis überlieferten Zitate lautet: „Most oft the things worth doing in the world had been declared impossible before they were done. – Die meisten der Dinge in der Welt, die es wert sind, getan zu werden, wurden für unmöglich erklärt, bevor sie getan wurden."

In der frühherbstlich warmen, noch stark sonnigen Mittagszeit werde ich in eines der Gebäude und dort in den stilvoll eingerichteten Speisesaal geführt, in dem ich mich mit einer kleinen Gruppe Studenten zu einem Lunchgespräch treffen soll. Ich finde auf Anhieb einen angenehmen Kontakt zu einem hochgewachsenen, fließend und erstaunlich akzentfrei Deutsch sprechenden jungen Mann, der sich gleich neben mich gesetzt hat. Von diesem erfahre ich rasch, dass er teilweise in Deutschland aufgewachsen ist und auch jetzt oft besuchsweise dorthin reist. Er und auch die anderen dazugekommenen Studenten zeigen deutliches Interesse an den Gründen für meine Vortragstournee durch die USA.

Besonders erhellend für mich wird es, als wir auf die beklagenswerte politische Polarisierung in den USA zu sprechen kommen und in diesem Zusammenhang auch die Frage nach den Unterschieden zwischen der amerikanischen und der deutsch-europäischen politischen Streitkultur auftaucht. Nachdem ich mein Erschrecken über die sich hierzulande ängstigend zuspitzendende Unversöhnlichkeit in so vielen zwischenmenschlichen Beziehungen aus politischen Gründen äußere, erläutert man mir anhand ziemlich drastisch geschilderter Beispiele, dass diese das politische Klima vergiftende Polarisierung oft mitten durch die Familien oder familienähnlichen Gemeinschaften hindurch verlaufe. „Hier bei uns", so spinnt mein junger Gesprächspartner neben mir diesen Faden weiter, „nehmen die Menschen gegensätzliche politische oder auch andere Meinungen sehr schnell als einen persönlichen Angriff auf, obwohl sich die Meinungsverschiedenheiten auf an sich hauptsächlich sachliche Aspekte beziehen wie etwa auf bestimmte Punkte eines Parteiprogramms. Aber wenn man hierzulande über solche Programmpunkte streitet, dann geschieht dies in der Regel in Hinblick auf die persönlichen Motive und Hintergründe dafür, einen bestimmten politischen Streitpunkt zu vertreten. Deswegen exponieren sich Vertreter politisch miteinander streitender Parteien persönlich sehr viel stärker, machen sich verletzbarer und reagieren entsprechend empfindlich. So kann rasch ein Teufelskreis entstehen, in dem sich bei starken Divergenzen die Fronten im Nu verhärten und zu unüberwindlichen Mauern anwachsen."

„Und dann hört jedes Miteinander auf?"

„Das Reden über die strittigen Probleme ja", entgegnet der andere. „Trotzdem wird in Amerika deutlich getrennt zwischen politischer Auseinandersetzung und Alltagskommunikation. In unserem Alltag können politisch zerstrittene Freunde oder Familienmitglieder trotzdem freundlich und sogar liebevoll miteinander umgehen, solange man sich sozusagen privat zusammensetzt und die politischen Gegensätze wie ein Tabu ausgeklammert bleiben."

„Und wie ist es bei Ihnen in Deutschland?", fragt mich ein anderer aus der Runde.

„Soweit ich mich aus meiner Zeit in Deutschland erinnere, ist das dort sehr anders", kommt mir mein Tischnachbar zuvor. „Dort gibt es nicht die Zweiteilung in politisch und privat. Wenn sich Menschen in Deutschland politisch in die Haare kriegen, gehen sie sich dann meistens auch privat aus dem Weg."

„Ja, das ist richtig", bestätige ich. „Politische Meinungsgegensätze in Deutschland und vielleicht auch sonst in Europa zielen sehr viel weniger auf Personen und deren Motive ab. Sie drücken mehr ideologisch Grundsätzliches aus."

„‚Grundsätzlich' und ‚tiefgründend' oder ‚gründlich' sind im Deutschen ähnliche Wörter, die schwer ins Englische übersetzbar sind", führt mein Tischnachbar weiter aus. „Man sagt doch auch: mit ‚deutscher Gründlichkeit'", ergänzt er lachend und mit etwas verlegenem Blick zu mir.

„Richtig. In Deutschland wird abstrakter und weniger anhand konkreter Beispiele und persönlicher Hintergründe gestritten. Das berührt die persönliche Sphäre weniger. Nur wenn es dann doch mal hitzig und scharf zur Sache geht und auch die persönliche Ebene berührt wird, dann können richtige Feindschaften entstehen, und die dann konsequent und durchgängig … Das ist völlig richtig."

„Und gründlich", ergänzt der andere wieder lachend, bevor er aufsteht und sich mit seinem Teller nochmals nach vorn zum Büffet begibt.

Ich bin ja hier erst auf meiner zweiten Station während meiner Amerikareise und kann bezüglich kultureller Unterschiede im gegenwärtigen Alltag nur wenig mitreden. Nach und nach werde ich meine Beobachtungen darüber sammeln, wie die Menschen hier miteinander umgehen. Wenn hier der gesellschaftliche und politische Makrokosmos des nationalen Zusammenhalts gegenwärtig so sehr gestört ist durch den erbitternd tiefen politischen

Riss quer durch die amerikanische Gesellschaft, ist dann der Mikrokosmos der alltäglichen Kommunikation im Kleinen, Alltäglichen wirklich so anders? Funktioniert die alltägliche Kommunikation wirklich besser? Und wie funktioniert sie im Vergleich zu Europa, zu Deutschland?

Was bedeutet dies für Versuche, die Menschen hier über Dialoge einander wieder etwas näher zu bringen, wenn sie im alltäglichen praktischen Zusammenleben immer noch ein Vorbild sind für uns Europäer? Wahrscheinlich wäre es ratsam, im Gespräch mit Menschen hier als ersten Schritt ein eher leicht zu erreichendes gutes persönliches, gewissermaßen privates Einvernehmen anzustreben, was ja gerade deren Stärke ist. Als zweiten Schritt könnte man dann auf dieser Basis ganz vorsichtig auf die Stufe eines politischen Gesprächs gehen. Da wäre es dann allerdings umso wichtiger, sorgsam jede allzu persönliche Involvierung in politische Streitpunkte zu vermeiden und stattdessen Auseinandersetzungen möglichst auf der sachlichen und grundsätzlichen Ebene auszufechten, um so überflüssigen, verletzenden Angriffen aus dem Weg zu gehen.

Am nächsten Mittag lese ich in einem der Räume des Faculty Club nach einem gemeinsamen Lunch dort an kleinen Tischen aus einem der ins Englische übersetzten Kapitel meines letzten Buchs „Das Weiße Haus des Exils". Dafür steht vorn im Speiseraum ein hohes Lesepult bereit. Die Anwesenden sind Clubmitglieder und auswärtige Gäste, überwiegend ältere Semester, vielleicht 30 oder 40 an der Zahl. Auf meine Lesung folgt eine angenehm lebendige Diskussion.

Ich hatte als Stimulus für diese Diskussion als Parallele zu der gegenwärtigen politischen Situation in den USA aus dem dritten Kapitel meines Buches die erschütterte Reaktion meines Großvaters auf die schon bald nach Kriegsende beginnenden Angriffe des *Committee on Un-American Activities* unter Joe McCarthy auf die demokratischen Rechte unserer Bürger vorgetragen. Dort wird unter Bezugnahme auf einschlägige Tagebuchstellen Thomas Manns dessen langjähriges, immer unerträglicheres Leiden unter dieser politischen Kehrtwende in Amerikas Demokratie nach der großen Zeit unter Franklin D. Roosevelt geschildert. Mit diesem Leiden einher geht das langsame Schwinden von Thomas Manns Gefühl der Zugehörigkeit zu seiner nur Jahre zuvor neu gewonnenen amerikanischen Exilheimat bis hin zu seinem sich zunehmend festigenden Entschluss, sie wieder zu verlassen und in sein altes Europa (nicht nach Deutschland, sondern in die Schweiz) zurückzukehren. Diese Rückkehr bezeichnet er selber als „zweite Emigration".

Fast wie automatisch fällt unmittelbar nach dieser Erinnerung an den amerikanischen Albtraum der McCarthy-Zeit eine vernichtende Bemerkung nach der anderen seitens meiner Zuhörer gegen die Administration des *Fake President*, so als hätte ich mich in meinem Lesetext mit namentlichen Querverweisen ausdrücklich auf diesen bezogen, wovor ich mich wohlweislich gehütet hatte. Die Menschen hier an dieser Universität scheinen mir ohnehin viel zu vornehm und zu human gesonnen zu sein, um sich mit dem geistlosen, aggressiven und menschenverachtenden Gehabe des heutigen Staatsoberhauptes unnötig abzugeben. Umso mehr ermutige ich sie mit meinen eigenen, mit ihrer Meinung völlig konform gehenden Kommentaren zu ihren Gesprächsbeiträgen zu weiteren freimütigen Bemerkungen. Sie spüren genau, dass niemand aus meiner Familie heute an diesem Präsidenten auch nur ein einziges gutes Haar gelassen hätte. Ich bin über den wohltuenden Zuspruch, die gegenseitigen Sympathien und die solidarische Einigkeit zwischen den hier Anwesenden und mir sehr glücklich.

Morgen geht für mich die Reise weiter in die sogenannten *Heartlands*, nach Denver/Colorado in US-Amerikas *Middle West*. Dort wird ein anderer, rauerer Wind wehen. Trotz meines Unbehagens deswegen bin ich auch gespannt und neugierig.

Gegenwind in den Midlands

Der Ungeist der Dialogverweigerung

Mein erster Inlandflug führt mich nach Denver/Colorado im mittleren Westen. Der Flug startet kurz vor Einbruch der Abenddämmerung. Nach dem eher warmen Nachmittag in Boston gegen Ende September bin ich beim Betreten der Flugkabine ziemlich erschrocken über die aus der Klimaanlage ausströmende Eisluft, nachdem ich unvorsichtigerweise meine Fleecejacke in dem eben aufgegebenen Koffer für mich unzugänglich gemacht hatte. Glücklicherweise können sich alle Fluggäste etwa eine halbe Stunde nach dem Start bei der Stewardess eine „Wolldecke" für fünf Dollar kaufen. Wie sich herausstellt, umfasst diese Decke allerdings höchstens einen halben Quadratmeter. Dazu kommt, dass in der hiesigen Kälte nur Plastikflaschen mit Eiswasser ausgeteilt und ballongroße bunte Plastikpackungen mit Potatochips zum Kauf angeboten werden. Alles in allem schaffe ich es während des fünfstündigen Fluges, mein erstandenes und jetzt um mich gewickeltes Wollfleckchen immer wieder ausgleichend so auf meinem Körper hin und her zu schieben, dass die gleichbleibende Kälte in der Flugkabine erträglich bleibt.

Langsam ziehen die quälenden Stunden irgendwie vorbei, bis die Maschine gegen 22 Uhr endlich in Denver landet. Erleichtert verlasse ich meinen Eiskäfig und strebe auf die ausgeschilderte Gepäckausgabe zu, ein wenig unsicher, wann und wo ich wohl den deutschen Honorarkonsul entdecken werde, der mich am Flughafen abholen und mich ins Hotel bringen soll. Die spätabendliche Temperatur in der Ankunftshalle ist kaum höher als die vorher in der Flugkabine.

Als ich nach der Entgegennahme meiner beiden Koffer gerade dabei bin, mir meine Jacke aus dem Koffer herauszufischen, lächelt mich ein plötzlich neben mir auftauchender Herr von kleiner, kräftiger Statur an und streckt mir die Hand entgegen. Es ist Paul Maricle, der deutsche Honorarkonsul von

Colorado und Wyoming, ein einwandfrei Deutsch sprechender Amerikaner, der, wie ich mich rechtzeitig im Internet informiert habe, als Rechtsanwalt den Ablauf der regionalen deutsch-amerikanischen Handelsbeziehungen überwacht und daher irgendwie mit der regionalen Handelskammer verbunden ist.

Auf der Fahrt in seinem Auto auf dem Freeway nach Denver geht Mr. Maricle als Erstes das morgige Programm mit mir durch, welches er mir per Mail als ziemlich gedrängt angekündigt hatte, zumal ja schon für übermorgen früh meine Weiterreise nach Kansas City vorgesehen ist. „Ich habe dieser Tage an mehreren Highschools herumtelefoniert", teilt er mir nach einem verlegenen Räuspern und mit deutlich zurückgenommener Stimme mit, „… und ich muss Ihnen leider mitteilen, dass ich überall dieselbe Antwort bekam. Es wird an keiner dieser Schulen ein Besuch möglich sein." Dann legt er eine kurze Pause ein, die mich zusätzlich irritiert, um schließlich fortzufahren: „Alle Schuldirektoren haben mir gesagt, dass die politische Polarisierung an ihrer Schule … unter den Schülern wie auch unter deren Eltern … so groß ist, dass zu viel Unruhe in ihre Schule käme, wenn die Schüler dort mit ihnen über das Thema Demokratie sprechen würden."

Obwohl ich mir hier in Colorado von vornherein keine Illusionen über die politische Situation gemacht hatte, überrascht mich eine Kontaktverweigerung in diesem Ausmaß, besonders nach einer so höflich-offiziellen Anfrage seitens des Konsuls einer ausländischen diplomatischen Vertretung bei den betreffenden Schulen. Vielleicht war ja auch gerade eine solche Anfrage dazu angetan, in staatlichen Schulinstitutionen Ängste zu wecken. Andererseits hatte ich ja ausdrücklich vorgehabt, mit hiesigen Schülern und Lehrern darüber zu diskutieren, dass jede Dialogverweigerung letztlich der gefährlichere Widersacher eines friedlichen demokratischen Zusammenlebens ist als der offene Streit und dass dieses tödliche Schweigen irgendwann in der „Ruhe eines Kirchhofs" enden muss.

„Normalerweise wären alle diese Absagen nicht ganz so dezidiert und vor allem nicht so einheitlich ausgefallen", versucht mich Mr. Maricle zu beschwichtigen. „Aber Ihnen ist bestimmt nicht entgangen …", fährt er mit einem bedeutungsvollen Kopfschütteln fort. „Ich meine den gegenwärtigen

Aufruhr im Weißen Haus ... jetzt bundesweit in den Medien ... Der heizt jetzt die uns alle beherrschende Polarisierung immer weiter an." „Ja, die Nerven scheinen überall blank zu liegen", antworte ich. „Heute Mittag habe ich noch in der Hotel-Lounge in Boston beim Warten auf das Taxi im Fernsehen mitbekommen, was da gerade dieser Tage aufgeflogen ist", versuche ich den Konsul zu etwas konkreteren Ausführungen zu ermutigen. „Ich meine das kompromittierende Telefonat des Präsidenten mit seinem Amtskollegen in der Ukraine ... Glauben Sie, dass der Betreffende jetzt endlich stürzt?" (Ich wollte meinem Betreuer gegenüber vorsichtshalber die für mich inzwischen völlig geläufige Titulierung *Fake President* vermeiden).

„Jedenfalls verhält sich die ganze Nation wie ein aufgescheuchter Haufen", weicht der Konsul weiter meiner Frage diplomatisch aus.

„Aber gerade Denver ist doch mehrheitlich republikanisch ... Ich meine jetzt Ihre Schulen", beharre ich weiter. „Das war einmal so. Ganz Colorado war früher Einzugsgebiet der Republikaner. Doch mit der zunehmenden Urbanisierung von Denver als Hauptstadt hat sich Colorado im Laufe der Zeit immer mehr zum Swing State entwickelt. Am konservativsten geblieben ist Colorado Springs, während in und um Denver vor allem die Demokraten dominieren. Man sagt, dass sich der Staat Colorado insgesamt vom republikanischen Rot zum *purple* [lila] gewandelt habe." „Aber offenbar nicht als gleichmäßige Farbmischung, sondern als zwei sich gegenseitig abstoßende Farben", versuche ich, mich ein wenig verklausuliert und damit im Grunde eher mehr als weniger provokativ auszudrücken. Auf diese Feinheiten scheint der Konsul nicht eingehen zu wollen und verfällt ins Schweigen. Ich merke immer deutlicher, wie peinlich ihm das Fiasko mit den Highschool-Direktoren ist.

Als die ersten Lichter und einige mir besonders imposant erscheinende Hochhäuser von Denver auftauchen, richtet sich meine Neugier auf die eben vom Konsul erwähnte zunehmende Urbanisierung Denvers, und ich bemerke ihm gegenüber, ich wüsste wohl, wie rasant die meisten amerikanischen Städte aufgrund der Schnelllebigkeit Amerikas ihr Gesicht veränderten. „Oh ja. Denver hat sich in den letzten 40 Jahren mächtig gemacht", erwidert Maricle mit wiedergewonnener Selbstsicherheit und im flüssigen Ton eines Fremdenführers. Er begründet den Aufschwung von Denver durch die dortigen Olympischen Spiele von 1976, nach denen die Stadt zu einer modernen Wolkenkratzerstadt mit einer Einwohnerschaft von immerhin einer Dreiviertelmillion anwuchs. „Durch die Modernisierung hat sich die Stadt auch wesentlich verschönt", rundet der Konsul seine Erläuterungen ab.

„Die Landschaft drumherum scheint, wie ich höre, auch sehr anziehend zu sein", erwidere ich und zeige mit dem Finger in die uns umgebende Dunkelheit. „Wenn Sie morgen früh aus dem Fenster Ihres Hotelzimmers schauen, werden Sie den majestätischen Kranz der die Stadt umgebenden schneebedeckten Rocky Mountains sehen können … und die Weite der Prärien und Steppen der Great Plains dazwischen zeige ich Ihnen dann morgen bei Tageslicht … Einige meiner deutschen Gäste haben mir gesagt, diese Landschaft würde sie an die Beschreibungen von Karl May in dessen ‚Winnetou' und ‚Old Shatterhand' erinnern."

Inzwischen sind wir schon bis ins Stadtzentrum vorgestoßen und ich checke in meinem Hotel ein. Dann vereinbaren wir unser Treffen morgen Mittag zum Lunch. Wegen des ins Wasser gefallenen Highschool-Besuchs habe ich den nächsten Vormittag sozusagen frei. Deshalb lasse ich mir beim Frühstück ausgiebig Zeit, um im Fernsehen den Fortgang der immer hitziger werdenden Debatten und Interviews um die versuchten, mit Erpressung verbundenen schmutzigen Tricks des *Fake President* bei seinem Telefonat nach Osteuropa zur Sicherung seiner Wiederwahl 2020 zu verfolgen. Beim Anschauen dieses Spektakels erfüllt mich ein Gemisch aus Ekel und dann wieder aus Hoffnung, es möge dieser Abrissbirne der Demokratie mit einem Amtsenthebungsverfahren jetzt doch endlich an den Kragen gehen, so illusorisch dies angesichts der Mehrheitsverhältnisse im Senat auch sein dürfte.

Nach dem Frühstück begebe ich mich ins Stadtzentrum, um dieses wenigstens über die ersten von hier ausgehenden Straßenzüge zu erkunden. Es ist ein herbstlich kalter Morgen. Die aneinandergereihten Geschäfte und Restaurants erscheinen mir alles andere als attraktiv. Die Stadt wirkt immer noch recht neu und herausgeputzt, aber dabei eintönig und grau-phantasielos. Nach New York und Boston fällt mir hier auch die klare Überrepräsentanz weißer Menschen auf. Ich erinnere mich jedenfalls nachträglich nicht daran, in Denver auch nur einem Afroamerikaner begegnet zu sein. Das wird in Kansas City kaum anders sein.

Obwohl im Lauf des Vormittags die Sonne langsam etwas an Kraft gewinnt und die Luft wärmt, zieht es mich bald in mein Hotelzimmer zurück. Nach dem thematisch nicht sonderlich ergiebigen Lunch-Gespräch mit dem Konsul im fast leeren vornehmen Hotelrestaurant mit um die Tische scharwenzelnden, weiß livrierten Kellnern bereite ich mich am Nachmittag auf meinen Abendvortrag vor, zu dem ich wieder vom Konsul mit dem Auto abgeholt werde.

Dieser findet statt in einem kleinen, schwach beleuchteten Klubraum irgendwo in der Stadt, mit etwa fünfzehn Hörern, die langsam eintrudeln. Sie gehören der deutsch-amerikanischen Handelskammer an oder sind Mitglieder des regionalen „Goethe-Clubs" oder anderer Verbindungen, die sich um ihren deutschen Honorarkonsul scharen. Ein besonderes Fluidum zwischen den vor mir versammelten Hörern spüre ich nicht. Mir kommt es so vor, als würde das von mir Vorgetragene mehr oder weniger ins Leere hinein verhallen. Wenn ich vom Lesetext aufblicke, begegnen mir allenfalls gleichbleibend wohlwollend interessierte, vielleicht sogar gelangweilte Gesichter. Die anschließenden Rückmeldungen und Fragen aus dem Publikum halten sich sehr in Grenzen. Einer aus einer Dreiergruppe, die sich gegenseitig immer wieder vielsagende Blicke zuwerfen und geheimnisvoll miteinander tuscheln, wagt sich nun vor und fragt mich, ob denn Dialoge nicht auch manchmal zu viel und, wie er sagt, „überflüssig" werden könnten. Auf meine spontan wahrscheinlich etwas unwillige Reaktion auf diese abschätzige Bemerkung und mein Bemühen, meinem Gegenüber nochmals die Wichtigkeit von Dialogen zu erläutern, zieht er sich wieder zurück und brütet still vor sich hin.

Ein bisschen lebendiger wird es dann, als die Frage auftaucht, auf die angesichts meiner Einladung als Gast aus Deutschland anscheinend alle gewartet hatten. Nämlich, ob es stimme, dass in Deutschland wieder ein nationalistisches und fremdenfeindliches Klima herrschen würde und dass die Nazifaschisten dort politisch zunehmend wieder eine tonangebende Rolle spielten. Solche Fragen machen mir in erschreckender Weise den offensichtlichen Informationsrückstand bezüglich Europa und Deutschland in der hiesigen Region deutlich. Er ist für mich ein Hinweis darauf, wie wenig die Amerikaner und Europäer angesichts der schon lange zunehmenden Lockerung ihres transatlantischen Bündnisses überhaupt noch voneinander wissen und wie sehr diese Unwissenheit krassen Vorurteilen und haltlosen Behauptungen Vorschub leistet. Andererseits wirkt es auf mich auch ein bisschen so, als würden die Menschen hier damit gern von ihren eigenen innenpolitischen Problemen ablenken wollen. Es kostet mich einige Mühe, meinen Hörern ihre Phantasien und Befürchtungen bezüglich eines radikalen Rechtsrucks in Deutschland einigermaßen auszureden. Nach diesem unangenehmen und befremdenden Scharmützel ist dann auch bald der offizielle Teil des Abends beendet.

Ich hätte mich während des nun folgenden völlig offenen Ausklangs der Abendveranstaltung noch verlorener gefühlt, hätte mich nicht schon zuvor beim Eintreffen der ersten Gäste ein etwas älterer, aufgeweckt und gewitzt wirkender Herr freundlich interessiert angesprochen, sich mir mit dem französischen Namen Michel vorgestellt und mich dann so lange temperamentvoll in eine angeregte Unterhaltung hineingezogen, bis der Konsul die Veranstaltung eröffnete und mich zum Rednerpult komplimentierte. Jetzt in dieser nicht sonderlich angenehmen Gesellschaft empfinde ich die Möglichkeit einer Fortsetzung unseres Gesprächs fast wie eine Rettung, umso mehr, als ich am Ende der Veranstaltung in Michels Gesicht lese, dass auch er weiter den Kontakt mit mir sucht.

Als wir so wieder zu einer netten Plauderei zusammenfinden, frage ich ihn im Hinblick auf seinen Vornamen, ob er denn hier in Denver beheimatet sei. „Nein!“, antwortet er fast empört, um mir dann stolz zu erklären: „Ich bin Franzose.“ „Ach, und seit wann leben Sie hier?“ „Seitdem ich 17 bin. Ich bin 1956 aus Frankreich in die USA ausgewandert und hier in Denver irgendwie hängen geblieben.“ „Sind Sie mit Ihren Eltern ausgewandert?“ „Nein, allein, ganz aus eigenem Antrieb. Meine ganze Familie ist bis heute in Frankreich geblieben. Ich pflege immer zu sagen, dass mein Vater der Einzige ist, der nur einmal kurz in seinem Leben im Ausland gewesen ist, nämlich als französischer Kriegsgefangener in Deutschland", äußert Michel mit einem verschämten Kichern. „Und Sie leben seitdem glücklich in Denver?", frage ich den, wie ich mir rasch ausgerechnet habe, inzwischen Achtzigjährigen. „Na ja, ich leide schon ein wenig unter der Enge und der Provinzialität dieser Stadt", gesteht Michel etwas verlegen. Nachdem ich ihm gegenüber ganz vorsichtig andeute, dass ich dies, nach meinen zugegebenermaßen spärlichen Eindrücken von hier, ein bisschen nachfühlen könne, reden wir noch eine Weile weiter. Dann verabschiede ich mich von ihm, und der Konsul bringt mich wieder zurück ins Hotel. Denn morgen recht früh geht es weiter nach Kansas City rund zwei Flugstunden entfernt.

Zugespitzte Polarisierung

Mittags in Kansas City bei überraschend heißem, sonnigem Wetter angekommen, erwartet mich den ganzen Nachmittag und Abend eine dicht gedrängte Programmabfolge. Ich werde von der jungen Leiterin des Pop-up-Goethe-Instituts, Jutta Behnen, abgeholt und direkt vom Flugplatz durch die Stadt und von dort an die Peripherie am anderen Ende ins Grüne zur Staley Highschool gefahren. Auf dem Weg erklärt mir Jutta, dass ich dort von gleich drei Klassen mit zusammen neunzig Schülern und vier Fachlehrern erwartet würde, was mich nach den Erfahrungen in Denver natürlich freut, aber auch etwas wundert, weil ich weiß, dass besonders Kansas City im Staat Missouri sehr viel eindeutiger als Denver eine Hochburg der republikanischen Partei ist und dass Gäste aus Deutschland, die hier den Menschen etwas über Demokratie erzählen möchten, eigentlich erst recht argwöhnisch betrachtet werden müssten. Umso neugieriger bin ich, was mich jetzt in dieser Schule erwartet.

Irgendwann taucht auf der weiten Grünfläche hinter den letzten Vorstadtsiedlungen ein großes, neu aussehendes, alleinstehendes Gebäude auf. Seine Eingangshalle und die von dort weiterführenden langen Gänge scheinen vor Neuheit noch mehr zu glänzen und zu blitzen als die Außenfassade. In einer besonders großen, eng bestuhlten Halle sitzen die angekündigten

Kids alle still und erwartungsvoll versammelt. An der Eingangstür begrüßt uns die Deutschlehrerin, mit der ich zuletzt ebenfalls korrespondiert hatte. Sie stellt mich der Schüler- und Lehrerschaft vor, dann folge ich ihr ans Rednerpult und begrüße die hier versammelte Schülerschaft mitsamt deren ganz hinten sitzenden Fachlehrern.

Als Erstes erzähle ich meinen jungen, angenehm freundlich-interessiert wirkenden Hörern ein bisschen etwas über meine bisherige Vortragsreise und über deren geplanten Fortgang auf dem Hintergrund meiner amerikanischen Herkunft und erwähne, dass ich als Kind auch eine amerikanische Schule besucht hätte, allerdings nur bis zum Alter von knapp neun Jahren, weil ich danach mit meiner Familie nach Europa übergesiedelt sei. Dann sage ich frei heraus, dass ich mit meinen Vorträgen in den USA die Menschen ein wenig aus ihrer Vereinzelung und politischen Frontenbildung heraus zu einem verstärkten Dialog und zu einem engeren Miteinander in unserem gemeinsamen Land ganz im Sinne unserer demokratischen Verfassung ermutigen möchte. Dann gehe ich über zu meinen vorbereiteten Fragen an die Schüler und vielleicht auch Lehrer.

„Ich würde gerne wissen, ob ihr die Absicht unseres Präsidenten gut findet, an unserer Grenze zu Mexiko eine Mauer zu bauen", beginne ich ohne Scheu. Die Antworten darauf sind kontrovers. Die einen sagen, die Mauer sei wichtig, um die Schmugglerbanden und die Drogen-Dealer aus Mexiko abzuhalten. Die anderen meinen, wir bräuchten heute keine Berliner Mauer mehr (was ich komisch finde, weil diese von der DDR-Regierung gebaute Mauer ja nicht errichtet worden war, um das Eindringen von Menschen von außen zu stoppen, sondern um das unkontrollierte Auswandern und damit das Ausbluten des eigenen Staates zu verhindern).

Dann folgt meine zweite, nicht weniger direkte Frage. Ich würde gern wissen, sage ich, ob die Mehrzahl der hier Anwesenden glaube, die USA seien besser beim Klimaabkommen von Paris geblieben statt auszutreten. Auch hier wieder eine geteilte Resonanz: von der einen Seite Bedauern über diesen Schritt, von der anderen die umso heftigere Befürwortung des Austritts mit der Begründung, die USA hätten schon so viel für den Klimaschutz getan, dass der Austritt aus jenem Abkommen mehr als gerechtfertigt sei.

Da ich in Gegenwart von neunzig Schülern keine kontraproduktive Kampfstimmung aufkommen lassen möchte und in der hier zutage tretenden Kontroverse unterschwellig die vorsorgliche Absage der Highschools in Denver nachzuvollziehen beginne, breche ich meine Fragerei ab und überlege, wie ich fortfahren könnte. Da kommt mir einer der vier hinten sitzenden Lehrer mit einer Frage zuvor, die mir zeigt, dass sich das Gesprächsklima durch meine Fragen doch ein wenig, von mir unbeabsichtigt, hochgeschaukelt hat und dass dieser Lehrer es jetzt wohl darauf angelegt hat, seine Schüler (und auch sich selbst) vor meinen unangenehmen Fragen zu schützen. „Was halten Sie von dem sozialistischen Gesundheitssystem bei Ihnen in Deutschland?“ fragt er mich, erkennbar gereizt. Ziemlich überrumpelt, fällt mir im Augenblick nichts Besseres ein, als ihm sofort frontal zu entgegnen: „Ich finde dieses System sehr gut, weil es allen hilft.“

Ich kann mich nicht recht erinnern, wie und auch wie lange das Gespräch noch weiter verlief. Es schien mir eigentlich eher rasch zu deeskalieren, weil hier im Raum eigentlich niemand Streit haben wollte. Eigentlich plätscherte es sogar ganz freundlich vor sich hin, blieb jedoch eher belanglos. Und ich darf auch nicht vergessen, dass Freitagmittag war, die Schüler müde und dass es sie ins Wochenende drängte.

Nachdem ich mich offiziell verabschiedet habe und die Versammlung sich auflöst, kommen drei oder vier Schüler nach vorn zu mir, drücken mir fast wortlos, aber mit umso wärmerem Blick die Hand. Ihr Auftritt hat etwas rührend Verstohlenes an sich. Er wirkt sehr ehrlich und tut mir entsprechend gut. Ich frage mich, was sie dazu veranlasst hat. War es ihre Zugehörigkeit zum regierungskritischen Lager? Oder eine Haltung von Fairness und Respekt dem Gast gegenüber oder vielleicht auch Anerkennung für mein engagiertes Auftreten? Besonders die Frage des Lehrers („bei Ihnen in Deutschland …“) hat mir gezeigt, dass ich hier kaum als amerikanischer Mitbürger wahrgenommen wurde. Und dann ist mir wieder einmal der krasse Unterschied klar geworden zwischen dem, was in Europa und dem was in den USA als politisch „links“ oder gar „sozialistisch“ verstanden wird. Ein Gesundheitswesen, in welchem jeder Bürger auf der Grundlage einer Krankenkassen-

Pflicht versorgt wird, wird in den USA als sozialistisch verschrien? Dann muss doch das, was in Europa wirklich unter die Bezeichnung „sozialistisch" fällt, in den USA als regelrechter Stalin-Terror empfunden werden.

Als wir in der inzwischen noch stärkeren frühnachmittäglichen Hitze den Schul-Parkplatz verlassen wollen, geraten wir in eine Autoschlange, in der sich lange nichts mehr vorwärtsbewegt. Die Schüler dieser Highschool scheinen überwiegend Autos zu haben, mit denen sie jetzt alle gleichzeitig ins Wochenende aufbrechen und damit einen starken Verkehrsstau verursachen. Endlich bewegt sich die Kolonne schrittweise vorwärts bis zur Schranke, die uns dort dann alle in die Freiheit entlässt.

Der nächste und letzte Tag in Kansas City steht, außer einem angenehmen, halb privaten Lunchtreffen mit meinen Gastgebern, frei zu meiner Verfügung. Inzwischen hat, kurz vor Anfang Oktober, kühles Regenwetter eingesetzt. Ich nutze einen Teil des Nachmittags für die Erkundung der Innenstadt von Kansas City. Morgen an einem Sonntag gegen Mittag geht es weiter nach Washington D.C. Das wird eine jedenfalls politisch erfreuliche Wende sein. Und gerade in der legendären Metropole werde ich an die vier Tage mit einem vielfältigen Programm zubringen. Mir wurde bereits gesagt, man könne Gift drauf nehmen, dass sich in der Hauptstadt der USA kein einziger Wähler des *Fake President* finden würde, jedenfalls innerhalb der Stadtgrenzen. Das ist ein beruhigendes Gefühl. Ich spüre jetzt schon, dass mein Aufenthalt dort zu den wichtigsten Stationen der ganzen USA gehören wird.

Highlight Washington D.C.

Eine öffentliche Muster-Highschool

Die Hauptstadt Washington wird während der ersten Oktobertage, für Mitteleuropäer wie mich ungewohnt, oft noch von großer Hitze heimgesucht. Dies bekomme ich während der drei, vier Tage meines dortigen Besuchs mit ziemlich regelmäßigen Tagestemperaturen von fünfunddreißig

Grad Celsius deutlich zu spüren. Die angenehme Seite dabei ist, dass sich diese anstrengende Hitze auf den Aufenthalt im Freien beschränkt, weil die Klima-Anlagen in den dortigen Hotels, Restaurants, Geschäften und Veranstaltungsorten gut eingestellt sind und die Innenräume nicht zu Gefriertruhen werden.

Am nächsten frühen Vormittag werde ich von einer Mitarbeiterin des Goethe-Instituts abgeholt und in eine der rund 120 öffentlichen Schulen in Washington gebracht. Es ist die nicht weit entfernte angesehene Benjamin Banneker Academic Highschool mit dem Schwerpunkt auf *Science and Technology*, in die Kinder zwischen dem dritten und neunten Schuljahr aus der ganzen Stadt und Umfeld nach entsprechenden Aufnahmeprüfungen zugelassen werden. Wie man mir berichtet, wurde diese Schule von Barack Obama während seiner Präsidentschaft mindestens zweimal besucht. Auf der Fahrt dorthin erfahre ich, dass ich zusammen mit einem kompetenten und besonders beliebten jungen Lehrer zwei aufeinanderfolgende fünfzigminütige Unterrichtsstunden in *Social Science* und in *History* mit zwei verschiedenen, aus ca. 17-jährigen fast nur afroamerikanischen Schülerinnen und Schülern bestehenden Klassen mehr oder weniger improvisiert mitgestalten soll.

Während ich mich gleich nach unserem Eintreffen angeregt mit Mr. Presley, dem Lehrer, über den Aufbau der beiden folgenden Unterrichtsstunden verständige, fällt mir auf, dass die im Klassenzimmer offenbar immer noch obligatorische, hier jedoch klein und zerknittert wirkende US-amerikanische Flagge wie achtlos hingeworfen in einer der Zimmerecken liegt. Mag sein, dass mir in meiner frühen Schulzeit im kalifornischen Mill Valley in meinem patriotischen Hochgefühl die im Klassenzimmer neben dem Katheder hoch aufgepflanzte Fahne im Vergleich zu ihrer wirklichen Größe geradezu riesig vorgekommen war. Aber der klägliche Anblick der hiesigen Fahne hat für mich etwas ernüchternd Erstaunliches an sich. Wirft es vielleicht ein Licht auf das zwischenzeitlich angeknackste Selbstbewusstsein der Amerikaner?

In der ersten Stunde stelle ich, wie vorbesprochen, den Schülern in zehn bis fünfzehn Minuten improvisiert kurzgefasst die Grundgedanken meines

Vortrags „Democracy will win“ vor. Diese fasst Mr. Presley gleichzeitig zu drei Fragen zusammen, die er mit Kreide an die Wandtafel schreibt.

1) Was sind die Hauptmerkmale der Demokratie?

2) Wo liegen die Gefahren für einen missbräuchlichen und schädigenden Umgang mit ihr?

3) Wie kann diesen Gefahren vorbeugend begegnet werden?

Nach meinem Kurzvortrag haben die Schüler eine Viertelstunde, um in Vierergruppen diese drei Fragen untereinander zu erörtern, im Anschluss daran enzwickelt sich ein lebendiges Gespräch zwischen den Schülern und ihrem Lehrer.

Im Gedächtnis geblieben ist mir besonders die Bemerkung eines Jungen. Das Wichtigste an der Demokratie sei, so sagte er, die Transparenz politischer Entscheidungen und dass die nicht hinter verschlossenen Türen gefällt werden sollten. Auf dieses Statement schalte ich mich gleich ein mit der Aussage, dass sich besonders die US-amerikanische Demokratie trotz ihrer gegenwärtigen Krise und im Gegensatz zu den gleichgeschalteten Medien in Diktaturen durch eine kaum zu bewältigende bunte Vielfalt an freier Medienberichterstattung auszeichnet. Mit deren Hilfe kann sich jeder Bürger, wenn auch durch einen Dschungel bewusst lancierter Fake News hindurch, und auch mithilfe von Freunden und Verwandten beliebig informieren, aus den ihn am ehesten überzeugenden Fakten eine Auslese treffen und sich so eine kritische Sicht der Dinge als Voraussetzung für autonomes Handeln aneignen.

Nach einer kurzen Pause findet sich die nächste Schülergruppe zur Geschichtsstunde ein. Das Thema ist jetzt ein Abriss der Geschichte des frühen 20. Jahrhunderts in Europa. Wie mit Mr. Presley vereinbart, fokussiere ich auch hier mit einer kurzen Einführung auf die deutsche Geschichte des 20. Jahrhunderts und dort speziell auf die Weimarer Republik als beispielhafte Epoche, in der eine zu instabile und auf Dauer nicht lebensfähige

Demokratie zwangsläufig in die Schreckensherrschaft des Nationalsozialismus überging. Die darauf aufbauende Fortsetzung der Unterrichtsstunde verläuft ähnlich wie mit der ersten Gruppe. Die Schülerbeiträge in der Phase des freien Gesprächs wirken ebenfalls sehr angeregt und beeindrucken mich ähnlich wie die vorangegangene Schulklasse.

Ich bin überaus dankbar und glücklich über die Fügung, heute an zwei Unterrichtsstunden in dieser besonderen, nicht privaten, sondern öffentlichen Highschool mitgewirkt zu haben. Die dabei gewonnenen Erfahrungen haben mir auch gezeigt, wie vorsichtig unsereins sein muss bei einer Bewertung des US-amerikanischen Schulsystems. Man darf es auf keinen Fall, wie dies so oft geschieht, in Bausch und Bogen als unzulänglich verurteilen, statt es in seiner Unterschiedlichkeit und Vielfalt zu sehen. Ich kann mir in der Tat nichts Besseres vorstellen als diese mir geschenkte Chance, zu der didaktischen Festigung und Vertiefung verantwortungsvoller demokratischer Grundhaltungen US-amerikanischer Jugendlicher in Washington wenigstens einen winzigen Beitrag geleistet zu haben.

Library of Congress

Schon seit Wochen habe ich meinem besonders ehrenvollen morgigen Auftritt in der Library of Congress entgegengefiebert, und auf dem Weg zum Vortragsort wird mir klar, dass mir mein gestriger Schulbesuch für meinen heutigen Auftritt den Rücken gestärkt hat. Denn ich vermute, dass mir, jedenfalls für die öffentliche Diskussion im Anschluss an den Vortrag, meine Berührung mit der Unterrichtspraxis einer schulischen Vermittlung staatsbürgerlicher Werte eine solidere Basis geliefert hat als eine einseitig theoretische Abhandlung über Konfliktlösungsstrategien und eher praxisfern über das Wesen eines den Frieden fördernden Dialogs im Dienste der Demokratie.

Der bisherige Eindruck von imposanter Größe und Bedeutung dieser Stadt wird noch um ein Vielfaches verstärkt, als ich beim zentralen Komplex der klassizistischen Gebäude und Denkmäler des Regierungsviertels angelangt bin. Zu diesem gehört die ehrwürdige Bibliothek zwischen dem Repräsentantenhaus, dem Senat und dem Kapitol mit dem mächtigen Kuppeldach sowie in Parkanlagen eingebettet das Washington Monument und das Lincoln Memorial. Die Strahlen der untergehenden Sonne über dem abendlich verfärbten Himmel tauchen die weißen Mauern der Regierungsgebäude in ein leicht rötliches Licht. Ich steige, festlich gestimmt, die zum Bibliothekseingang führenden Steinstufen hoch und betrete dann das Vestibül. Dort nimmt mich der dem deutschsprachigen Archiv zugeordnete Sachverständige David Morris in Empfang und führt mich durch die schier endlosen Hallen und Gänge weiter, an deren Seiten die nach Sprachen geordneten Archive aneinandergereiht sind. Irgendwann fällt mein Blick durch ein Innenfenster in den immens geräumigen Lesesaal unter einer mächtigen Kuppel von einer Dimension, die mich an den Petersdom in Rom erinnert.

Schließlich gelangen wir in das deutschsprachige Archiv, in dem auf einem langen Tisch mehrere Handschriften-Originale eng nebeneinander eigens für mich ausgelegt wurden. In den meisten vermag ich rasch die Handschrift meines Großvaters zu erkennen. Bei diesen Dokumenten handelt es sich vor allem um Briefe. David Morris ermutigt mich, diese näher in Augenschein zu nehmen. Besonders auf einen der Briefwechsel macht er mich mit sichtlichem Stolz aufmerksam. Thomas Manns Briefpartner hier ist Siegmund Freud, dessen Briefe mit dicker schwarzer Tinte in einer auffallend großen und eckigen Schrift verfasst sind. Wie mir David Morris erklärt, tauschen sich die beiden Briefschreiber über tiefenpsychologisch bemerkenswerte Parallelen zwischen der Persönlichkeit Kaiser Napoleon I. und der Josephsfigur in Thomas Manns Tetralogie aus.[34]

Danach geht es durch das Labyrinth des ehrwürdigen Hauses weiter in den mit vornehmem Mobiliar ausgestatteten Vortragsaal. Ich besteige das deutlich erhöhte breite Podium mit einem von Fahnen umgebenen, ein bisschen wie eine Bastion wirkenden Rednerpult in der Mitte und spreche dann zu einem auch aus vielen jungen aufmerksamen Zuhörern bestehenden Publikum. Gerade in diesem Haus freue ich mich besonders darauf, wie immer und überall ziemlich am Anfang meines Vortrags, die Grußbotschaft des deutschen Bundespräsidenten Frank-Walter Steinmeier, diesmal sozusagen von Hauptstadt zu Hauptstadt, an meine amerikanischen Landsleute zu überbringen. Diese Grußbotschaft enthält den Appell, gemeinsam und ungeachtet der gegenwärtigen Tendenz zu einer gewissen gegenseitigen Entfremdung, unbeirrt weiter am transatlantischen Zusammenhalt festzuhalten:

> Der Atlantizismus war eine amerikanische Erfindung, die Europa in einer politischen Lage ohne Beispiel gerettet und geschützt hat. In dem sich jetzt aufbauenden globalen Ringen wird es maßgeblich auf Europa ankommen, diesen Atlantizismus lebendig zu erhalten, im elementaren Interesse sowohl Europas wie der Vereinigten Staaten. Die transatlantische Bindung verlangt nach politischer Weisheit und Weitsicht auf beiden Seiten, ungeachtet aller Differenzen oder gar Rivalitäten des Augenblicks. Das kann nur gelingen auf Grundlage eines Dialogs, der die Menschen auf beiden Seiten des Atlantiks bereichert. Wir dürfen einander nicht fremd werden.

Je stärker ich im Anschluss daran, ganz im Sinne dieser Botschaft, die Notwendigkeit unermüdlicher Dialoganstrengungen nicht nur zwischen den USA und der Europäischen Union, sondern auch innerhalb der beiden Staatengemeinschaften betone, desto schmerzlicher kommt in der nachfolgenden lebendigen öffentlichen Aussprache auch die Ratlosigkeit der Menschen über ihr Land zum Ausdruck. Sie leiden offenbar stark unter der die amerikanische Nation immer weiter spaltenden Polarisierung, gepaart mit einer besorgniserregenden Dialogverarmung im ganzen Land. Allgemein Einigkeit wird schließlich erzielt darüber, dass langfristig, bzw. möglichst weit über die Präsidentschaftswahlen von 2020 hinaus, Menschen in den großstädtischen Oasen einer einigermaßen intakten Gesprächskultur sich vor eine besondere Aufgabe gestellt sehen: Sie sollen über einen verstärkten persönlichen und beruflichen Austausch besonders mit den benachteiligten ländlichen und kleinstädtischen Regionen in kleinen Schritten am Ausbau eines für den Erhalt der Demokratie überlebenswichtigen Dialogs mitwirken. Eine der studentischen Hörerinnen konkretisiert dies mit dem geradezu leidenschaftlich vorgetragenen Vorschlag, bei diesem Austausch über alle gegenwärtigen bundespolitischen Restriktionen hinweg besonders an die überall im Land verteilten Studierenden und Schüler zu denken, die mit kultur- und gesellschaftspolitisch aufbauenden und überregional relevanten akademischen Projekten betraut sind und damit über regionale Grenzen hinweg den Dialog und den zwischenmenschlichen Zusammenhalt mit fördern sollen.

Gleich im Anschluss an die Veranstaltung spricht mich der auch anwesende Leiter des Goethe-Instituts in Washington, Dr. Andreas Ströhl, auf meine Rückführung des partnerzentrierten Dialogs auf das religionsphilosophische Konzept Martin Bubers in dessen dialogischer Schrift „Ich und Du“ an. Er erklärt mir bewegt, dass er sich schon sein halbes Leben lang mit diesem genialen Dialogkonzept befasst habe. Weniger direkt mit dem ursprünglichen von Buber, sondern hauptsächlich mit dessen Abwandlung durch den 1920 in Prag geborenen und seit 1939 im brasilianischen und westeuropäischen Exil lebenden jüdisch-tschechischen Medienphilosophen und Kommunikationswissenschaftler Vilém Flusser. Mit dessen Werk habe er sich über lange Strecken intensiv beschäftigt, es diskutiert, gelehrt und darüber Aufsätze publiziert, die eine Vorarbeit für seine spätere Dissertation waren. Flusser, im Vergleich zum Religionsphilosophen Buber ein mehr pragmatisch denkender Kultur- und Kommunikationswissenschaftler, vertritt die Auffassung, dass das von Buber entworfene dialogische Prinzip letztlich ohne die oberste Instanz eines Gottes im Sinn eines „ewigen Du“ oder „Ur-Du“ auskommt, wie Buber es nennt. Für Flusser ist Gott allenfalls eine Metapher für die „Heiligkeit“ des beziehungsorientierten Menschen. Diese „Säkularisierung“ oder Profanisierung des dialogischen Prinzips sieht Flusser als eine Voraussetzung dafür an, einen möglichst lebendigen Dialog in der heutigen Welt technischer Medien in Ton und Bild zu implementieren und so dem dialogischen Prinzip zur vollen Geltung zu verhelfen.

Nach diesen für mich neuen Darlegungen erläutere ich Andreas Ströhl, dass wir in unserem interdisziplinären Gesprächskreis in München genau diese Frage ebenfalls schon ganz allgemein erörtert hätten, und so würden wir auch bei der Reflexion des Buber'schen Ansatzes von dessen kategorischer göttlicher Begründung der Ich-Du-Beziehung eher absehen, ohne diese ausdrücklich zu leugnen. Denn es offenzulassen, ob zwischenmenschliche Begegnungen und Beziehungen in Gott gründen oder nicht, bedeute keinesfalls, die Existenz Gottes auszuschließen. Vielmehr betrachteten wir diese Zurückhaltung bei der Benennung eines möglichen göttlichen Urgrundes für die Ich-Du-Beziehung vor allem als Ergebnis einer reduktionistischen Sprachregelung, nichts Kategorisches über die Existenz oder Nichtexistenz eines übergeordneten, den Dialog ermöglichenden Gottes auszusagen. Nichtsdestotrotz betrachteten wir das kostbare Geschenk einer zwischenmenschlichen Beziehung nie als ein rein instrumentell-zweckgebundenes Phänomen. Vielmehr würden auch wir ihm immer eine in sich wertvolle und tiefenexistenziell relevante Bedeutung zuerkennen. Offen dabei bliebe nur, ob diese besondere Bedeutung, wenn sie auch nicht mit den Inhalten eines spezifisch religiösen Bekenntnisses erklärt werde, so vielleicht doch wenigstens hinweist auf die Existenz und das Wirken einer ganzheitlich-universalen Transzendenz im *religionsübergreifenden* Sinn als Urgrund für ein dialogisches Miteinander. Und insofern der Mensch immer in ein kosmisch universales Beziehungsnetz eingebunden ist und daher, nach dem Benediktinerbruder David Steindl Rast, nicht nur ein im Sinne Descartes' individuell denkendes, sondern auch immer als Teil des kosmischen Ganzen mit seiner Umwelt *kommunizierendes* Wesen bleibt, spielt es überhaupt keine Rolle, ob wir diesen beziehungsstiftenden Urgrund als „Heiligkeit" des Menschen selbst oder als „transzendente" Kraft außerhalb von ihm ansiedeln. Denn jede Reflexion und insbesondere jede mystische Erfahrung eines möglichen Gottes übersteigt jede raumzeitliche Dimension und lässt insofern ein Denken in solchen Dimensionen als hinfällig erscheinen. Dies wäre, so schließe ich, die Stelle, an der sich Vilém Flusser und Martin Buber eventuell doch wieder treffen könnten. Das nachdenklich zustimmende Nicken meines Gesprächspartners zeigt mir einen grundlegenden Konsens zwischen uns an, worüber ich sehr glücklich bin.

Eine besondere Reminiszenz an den bemerkenswerten Denker und Sucher Vilém Flusser, auf die mich Andreas Ströhl noch nachträglich aufmerksam gemacht hat, ist die Inschrift auf dessen Grabstein auf dem neuen jüdischen Friedhof in seiner Geburtsstadt Prag. Dort wurde Flusser wenige Meter von Kafka entfernt beigesetzt, nachdem er auf der Rückfahrt nach seinem ersten öffentlichen Vortrag im Prager Goethe-Institut im November 1991 an den Folgen eines Autounfalls kurz vor der deutschen Grenze starb. Die dort eingemeißelte portugiesische (unter der hebräischen und der tschechischen) Inschrift ist ein leicht abgewandeltes Zitat der sein Denken besonders treffenden Formel, die sich in Flussers später Publikation „Ins Universum der technischen Bilder" wörtlich findet.[35] Gerade diese schlichte und zugleich tief gehaltvolle Formel ist es, mit der die Gedankenwelt des stets um Profanität bemühten Medienphilosophen Vilém Flusser letztlich wieder stärker in die Nähe seines religiösen Lehrers Martin Buber gerückt wird: „Ich bin sterblich. Du bist sterblich. Zusammen sind wir unsterblich".

Offene Pazifikküste

Grüne Stadt Portland

Als würde mich ein Magnet in Washington festhalten wollen, verspätet sich zum ersten Mal auf meinen inneramerikanischen Flugreisen mein Abflug in das fern gelegene Portland nahe der US-amerikanischen Nordwestküste um mehrere Stunden. Die Maschine startet erst am frühen Abend und landet kurz vor Mitternacht. Diesmal habe ich, in Erwartung des krassen Temperaturunterschieds zu Amerikas Südosten, vorsorglich schon während des Fluges meine Fleecejacke und meinen wetterfesten Anorak mit Kapuze in meinem Handgepäck mit dabeigehabt.

Die mir schon lange gut bekannte deutsch-brasilianische Professorin Veronika Fuechtner am Dartmouth College in New Hampshire, auch eine der Vortragenden bei der 43. Tagung der *German Studies Association* (GSA), sollte kurz vor mir in Portland ankommen. Wir hatten vereinbart, dass sie auf mich warten würde, damit wir gemeinsam mit dem Taxi zum Tagungshotel im Stadtzentrum fahren könnten.

Es ist kalt und regnerisch. Eigentlich wie typisches Oktoberwetter in Mitteleuropa.

Von der vielgepriesenen Stadt werde ich leider nicht allzu viel zu sehen bekommen, weil ich eigentlich nur einen vollen Tag mit Vortrag und dem am Abend folgenden Galadinner hier bin und am nächsten Nachmittag weiter nach Los Angeles fliege. Portland ist die größte Stadt des US-Staates Oregon an den Flüssen Columbia und Willamette mit dem schneebedeckten Mount Hood im Hintergrund. Ein Besuch dort soll sich allein schon wegen der vielfach gerühmten Umweltfreundlichkeit der Stadt und der liberalen Einstellung ihrer Bewohner lohnen. Toleranz wird hier ganz großgeschrieben. Ich hoffe sehr, wenigstens einen flüchtigen Eindruck von Portland zu bekommen, von einigen der wunderschönen Gärten und Parks, den Brücken, Radwegen und Cafés und den Dutzenden von kleinen Brauereien.

Am frühen Vormittag nach meiner mitternächtlichen Ankunft begebe ich mich ins Tagungszentrum der GSA, um mich dort der Anmeldeprozedur zu unterziehen und mein Plastik-Namensschild entgegenzunehmen. Die *German Studies Association* ist eine USA-weite wissenschaftliche Vereinigung, welche sich der Erforschung von Themen der deutschsprachigen Literatur, Geschichte, Kultur und Politik widmet und in deren Jahrestagung mein Demokratie-Vortrag ebenfalls Aufnahme gefunden hat.

Als ich mich vor Beginn meines Vortrags vorsorglich in unmittelbare Nähe zum Rednerpult platziert habe und ich meine Blicke in die Runde schweifen lasse, winkt mir bald aus einer der vorderen Reihen eine Studentin zu, die ich zumindest schon einmal auf einem Foto gesehen haben muss. Bald wird mir klar, dass es Courtney Yamagiva ist, die Studentin der California State University in Long Beach, die mich kurz vor meiner Abreise aus Deutschland angerufen hatte, um mit mir ein etwa einstündiges Telefoninterview für einen Artikel in einer Studentenzeitung ihrer Universität zu führen.

Immer noch angeregt und erfüllt von der besonderen Atmosphäre während meines letzten Vortrags vor wenigen Tagen in der Library of Congress in Washington und insbesondere von dem nachfolgenden persönlichen Gespräch mit Andreas Ströhl, liegt mir heute der Kerngedanke meines Vortrags, die Auseinandersetzung mit den verschiedenen Aspekten des vor allem partnerzentrierten Dialogs auf der Grundlage zwischenmenschlicher Beziehungen, besonders am Herzen. Deswegen lege ich heute ein besonderes Augenmerk auf Martin Bubers zentralen Satz „Alles wirkliche Leben ist Begegnung" und ergänze ihn mit einem etwas ausführlicheren Kommentar als sonst und mit einem Hinweis auf Charles Taylor.

Dem füge ich die Botschaft des deutschen Bundespräsidenten an meine amerikanischen Landsleute hinzu, mit seinem Appell, den transatlantischen Dialog im Dienste einer „Demokratie der Zukunft" zu verstärken. Großes Gewicht lege ich dann auf die tieferen, psychologischen und spirituellen Ebenen des zwischenmenschlichen Dialogs vor allem im Sinne des partnerzentrierten Dialogs. Wobei es mir als Quintessenz und gleichsam als Höhepunkt meiner Ausführungen besonders auf dessen Anwendung im Bereich der politisch-diplomatischen Lösung von Interessenkonflikten ankommt. Mit diesem Abschluss leite ich über zur öffentlichen Aussprache.

Deren Moderation wird von drei namhaften Literaturexperten aus Deutschland bzw. den USA übernommen. Die sich nach dem Vortrag zu Wort meldenden Hörer im Seminarraum zeigen ein beachtliches intellektuelles und wissenschaftliches Niveau. Bald merke ich allerdings, dass sich der Tenor der diskutierten Thematik in eine etwas andere Richtung bewegt als bei meinen bisherigen Vortragsveranstaltungen in den USA. Denn es geht jetzt immer mehr um die Frage nach den grundsätzlichen sprachlichen und argumentativen *Grenzen des Dialogs*, dem „korrektiven Aspekt des offenen Dialogs", wie sich einer der Gesprächsteilnehmer ausdrückt. Das ist gut. Aber je länger desto mehr kann ich mich dabei nicht ganz des Eindrucks erwehren, dass man bei meiner Darstellung des partnerzentrierten Dialogs in meinem Vortrag diesen kritischen Aspekt doch etwas vermisst hat.

So wird schon in einem der ersten Gesprächsbeiträge betont, dass in einem angestrebten Dialog jeder Verständigungsversuch von vornherein zum Scheitern verurteilt ist, wenn mein Gesprächspartner ein mit meiner Grundeinstellung unvereinbares Welt- und Menschenbild ohne den geringsten gemeinsamen Nenner mit dem meinigen vertritt. Als Beispiel dafür angeführt wird ein Vertreter einer deutlich nationalistischen Ideologie mit rassistischem Einschlag, mit dem ich über Menschenwürde und Gleichwertigkeit diskutieren möchte.

Eine schwerer durchschaubare und deshalb noch gefährlichere Gesprächssituation wird von jemand anderem aus dem Plenum angesprochen: wenn ein Verfechter eines harten antidemokratischen Kurses während des politischen Disputs strategisch das Vokabular und die Denkkategorien seines liberalen Gegenübers einsetzt, um diesen so manipulativ leichter in seine Richtung zu lenken und ihm seine Ideologie unmerklich zu infiltrieren. Ein Dritter schließlich führt als weitere Variante ein konkretes Beispiel aus dem derzeitigen Weißen Haus in Washington an. So soll der Außenminister des *Fake President*, Mike Pompeo, in die von ihm ins Leben gerufene sogenannte Menschenrechtskommission sozusagen als Aushängeschild vereinzelte prominente Vertreter einer besonders liberalen politischen Richtung aufgenommen haben, um so den Anschein von Liberalität und Kompromissbereitschaft zu wecken und im Gegenzug seine Gegner leichter zu Zugeständnissen zu bewegen.

Als Fazit einigt man sich am Ende der öffentlichen Debatte darauf, dass es empfehlenswert wäre, sich vor der Aufnahme eines Dialogs ein genaues Bild von seinen Gesprächspartnern zu machen, sie sozusagen auf ihre Gesinnung und ihren Gesprächsstil hin abzuklopfen, und dann das Feld abzustecken, in dem die Gespräche stattfinden sollen. Damit soll vorsorglich gefährlichen Vereinnahmungsversuchen seitens des Gegenübers begegnet werden. Diese Art Widerstand kann manchmal auch noch etwas nützen, wenn man relativ spät bemerkt, dass man dabei ist, in eine Falle zu tappen, und dann alles daransetzt, sich rechtzeitig wieder aus der Gefahrenzone zu ziehen. Die Alternative ist, dass man unversehens zum Spielball von gezielter Täuschung, Vereinnahmung und Manipulation wird und dem Kontrahenten geradewegs ins Messer läuft.

Mir fällt in diesem Zusammenhang ein, was mir einmal mein Schwiegervater Werner Heisenberg zum Thema Dialog und Überzeugung gesagt hat: „Man kann dann am besten eine Meinung widerlegen, wenn man sie so genau kennt, dass man sie fast akzeptieren kann.“ Dies legt die Frage nahe, wieweit ich nicht schon vorsorglich meinem Gesprächspartner das von ihm möglicherweise strategisch bereitgehaltene Florett einer geschickten kommunikativen Fallenstellung vorzeitig aus der Hand nehme und es wie einen gegen ihn gerichteten Spieß umdrehe bzw. es wie einen Spiegel vor sein Gesicht halte. Die umgekehrte Möglichkeit besteht darin, dass ich versuche, mich in die mir noch so fremde Denkweise und Sprache meines Gegenübers so intensiv hineinzuversetzen und sie für mich nachzuvollziehen, dass es mir gelingt, ihm meine Überzeugung in seiner Sprache und seiner Denkweise so weit nahezubringen, dass sie ihm zumindest nachvollziehbarer wird und eine gemeinsame Basis gefunden werden konnte. Dies zeigt, dass Empathie in der Kommunikation sehr viel mehr Facetten und Nuancen enthält als das, was wir in der jedenfalls klassischen klientenzentrierten Psychotherapie als „Einfühlendes Verstehen“ kennengelernt haben.

Insofern muss ich der aus dem Auditorium zuletzt an mich gelangten Warnung ein wenig beipflichten, auch wenn sie mich im ersten Augenblick etwas irritiert und sich wie ein Angriff anfühlt. Der Betreffende äußert jedenfalls, dass die heraufbeschworenen Kommunikationsfallen besonders dann gestellt würden, wenn man sich allzu gutgläubig auf die Kraft des partnerzentrierten Dialogs verlassen zu können glaube und der andere die dazugehörige authentische und empathische Grundhaltung als Schwäche auslegen und diese rasch für seine Schliche ausnutzen würde.

Die für mich durchaus lehrreiche Vortragsveranstaltung lässt mich trotz der engagierten und kompetenten Beteiligung vieler am Podiumsgespräch ein wenig unzufrieden zurück. Die an mich ergangenen Mahnungen bezüglich der Grenzen des Dialogs empfinde ich als zwar wichtig. Aber die von mir vorgetragenen Chancen und positiven Möglichkeiten des partnerzentrierten Dialogs waren vor lauter Betonung auf den kritischen Aspekten im Nachgespräch von niemandem aufgegriffen worden und so weiter unbearbeitet im Raum stehen geblieben. Dies lässt mich in der anschließenden, durchaus freundlich-aufgelockerten Atmosphäre beim gemeinsamen Lunch mit den drei Moderatoren und dann vor allem während meines anschließenden erholsamen Gangs durch das Stadtzentrum intensiv darüber nachdenken, welche Konsequenzen ich aus diesem Ergebnis ziehen könnte.

Hatte mein Fehler vielleicht darin bestanden, in der Diskussion im Anschluss an den Vortrag und vielleicht auch im Vortrag selbst den eigentlich wichtigsten und grundlegenden Aspekt des partnerzentrierten Dialogs nicht scharf genug herauszustellen? Ich meine die dem verbalen Dialog vorausgehende *nonverbale, stille Phase* der vorbereitenden kontemplativ-meditativen Versenkung als eigentliche, wichtige Grundlage des verbalen Dialogs. Es gibt zwar die „nichtverbale Kommunikation" als Begriff, jedoch nicht den „nichtverbalen Dialog". Ein Dialog ist immer ein auf Einvernehmlichkeit zielendes verbales Gespräch zwischen mindestens zwei Menschen. Eine diese Art von Dialog innerlich vorbereitende Kontemplation ist selbst kein Dialog und nicht einmal ein Teil desselben. Wie an anderer Stelle (vgl. S. 63 und 252 ff.) bereits erörtert, ist die innehaltende und selbstergründende Meditation oder Kontemplation jedoch erwiesenermaßen eine wichtige Vorstufe zum eigentlichen Diskurs auf sachlicher, beispielweise politischer Ebene. Und diese wichtige Vorstufe hatte ich heute wohl zu sehr nebenbei behandelt. Ich muss diesen Aspekt wohl in Zukunft wieder stärker betonen.

Nach dieser selbstkritischen Klärung bleibt für mich immer noch die Frage, wieweit die mein Selbst und meine zwischenmenschliche Beziehung zum anderen sozusagen auslotende Phase der Meditation oder Kontemplation langfristig und nachhaltig meine Wachsamkeit gegenüber fremden Kommunikationsfallen erhöhen und mich rascher dagegen immun machen könnte. Ich vermute, dass mir dies dann am besten gelingen dürfte, wenn die über längere Zeit wiederholt in meinem Inneren erschauten Visionen und Bilder von der von mir erstrebten Wirklichkeit so klar und so gefestigt für mich jederzeit abrufbar sind, dass sie mir die Kraft und die Gewissheit geben können, etwaigen trickreichen „Dialog"-Versuchen meines Gegenübers möglichst zuvorzukommen und ihnen leichter zu widerstehen. Aber dieser introspektive Aspekt ist natürlich nicht der einzige Weg, Kommunikationstricks zu durchschauen. Für diese Art von Manipulation anderer im Geschäftsleben oder im politischen Bereich gibt es sogar Kursangebote zur Einübung von „Gesprächsführungstechniken“ bzw. „Tipps für die erfolgreiche Gesprächsführung“, für die man meistens erst einen gewissen Blick bekommen muss, bis sie so weit durchschaubar sind, dass sie neutralisiert und unschädlich gemacht werden können. Und manchmal genügen auch einfach die Einschaltung des gesunden Menschenverstandes und eine gewisse Lebenserfahrung, um unlautere Vorhaben frühzeitig auffliegen zu lassen.

„Applied Christianity“. First Unitarian Church in Los Angeles

Als ich zusammen mit Dr. Nikolai Blaumer, dem Programmdirektor des Thomas Mann House, aus dem Flughafengebäude ins Freie trete, schlägt mir schon auf dem kurzen Weg zum Parkhaus die mir aus meiner Kindheit vertraute, auch in der Dunkelheit noch warme und von den besonderen Gerüchen gesättigte trockene südkalifornische Luft entgegen. Das Gefühl, wieder in mein frühestes Zuhause zurückzukehren, nimmt während der Autofahrt über Santa Monica hinauf nach Pacific Palisades meine ganze Aufmerksamkeit in Anspruch, sodass ich nur mit halbem Ohr Nikolai Blaumers Erläuterungen zum Ablauf der kommenden Tage hier aufnehme.

Als wir schließlich im Riviera-Viertel von Pacific Palisades auf der Hanglage über dem Pazifik in den Capri Drive einbiegen und weiter bergauf fahren, glaube ich selbst bei der schwachen Straßenbeleuchtung jeden Stein wiederzuerkennen. Hatte ich doch nur knapp fünf Monate vorher fast vier Wochen zur Vorbereitung meiner jetzigen *Lecture Tour* als Fellow in meinem ehemaligen Großelternhaus zugebracht und täglich die Spazierwege hier zurückgelegt, die sich seit meinen häufigen Spaziergängen zusammen mit meinem Großvater kaum verändert hatten.

Nach dem Passieren der Einfahrt zum hell erleuchteten Haus steigen wir auf dem (immer schon dort gewesenen) Autoparkplatz aus und begeben uns über den Laubengang zur Haustüre und dann ins Innere des Hauses. Ich logiere die wenigen Tage diesmal aus Platzgründen nicht wie im vergangenen

Frühjahr in der oberen Etage in meinem ehemaligen Kinderzimmer, sondern in einem neu angebauten Appartement im Erdgeschoss an der Stelle, an der früher die Garage stand.

Ich bin neugierig, wie es dort drinnen jetzt aussieht und insbesondere, wie es sich in demselben Raum nachts schlafen und tagsüber am Schreibtisch arbeiten lässt. Hatte ich doch in jener Garage als Sieben- und Achtjähriger oft halbe Nachmittage lang im Halbdunkel auf dem Vordersitz unseres schwarzen Buicks gesessen und versunken im Autoradio so lange den Kinderhörspiel-Serien zu „Superman“ oder „The Lone Ranger“ gelauscht, bis eines Tages zum allseitigen großen Ärger die Auto-Batterie leer war. Von meiner Tante Erika hatte ich mir damals den Vorwurf anhören müssen, dass zu viel von dieser Art von Radio-Berieselung wie „Honig“ in meinem Gehirn sei.

Nachdem mich Dr. Blaumer in mein Gästezimmer geführt und sich von mir verabschiedet hat, wird mir ein bisschen komisch zumute, als ich mir in diesem nobel eingerichteten Raum jenes weit zurückliegende Garagen-Szenario an genau derselben Stelle ins Gedächtnis rufe. Umso länger dauert es, bis ich mich zurechtfinde, irgendwann mit dem Auspacken meiner Koffer beginne und mich dann im Hochziehen und Herunterlassen der feinen weißen Fensterrollos mithilfe einer perlenähnlichen Schnur übe. Im Kontrast zum Dunkel der früheren Garage sind die betreffenden Rollos ähnlich hell und weiß wie die noch ziemlich kahlen Innenwände des erst kürzlich fertiggewordenen Umbaus des vorangegangenen, ersten Provisoriums eines Büroraums in die jetzige brandneue Fellow-Unterkunft. Die starke Innenbeleuchtung hier reflektiert jetzt grell das Blütenweiß der am Kopfende des Betts sich wie bei Frau Holle gebirgsähnlich türmenden Kissen und des sich wölbenden Federbetts. Langsam drängt es mich, mich zur Nachtruhe zu begeben. Denn morgen bereits um 9 Uhr früh werde ich wieder hinunter nach Los Angeles abgeholt.

Es war noch am letzten Tag in Washington gewesen, dass ich von Sean Gabe, dem Leiter eines Tutorenprogramms für Schulkinder in der First Unitarian Church in Los Angeles eine Mail erhalten hatte. Es ging aus dieser zwar nicht recht hervor, ob er wusste, dass ich mich gerade auf USA-Tournee befand, aber jedenfalls teilte er mir mit, dass er sich sehr darüber freuen würde, wenn ich, nach meinem ersten Besuch im vergangenen Frühjahr, irgendwann wieder einmal in die Unitarian Church käme, vielleicht sogar für eine Lesung oder einen Vortrag. Nach einem Blick auf meinen Terminkalender und auf den Veranstaltungskalender der Kirche im Internet antwortete ich ihm kurzentschlossen, dass ich am kommenden späten Samstagabend gerade aus Portland in Los Angeles eintreffen und dann bis zur Weiterfahrt nach Long Beach drei Tage im Haus in Pacific Palisades logieren und bei der Gelegenheit gerne am *Sunday Service* der Unitarischen Kirche teilnehmen würde – sehr gerne auch mit einer improvisiert dazwischengeschobenen kurzen Ansprache an die Gemeinde. Dies alles wäre mir allerdings nur möglich, so schrieb ich ihm, wenn mich jemand vom Haus bis zur Kirche abholen und später wieder zurückbringen könnte. Sean sagte umgehend zu.

Als ich tags darauf frühzeitig von meinem kurzen und raschen Morgenlauf den vertrauten San Remo Drive hinauf und hinunter zurückkehre, steht an der Einfahrt zum Haus ein Auto, in dem Sean auf mich wartet. Der herzlich zugewandte junge Mann, der mich auf der Fahrt ein wenig über die die Kirche betreffenden neuesten Neuigkeiten unterrichtet, arbeitet im Dienste der Stadt für ein Fundraisingprogramm für mittellose Menschen. In der Unitarian Church betreut er als angehender Mathematiker Nachhilfeschüler für den Mathematik- und Rechenunterricht. Bei meinem letzten Besuch in der Kirche hatte ich Sean noch nicht kennengelernt, dafür aber die Gemeindehelferin Rochelle McAdam. Für mich unvergesslich bleibt, wie sie mir irgendwo im Obergeschoss den völlig leer stehenden Raum gezeigt hatte, der das einstige Dienstzimmer von Reverend Ernest Caldecott gewesen war, der mich dort getauft haben soll. Deswegen freue ich mich besonders darauf, sie jetzt wiederzusehen. Rochelle, Ende achtzig, ist die Geschäftsführerin der *Urban Partners* in Los Angeles und wirkt schon sehr lange intensiv am Gemeindeleben der Unitarier mit.

Bald erreichen wir das aus den Zwanzigerjahren des letzten Jahrhunderts stammende und jetzt durch ein großes Eisengitter geschützte (aber zum heutigen Gottesdienst geöffnete) Kirchengebäude, welches in einem heute etwas unsicher gewordenen, sozial deutlich unterprivilegierten, an das koreanische Viertel angrenzenden Stadtteil von Los Angeles liegt. Als wir das Gebäude betreten, kommt uns Rochelle als erste freudestrahlend entgegen und kündigt aufgeregt an, dass im Rahmen des heutigen Gottesdienstes fünf neue Mitglieder aufgenommen würden. Und sie zeigt sich auch beglückt darüber, dass ich heute von der Kanzel ein Grußwort an die Gemeinde richten werde.

Der Gottesdienst findet in dem ziemlich gut besuchten, inzwischen „Stephen Fritchman Hall" genannten größten Raum der Kirche statt. Fritchman war der Nachfolger von Reverend Ernest Caldecott, der in den frühen Vierzigerjahren auf Thomas Manns Wunsch dessen vier Enkel getauft hatte. Seit Fritchmans Amtsantritt 1948 verband diesen eine besonders herzliche Freundschaft mit Thomas Mann bis zu dessen endgültiger Rückkehr nach Europa 1952. Während der sich von Jahr zu Jahr immer mehr zuspitzenden McCarthy-Ära wirkten er und Thomas Mann politisch eng zusammen im gemeinsamen Kampf gegen die antidemokratischen Übergriffe des *Committee on Un-American Activities*, und beide wurden damals auch Zielscheibe öffentlicher politischer Anprangerungen seitens des FBI. Schließlich hielt Thomas Mann am 4. März 1951 von der Kanzel der Unitarischen Kirche seine denkwürdige predigtartige Ansprache. Er sprach dabei ganz im Geiste dieser Kirche vom Vorrang des Ethischen und Praktischen gegenüber dem dogmatischen Aspekt des religiösen Lebens. Diese Überzeugung kulminierte während jener Kanzelrede in der Formulierung, dass es primär um die allseits verbindende überkonfessionelle „Einheit des Menschengeistes" gehe, und zwar im praktischen Sinne einer „angewandten Religion" (*applied religion*) oder eines „angewandten Christentums" (*applied Christianity*). Dieses bestünde darin, dass der Mensch „sich zugleich ehrend und ehrfürchtig vor dem Geheimnis verneigt, das aller menschlichen Existenz zugrunde liegt und niemals gelüftet werden kann und wird, – denn es ist heilig."[36]

Den Beginn des heutigen Sonntagsgottesdienstes verfolge ich von einer der vordersten Reihen des Auditoriums aus. Ein Chor singt auf der Bühne neben der Kanzel einige Lieder teilweise sogar dreisprachig auf Englisch,

Spanisch und Koreanisch, Letzteres wegen der Gottesdienstbesucher aus dem nahe gelegenen koreanischen Viertel. Zuerst erklingt ein von der Liebe handelndes Lied des aus der Karibik stammenden Dichters und Literaturnobelpreisträgers Derek Walcott, dann Walt Whitmans „Song of myself". Es folgt ein Nachtgesang des spanischen Lyrikers Antonio Machado und ein argentinisches Lied an die Hoffnung.

Danach werde ich nach vorne gebeten. In meinem kurzen Beitrag erinnere ich vor allem an Thomas Manns besagte Ansprache genau hier an dieser Stelle vor bald 70 Jahren und an seine besondere Freundschaft mit Reverend Fritchman. Dann erwähne ich kurz meine *Lecture Tour* durch die USA und erkläre, dass diese meinem Engagement für die Bewahrung unserer diesseits und jenseits des Atlantik gegenwärtig so schwer angefochtenen freiheitlichen Demokratie diene. Dieses Engagement sähe ich sicherlich auch unter dem Aspekt der Fortführung des verpflichtenden Vermächtnisses meines Großvaters. Trotzdem stünde ich jetzt nicht hier, wenn nicht der gegenwärtige deutsche Bundespräsident Frank-Walter Steinmeier vor Jahren noch als Außenminister die Initiative ergriffen hätte, das ehemalige Exilhaus meiner Großeltern und meiner Kindheit hier in Los Angeles zu erwerben und es zu einer Begegnungsstätte umzuwidmen für einen dauerhaften Dialog zwischen Amerikanern und Europäern zur Festigung des demokratischen Friedens ganz im Sinn auch von Thomas Mann. Durch diese in die Tat umgesetzte Initiative hätte sich mein Leben einschneidend verändert. Denn ich hätte mich mit meinem politischen Engagement für Menschlichkeit und Demokratie nur deshalb so stark wie noch nie zuvor in die Fußstapfen meiner Vorfahren begeben, weil ich es als amerikanischer und deutscher Staatsbürger auch aus Dankbarkeit gegenüber der deutschen Bundesregierung wie eine innere Verpflichtung empfände, an dem von der Bundesregierung initiierten transatlantischen Dialog mit all meinen Kräften mitzuwirken.

Nach meiner Kurzansprache werden die fünf neuen jungen Mitglieder der unitarischen Gemeinde feierlich aufgenommen, die sich jeweils mit eigenen Gedichten vorstellen. Aus den Inhalten und der Vortragsweise ihrer Poems und überhaupt aus der Art, wie die neu Aufgenommenen miteinander umgehen und auch von der ganzen Gemeinde aufgenommen werden, spricht viel Fürsorglichkeit und ein berührendes, achtsames Miteinander. Dies wird dann besonders deutlich, als sich nach dem Ende des *Sunday Service* der etwas engere Kreis im angrenzenden, kleineren Raum zu einem gemeinsamen Lunch versammelt. Ich setze mich zuerst an einen Vierertisch mit drei zum Teil etwas gebrechlich wirkenden älteren Männern, mit denen ich mich eine Weile unterhalte. Dann ergibt sich für mich am Buffet ein Gespräch mit zwei, drei jungen Mädchen, eine davon eine Brasilianerin – alle zusammen ein erfrischend lustiges und dabei doch nachdenklich wirkendes Völkchen. Und immer wieder wird es für mich von Neuem deutlich, dass hier alle sich als eng dazugehörig und als Teil einer Gemeinschaft fühlen, in der jeder für jeden mitverantwortlich ist und jeder für jeden mit sorgt.

Nachdem ich mich wieder an einen anderen Tisch gesetzt habe, überwindet nach einer Weile eine still und in sich gekehrte Frau in fortgeschrittenem Alter ihre Scheu und spricht mich auf das von mir in meiner Kurzansprache erwähnte Thomas Mann House an. Sie scheint von der früheren engen Verbundenheit von Thomas Mann mit der Unitarischen Kirche schon länger etwas gewusst zu haben und hat wohl auch etwas von der neuen Nutzung des Hauses gehört. Als ich ihr dies weiter erläutere, wird sie zunehmend neugierig. Ihre wachsende Ehrfurcht vor dem breit angelegten wissenschaftlichen Dialogprojekt im Haus wirkt auf mich so, als sähe sie dort einen in unerreichbaren Höhen schwebenden Olymp. Umso mehr versuche ich, sie dazu zu ermutigen, sich selbst ein Bild von dem Haus zu machen und sich einmal zu einem Ausflug ins Riviera-Villenviertel in Pacific Palisades zu diesem Haus aufzuraffen. Während ich für sie die Telefonnummer des Hausbüros aufschreibe, räuspert sich am Nebentisch ein weißhaariger alter Mann mit zerfurchtem Gesicht, der anscheinend unser Gespräch mitgehört hat. Er schaut zu uns hinüber und ruft dann etwas indigniert und mit hochgezogenen Schultern: *Ivory Tower*. Und ein jugendliches Mitglied der unitarischen Gemeinde, welches mir vorhin im Gottesdienst schon aufgefallen war, lacht dazu leise und etwas missmutig mit dem Kopf schüttelnd vor sich hin.

Diese fast verächtliche Abwehr tut mir in der Seele weh. Nicht nur, weil ich gerade diese Menschen heute noch tiefer ins Herz geschlossen habe. Ich fürchte, dass das hier gesprochene Urteil ein Stück weit die *Vox populi* repräsentieren könnte, die ein transatlantisches Dialogzentrum wie das Thomas Mann House eigentlich ernst nehmen sollte. Unserem bürgernahen deutschen Staatsoberhaupt, Initiator des Projekts und immer noch überzeugter Sozialdemokrat, hätten diese Stimmen nicht gefallen. Und Thomas Mann, dem großen Freund der Unitarier, erst recht nicht. Ich weiß, dass neu gegründete Institutionen mit einem so hohen Anspruch ihre Zeit brauchen, bis sie ihren Weg in die Herzen derjenigen, die sie suchen, wirklich finden und nicht nur abgehobene Fremde bleiben, wie dies die Menschen, die mir lieb und wichtig sind, eben zum Ausdruck gebracht haben. Und jetzt, da ich diese Zeilen schreibe, kann ich mit Überzeugung sagen, dass sich im Programm und den öffentlichen Veranstaltungen dieses Hauses und auch in der Wahl der Fellows inzwischen so Einiges getan hat, sodass dem Haus nicht mehr der Nimbus einer einseitigen Thomas-Mann-Forschungs- und Gedenkstätte anhaftet, sondern dass es sich jetzt wirklich nach und nach zu dem Begegnungs- und Dialogzentrum entwickelt, welches es nach der Konzeption des Auswärtigen Amtes der deutschen Bundesregierung von Anfang an sein sollte. Das Gewicht liegt inzwischen erkennbar stärker auf dem politischen und interkulturellen Dialog mit deutlich antirassistischer Zielrichtung. Das ändert jedoch nichts daran, dass ich für die Zukunft auf eine noch stärkere Einbeziehung von Schul- und Hochschulgruppen und anderen Jugendlichen in die Aktivitäten des Hauses hoffe.

Und während ich mit meinen unitarischen Freuden weiter beim sonntäglichen Lunch sitze, muss ich wieder an die grundsätzlichen Grenzen des Dialogs denken, über die noch vor wenigen Tage in Portland kritisch debattiert worden war. Grenzen, die wir uns immer und immer wieder auch selber setzen, dies jedoch selbstkritisch auch immer wieder erkennen und zu ändern versuchen sollten.

Rückblickendes Innehalten

Meine Erlebnisse und Erfahrungen Sonntagvormittag in der First Unitarian Church haben in mir viele Gedanken wachgerufen. Ich bin sehr froh darüber, dass ich den ganzen heutigen Montag zur freien Verfügung habe. Ich möchte einen Strandspaziergang zum Reflektieren, Revue-passieren-lassen und Ordnen der während der vergangenen Wochen gewonnenen Erfahrungen und Erkenntnisse nutzen. Gleichzeitig denke und träume ich schon von meinen weiteren Planungen für die Zeit nach meiner Rückkehr nach Europa. In den USA bin ich jetzt ziemlich genau in der Halbzeit angelangt. Gefühlsmäßig sogar darüber hinaus. Denn nach noch zwei Stationen in Kalifornien wird es vor dem Wechsel nach Kanada in den USA nur noch einen Ort gleich für ganze zehn Tage geben, nämlich das Dartmouth College in New Hampshire an der Ostküste als dort ebenfalls akkreditierter Fellow.

Dazugekommen sind jetzt auch noch die in meiner Taufkirche in Santa Monica angestoßenen besonderen Gedanken. Erst letzte Nacht festigte sich in mir die Erkenntnis, dass meine jahrzehntelange geistige und berufliche Entwicklung sicherlich auch, zumindest unterbewusst, mitgeprägt worden ist durch meine durch meinen Großvater initiierte symbolreiche Aufnahme in die unitarische Kirche durch die Taufe. Mag sein, dass mich, dank Rochelles Führung durch das Haus, mein kurzer gestriger Aufenthalt im einstigen Dienstzimmer des mich höchstwahrscheinlich dort getauft habenden Reverend Ernest Caldecott so nachhaltig beeindruckt hat, dass ich mich jetzt durch eine gewisse bleibende Zugehörigkeit zu dieser Kirche darin bestärkt fühle, mein gesellschaftspolitisches Engagement auch unter grundlegend spirituellem Aspekt zu sehen.

Als ich mich bald nach dem Frühstück mit einem Uber an den Santa Monica Boulevard oberhalb der Steilküste fahren lasse, denke ich gerne zurück an die vielen wertvollen Impulse, die ich im Lauf meines Lebens erhalten habe. Dabei muss ich, ausgehend von meinen gestrigen Erfahrungen, an ein erst vor rund 25 Jahren von einer kleinen Gruppe von Benediktinermönchen in Sankt Gilgen im österreichischen Salzkammergut gegründetes kleines und vor allem wegen seiner Stille und Einkehr besonders attraktives Kloster denken. Dieses blickt in seiner geistigen Ausrichtung weit über die Grenzen seiner geographischen Region hinaus, nennt sich deshalb auch *Europakloster*. Dessen Schwerpunkt liegt auf einer ganzheitlichen Klosterheilkunde, die über medizinisch-psychologische Therapien in einem Ambulatorium, über eine intensive Nutzung von Heilpflanzen, Yoga- und Meditationsübungen und mit der Ausübung von Kunsthandwerk, Malerei und Musik betrieben und in einem breiten Seminar- und Kurssystem weitervermittelt wird (vgl. S. 61).

Mit diesen Gedanken nach Europa steige ich an der Ecke San Vicente und Santa Monica Boulevard aus und beginne mit meinem Gang entlang der sich langsam in Richtung Stadtzentrum und Santa Monica Pier schlängelnden Promenade mit dem weiten Blick hinunter auf die herbstlich metallblaue und in der Sonne glitzernde Meeresoberfläche des Pazifiks unter dem heute wieder einmal wolkenlosen kalifornischen Himmel. Wie jedes Mal stellt sich hier in mir vom ersten Augenblick an das Gefühl von Ruhe und Geborgenheit ein, das ich seit meiner frühesten Kindheit bei allen meinen Besuchen hier empfinde, und ich werde auch jedes Mal wieder an die häufigen mittäglichen Spaziergänge bereits ganz früh an der Hand beider Großeltern erinnert. Bereits in meinem ersten Lebensjahr sollen mich die beiden im Kinderwagen hier entlang geschoben haben. Zum urvertrauten Anblick gehörten schon immer die die noch heute unverändert kurvige Weganlage säumenden Palmen und die teilweise großflächigen Blumenbeete dazwischen. Dann der ebenfalls unverkennbar noch aus der frühesten Zeit stammende, die Promenade zum Steilhang hin absperrende steinerne Zaun mit dem Blick hinunter auf die inzwischen vierspurige Ocean Avenue, den besonders breiten Sandstrand und weiter draußen auf die Schaumkronen auf der Wasseroberfläche bis hin zu den langsam pünktchengroß am Horizont verschwindenden Großdampfern. Und während ich fast tranceartig in der Fülle der mich umgebenden Farben, Geräusche und Gerüche versinke, tauchen aus meinem Inneren andere, aber zu meinem Verlangen nach beschaulicher Ruhe und Entspannung ebenfalls passende Bilder auf.

Wieder kehren meine Gedanken zurück in die ländliche Idylle des Salzburger Landes in Sankt Gilgen am Wolfgangsee während meines ersten bereits vier Jahre zurückliegenden Besuchs im dortigen Europakloster. Auch dieses Bild liegt in einem Spannungsbogen zwischen Gegenwart und Vergangenheit. Auch wenn ich von der Existenz dieses Klosters über das Weltkloster erst spät erfuhr und es dann auch wenig später kennenlernte, verbindet mich mit ihm und mit der umgebenden Berg- und Seenlandschaft eine besondere Erinnerung ebenfalls aus meiner Kindheit. Denn ein Jahr nach meiner Übersiedlung aus den USA nach Europa im Alter von knapp neun Jahren habe ich zusammen mit meinen Eltern in der Gemeinde Strobl am gegenüberliegenden Ende des Wolfgangsees zweieinhalb Jahre gelebt und dort die Volksschule besucht. Die Menschen, die wirtschaftliche Situation und das allgemeine Lebensgefühl noch unter dem Zeichen des erst wenige Jahre zuvor beendeten und verlorenen Krieges waren damals natürlich diametral anders. Die im unheimlichen Kontrast zum damaligen Nachkriegselend stehende Idylle des starken Grüns der hügeligen Felder und Wälder, der Berge und Seen, war schon damals dieselbe gewesen wie jetzt. Dementsprechend war meine Wiederbegegnung mit diesem Landstrich nach so vielen Jahrzehnten beim ersten Besuch des mich auf Anhieb beeindruckenden Europaklosters ein doppelt bewegendes Erlebnis gewesen. Ich bin sicher, dass das Wiedersehen der Gegend um den Wolfgangsee mich innerlich noch aufnahmebereiter für das besondere Ambiente dieses Klosters gemacht hat, vor allem während dessen sogenannter Stundengebete frühmorgens, nachmittags und am späten Abend in der zu stiller Kontemplation einladenden Atmosphäre des Andachtsraums der besonderen Klosterkapelle mit der angrenzenden, ebenfalls besonderen Mariengrotte mit dem Marienbrunnen.

Gleichsam gefiltert durch die ihren Duft verbreitenden Bäume, Büsche und Blumen der Promenade über dem pazifischen Ozean fühle ich gleichzeitig auch die zur inneren Sammlung aufrufende, je nach Tageszeit etwas unterschiedliche Atmosphäre jenes klösterlichen Andachtsraums, dem Herz des von hier in Kalifornien geographisch so weit entfernten Europaklosters.

Ich beginne jetzt in meiner Vorstellung mit meinem Gang durch den Tag des Klosterlebens mit dem Morgengebet in der Klosterkapelle, welches während der Wintermonate noch in der Dunkelheit stattzufinden pflegt. Zusätzlich zu den am Morgen auf dem siebenarmigen Leuchter neben dem Altar brennenden Kerzen sind in der dunklen Jahreszeit so früh immer sämtliche elektrischen Lichter angezündet. Ihr kaltes Licht blendet uns Teilnehmer wie ein Zeichen oder eine Mahnung, dass jetzt die Nachtruhe beendet ist. Andererseits sorgt die nüchterne Helligkeit des elektrischen Lichts auch für besondere Klarheit der Konturen des künstlerisch so ansprechend ausgestatteten und trotzdem in seiner betonten Schlichtheit verinnerlichenden Andachtsraums. Umso schärfer sehe ich jetzt vor mir die hellgrauen Boden-Steinplatten und die sandfarbenen, bis an die Decke schlank geschwungenen Arkaden aus Fichtenholz, welche rund um den wuchtigen Steinaltar in der Raummitte herum angelegt sind. In der kleinen Ecke gegenüber dem Chor steht die einmanualige, mit einem Pedalwerk und nur zehn Registern versehene Orgel aus demselben hellen Holz. An der Wand vor der Altarvorderseite ist, genauso hell und halbrund, als Chorgestühl die durchgehende Sitzfläche für maximal zehn Mönche mit jeweils von einander abgetrennten, hohen Rückenlehnen ausgebreitet. Ganz am Anfang des Chorgestühls „sitzt" ein lebensgroßer, aus Holz geschnitzter, betender und den heiligen Wolfgang darstellender Mönch. Entlang der gegenüberliegenden Wand der Kapelle und an deren Seiten befinden sich, in einer den stillen spirituellen Dialog räumlich begünstigenden Anordnung, mehrfach gereihte Sitzbänke für die Besucher. Über dem Altar hängt an der Decke waagerecht ein altes hölzernes Rad, auf dem die zwölf etwa handgroßen Apostelkreuze angebracht sind, mit einem Leuchter in der Mitte, der das Firmament und den Himmel symbolisiert. Durch die bunten Fenster mit biblischen Abbildungen überwiegend im Blauton fällt nur wenig Licht, was während der Gottesdienste wegen des immer feierlich von innen erhellten Raums nicht weiter auffällt. Eine konstante Lichtquelle bleibt der während aller Gebetszeiten angezündete, auf der Rückseite des Altars auf dem Boden stehende siebenarmige, kunstvoll als Baum geformte Kandelaber.

Was für ein Kontrast, mit dem die Komplet oder Nachthore (Nachtgebet) am späteren Abend die Nacht einleitet. In dieser strahlt der ausschließlich mit Dutzenden von Kerzen beschienene Raum gerade wegen seiner besonders hellen Innenausstattung jedes Mal eine besonders einladende Wärme aus. Der ganze Raum wird von diesem Kerzenschein so stark überflutet, dass ich dort das kindliche Staunen wie vor einem hell erleuchteten Weihnachtsbaum spüre und mich jedes Mal von der vom festlichen Licht ausgehenden Wärme wie umhüllt und geborgen fühle. Als im Dunkeln abgetrennt und doch eng dazugehörig erlebe ich mit einem kurzen Seitenblick die von der Kapelle abgehende kleine Marienkapelle oder Mariengrotte, von der ein schwaches, aber durchdringendes kleines Licht von der dortigen Marienstatue über dem Brunnen in den Andachtsraum dringt. In diese Mariengrotte schreiten alle Mönche zum Abschluss der Komplet, des Abendgebets, immer um 22 Uhr langsam in einer Zweierreihe, um vor der Marienstatue das „Salve Regina“ zu singen. Auf diese in düsteren Kriegszeiten überaus geschichtsträchtige Statue werde ich nochmals zurückkommen.

Langsam verschwimmen diese Bilder wieder und ich lasse, während ich auf der Promenade über dem Santa Monica Beach meinen Gang fortsetze und etwas beschleunige, meine Gedanken freier schweifen.

Dabei kommt mir in den Sinn, dass ein so starkes warmes Licht wie das des strahlenden Kerzenteppichs in der besagten Kapelle in allen Religionen als eine der zentralen Metaphern für das übernatürlich Göttliche genutzt wird. So ist etwa in der vorchristlichen Religion des Zoroaster der kosmische Kampf zwischen Licht und Finsternis ein zentrales Motiv. Und im Kontext asiatischer Religionen ist die innere Erleuchtung das höchste Ziel der spirituellen Wege. Licht als Metapher ist auch im Alten und Neuen Testament ein beherrschendes Thema. Im Koran ist Allah das Licht des Himmels und der Erde. Auch die poetischen Schriften der großen mystischen Dichter orientalischer Länder, etwa die von Dschalal ad-Din ar-Rumi aus Persien im 13. Jahrhundert, kreisen um das Licht als um ein Göttliches und Irdisches umfassendes Grundprinzip des Seins. Dieses absolute göttliche Licht wird in Rumis Schriften allerdings als so stark geschildert, dass es von uns Menschen unmöglich erkannt werden kann und nur durch die Brechung in materielle Ebenen sichtbar wird.

Ich empfinde das Europakloster nach wie vor als besonders geeignete Stätte, um hin und wieder in denselben Zustand heilsamer *Selbstvergessenheit* zu geraten, den ich auch jetzt auf meinem entspannten Gang auf der Meerespromenade erlebe. Er ist mir im Europakloster nicht nur aus den täglichen Gebetszeiten, der offiziellen Mittagsmeditation und dem morgendlichen Yoga vertraut. Auch die mir ohnehin vertraute ländliche Umgebung des Klosters strahlt so viel beschauliche Ruhe aus, dass bei mir während gelegentlicher kurzer, aber einsamer Wanderungen dort manchmal das Gefühl aufkommen kann, in eine endlos weite Ganzheit einzutauchen, so als wollte ich mich am liebsten in ihr auflösen. Solange ich allerdings in der Lage bin, dieses Gefühl von Glück und Frieden bewusst wahrzunehmen, wird mir immer wieder klar, dass ich trotz meines Eintauchens in jene Ganzheit selber durchaus noch in mir selbst existiere und mich aus meinem Bezug zu jener Ganzheit jederzeit auch zurückziehen kann. Was bleibt, ist die scheinbar paradoxe, aber letztlich doch in sich schlüssige Gewissheit einer Zugehörigkeit zu jenem Ganzen ohne Abgrenzung davon und dabei trotzdem auch ein Gefühl des völligen Bei-mir-Seins anstelle einer mich zur Selbstaufgabe zwingenden Vereinnahmung durch meine Umgebung.

Diese Art ganzheitlicher Wahrnehmung fordert dementsprechend den Einsatz aller meiner Sinne und meines vollen Bewusstseins, auch unter dem Aspekt sinnesübergreifender Möglichkeiten einer Wahrnehmung. Andererseits beobachte ich bei mir auch immer wieder, dass diese Selbstvergessenheit ein besonders *störanfälliges Gut* ist. Es ist der – meist unerwartete und plötzliche – Augenblick, in dem mein im Zustand der Selbstvergessenheit fast ausgeschaltet scheinendes Ich auf einmal mehr oder weniger von jenem Ganzen losgelöste, „unaufschiebbare", besondere Bedürfnisse anmeldet und deren Realisierung so obsessiv verfolgt, als wollte es am liebsten alle seine Verflechtungen mit jenem großen Ganzen und seine vielfachen Abhängigkeiten davon abschütteln. Wenn mir beispielsweise in meinem selbstvergessenen Zustand siedend heiß ein angeblich wichtiger Termin, ein für eine bestimmte Uhrzeit vereinbartes Telefonat oder noch trivialere Verrichtungen einfallen, an ich gar nicht mehr gedacht hatte, dann ist mir, als würde ich mich selbst aus der Versunkenheit eines gleichmäßig glücklichen Dahingleitens herausreißen. Erst zu spät merke ich, in welche Störung und Zerrissenheit und damit in welches Ärgernis ich mich selbst hineinmanövriert habe. Es ist, als sei mitten in das gleichmäßige Strömen eines Flusses unerwartet ein hemmender Felsblock hineingeraten. Es kommt aber auch vor, dass der Zustand der Selbstvergessenheit von selbst abklingt und ich nicht abrupt, sondern langsam aber sicher in meinen „gewöhnlichen" Alltag, auf den „Boden der Tatsachen" zurückfinde.

Irgendwann merke ich, dass sich meine Schritte auf der Promenade von Santa Monica noch weiter beschleunigt haben. Dann wird mir auch wieder bewusst, dass ich trotz meiner Fortbewegung fast in Trance eigentlich von Anfang an die nächste, den ganzen Steilhang hinunter bis zum Strand führende Treppe aufsuchen wollte. Kurz vor dieser Treppe gelange ich wieder einmal an die Stelle ganz nahe am Steilhang, an der drei mannshohe weiße Marmortafeln stehen, auf denen der Streitkräfte der US-amerikanischen Armee während des Zweiten Weltkriegs für ihren sich aufopfernden Einsatz dankbar gedacht wird. Eine Tafel widmet sich den Streitkräften zu Land, die zweite denen zu Wasser und die dritte den Luftstreitkräften. Diese drei Tafeln scheinen auf den pazifischen Ozean hinauszuweisen, in dem weit entfernt der jahrelange mörderische und in meinen Augen auch noch heute heldenhafte See- und Luftkrieg der damaligen amerikanischen Streitkräfte gegen den mit Hitler verbündeten Aggressor aus dem faschistischen Kaiserreich Japan getobt hatte. Ich verweile einige Zeit ehrfürchtig vor diesen Tafeln, zwischendurch aufs weite Meer hinausschauend.

Beim weiteren Betrachten der Marmortafeln kommt mir wieder in den Sinn, von welchem Stolz und welchen hochherzig-patriotischen Gefühlen ich als Zehn-, Elfjähriger, etwa fünf Jahre nach Kriegsende erfüllt war, wenn in gewissen Zeitabständen eine lange Kolonne von Armeelastwagen und Jeeps der amerikanischen Besatzer durch die vom Krieg zerlöcherte Dorfstraße von Strobl am Wolfgangsee fuhr und ich, sicher verstärkt durch das Heimweh nach meinem zurückgelassenen Amerika, vom Straßenrand aus gleichzeitig auch etwas traurig-versonnen meinen Landsleuten hinterherschaute.

In Strobl besuchte ich die alte Volksschule und empfand den Kontrast zwischen der unheimlichen Nachkriegsverschwiegenheit und der fast gespenstisch wirkenden Naturidylle damals nur sehr unterschwellig. Auf dem Hintergrund meiner zwischenzeitlich gesammelten Erkenntnisse über das Geschehen in Österreich und Deutschland in den Jahren vor 1945 nehme ich die damalige Situation heute anders wahr. Ich denke, dass das neuerliche Erwachen meiner Erinnerungen an die damaligen Gegebenheiten durch meine Begegnung mit dem ehemaligen SS-Kriegsgefangenenlager direkt neben dem Europakloster in Sankt Gilgen (vgl. S. 61) dazu beigetragen hat, dass sich meine Erinnerungen nachträglich schmerzhafter anfühlen als das, was ich als Kind zu meinem Selbstschutz nur dumpf in mich aufzunehmen in der Lage bzw. bereit war, in mein Bewusstsein zu lassen.

Wir wohnten zur Miete in einer verlassenen Villa am See, welche als Eigentum von nach England geflüchteten polnischen Juden im Krieg 1942 von der Wiener Gestapo enteignet worden und 1945 wieder zurückgegangen war in die Hand der letzten Holocaust-Überlebenden der von den Nazis beraubten und größtenteils ermordeten Eigentümerfamilie.

Eine mich merkwürdig berührende und unvergessliche Begebenheit war der Vertragsabschluss zwischen der „Engländerin“ genannten letzten Eigentümerin und meinen Eltern unmittelbar vor unserem Einzug. Sie trug, als sie zur Vertragsunterzeichnung in der Villa erschien, eine dunkle Brille, die sie auch im Hausinneren nicht ablegte, wirkte die ganze Zeit nervös und gehetzt und redete fast kein Wort. Kaum hatten meine Eltern und sie den Mietvertrag unterschrieben, huschte sie sofort wieder aus dem Haus und kam nie wieder, als wolle sie diesen Ort rasch hinter sich lassen und womöglich gleich wieder nachhause nach England zurückkehren.

Ich vermute, dass für die Bereitschaft jener Eigentümerin, ihr in Österreich liegendes und mit traumatischen Erinnerungen behaftetes Objekt überhaupt zu vermieten, die Tatsache entscheidend war, dass auch wir eine Emigrantenfamilie waren, die es jetzt aus beruflichen Gründen zeitlich befristet hierhin verschlagen hatte. Mein Vater hatte als Bratschist regelmäßig Konzertverpflichtungen in Salzburg nachzukommen und bereitete sich auch hier auf seine Solistentourneen durch Europa vor.

Die Mietvilla stammte aus der Zeit, als Bad Ischl die Sommerresidenz des Habsburgischen Kaisers war und dessen Hofbeamte, Offiziere und Vertreter des Geldadels in den umliegenden Ortschaften in von ihnen eigens erbauten Villen vorzugsweise am Ufer der verschiedenen Seen im Salzkammergut residierten. Die im Jahr 1850 erbaute (und zu unserer Zeit im Winter immer noch nur teilweise heizbare) Sommervilla gehörte ursprünglich zu einem größeren Gut. Sie wechselte einige Male ihren Besitzer. 1936 ging sie als Ferienhaus an die Familie unserer Vermieterin, die schon zwei Jahre später, sofort nach dem „Anschluss“ Österreichs an das Deutsche Reich, nach England emigrierte. 1940 wurde das „Haus am See“ als Kinderverschickungslager für Berliner Mädchen genutzt, mit zwei Lehrkräften und einer „Lagermädelführerin“, bevor es dann zwei Jahre später von der Wiener Gestapo enteignet wurde.

Als ich als Kind mit meinen Eltern in Strobl wohnte, kam ich mir in dieser Atmosphäre von Elend, Verfallenheit und Armut nach einem schrecklichen Krieg inmitten einer fast unwirklich reinen Naturidylle etwas fremd vor, obwohl ich bei den Menschen hier, vor allem bei meinen Altersgenossen in Schule und Nachbarschaft, eigentlich ganz gut Anschluss fand. Zu dieser Fremdheit trug sicherlich bei, dass ich die ganzen Jahre über meiner unfreiwillig verlassenen amerikanischen Heimat nachtrauerte. Als Bürger ausgerechnet der Besatzungsmacht in der Salzburger Region gehörte ich ohnehin kaum hierhin. Dies äußerte sich allein schon in meiner ordentlich sauberen und soliden, zuletzt noch aus der Schweiz oder Amerika stammenden Kleidung im Gegensatz zu den erschütternd armseligen, oft schlecht riechenden Fetzen meiner oft etwas unterernährt und verwahrlost wirkenden, im Sommer durchweg barfüßigen Mitschülerinnen und Mitschülern. Deshalb kam mir auch die tägliche Quäker-Schulspeisung in der großen Pause für mich wohlgenährtes und gut gekleidetes „Besatzerkind“ wie ein unverdienter Luxus vor. Dazu passte auch, dass sich keiner meiner dortigen Lehrer so kurz nach dem Ende der Nazizeit je traute, mir in meinem privilegierten Status dann und wann eine herunterzuhauen oder mich an den Ohren zu ziehen, obwohl mein Betragen auf keinen Fall besser war als das meiner gelegentlich deswegen in Gegenwart der ganzen Klasse gezüchtigten Mitschüler. Es wird mir damals nicht bewusst gewesen sein. Aber jetzt merke ich, dass ich mich für meine mir in den Schoß gefallenen Privilegien nachträglich doch ein wenig schäme.

Ich weiß nicht mehr, in welchem der umliegenden Läden es war, dass der Inhaber mir einmal in unterwürfig geduckter Haltung und mit ausgestrecktem Arm zum Fenster zeigend zuraunte, wir sollten doch „bittscheen" in Zukunft nur bei ihm einkaufen und nicht bei dem und dem, der ein Nazi gewesen sei.

Unsere Villa hatte einen großen Garten und ein Bootshaus, von dem aus wir im Sommer gern See-Ausflüge unternahmen – entweder mit dem Ruderboot oder mit der „Plätten", einem großen Boot mit flachem Boden und nur einem, dafür umso größeren Ruder, das nur im Stehen zu betätigen war. Eine Bootsfahrt während eines der sommerlichen Seenachtsfeste in Strobl, die sich der Ort so kurz nach dem Krieg bereits leistete, fällt mir ein: Die Familie des Tischlers, dessen Werkstatt auf etwa halber Strecke meines Schulwegs lag, hatte meine Eltern um Erlaubnis gebeten, am Abend unsere „Plätten" zu benutzen. Meine Eltern gestatteten dies unter der Bedingung, dass mich die Familie im Boot mitnähme. Als ich dann während der Fahrt in der Dunkelheit in Richtung des hell beleuchteten Dorfplatzes im Boot kauerte und irgendwann das große Feuerwerk startete, hörte ich zu meinem Entsetzen eine der mitfahrenden jungen Frauen mit unüberhörbarer Begeisterung ausrufen: „Das ist ja genau so schön wie bei der SS!"

Daran knüpft sich ein zweites Bruchstück einer Erinnerung. Es war vielleicht einige Monate später, während des sich anbahnenden Koreakriegs, als sich alle vor einer plötzlichen Machtübernahme in Österreich durch die kommunistische Partei nach dem Vorbild der Tschechoslowakei nur zwei Jahre zuvor fürchteten. Ich pflegte damals enge Kontakte mit der fünfköpfigen Hausmeisterfamilie, die in einem Häuschen auf demselben Grundstück wohnte, und unterhielt mich auch gerne über die angespannte politische Situation. Dabei versuchten wir uns auszumalen, wie es wäre, durch eine kommunistische Machtübernahe in Wien auch hier im Salzkammergut in die sowjetische Hemisphäre hineinzugeraten. Und die schon ältere Hausmeisterin, der wahrscheinlich die berüchtigten Gewaltexzesse in der russischen Besatzungszone bei Kriegsende auch in Österreich vor Augen standen, äußerte in ihrem charakteristischen pathetischen Singsang: „Und noch auf dem Sterbebett hat der Hitler gesagt: ‚t-r-a-u-t dem Russen nicht'".

Natürlich drängte es mich schon während eines meiner ersten Besuche im Europakloster, das nur wenige Kilometer entfernte Strobl zu besuchen, welches ich in all den Jahrzehnten nicht wiedergesehen hatte. Einer der Mönche brachte mich mit dem Klosterauto ein Stück weit in den Ort hinein. Schon auf der Zufahrtsstraße entdeckte ich große Werbeschilder mit einer Reihe von Namen von mir aus der Kinderzeit erinnerlichen Kleinunternehmern: Namen einiger damals in den Nachkriegsjahren gewerblich tätiger, mir kriegsgeschichtlich und politisch mehr als suspekt gewesener Tapezierer, Bäcker, Lebensmittelladenbesitzer und Tischler. Den jetzigen Schildern nach schienen ihre Nachkommen im Bereich der Gastronomie und des Hotelgewerbes, in Sportgeschäften, im Immobilienhandel, als Vermieter von Ferienwohnungen oder als Eigentümer von Trachtenläden oder in anderen touristischen Branchen zu arbeiten, an deren Existenz so kurz nach Kriegsende noch gar nicht zu denken gewesen war.

Zu Fuß erreichte ich den Dorfplatz mit der Zwiebelturm-Pfarrkirche und dem Friedhof. Hier schien auf den ersten Blick alles unverändert geblieben zu sein. Schon tauchten in mir wieder unauslöschliche Erinnerungen auf. Ich sah mich in den neblig grauen Nachmittag vor Allerheiligen im Jahr 1950 versetzt, an dem ich beobachtet hatte, wie Scharen von vermummten Weiblein mit Kränzen, Blumen, Gestecken und Grablichtern in der Hand den Friedhof betraten, um für den bevorstehenden Feiertag und für Allerseelen die Gräber ihrer Angehörigen zu schmücken. Es waren vor allem Witwen und Mütter von im Krieg gefallenen Soldaten.

Was mich von Anfang an am Europakloster am Strobl gegenüberliegenden Ende des erinnerungsreichen Wolfgangsees angezogen hat, ist die auch politische Motivation seiner Gründung. Keimhaft war schon damals oder jedenfalls sehr früh das Konzept einer Erweiterung dieses Klosters zu einem Friedenszentrum auch mit säkularen Komponenten angelegt. Im Lauf der nächsten Jahre soll mit dem Bau der ersten vorgesehenen Häuser begonnen werden.

Die dreiköpfige deutsch-österreichische mönchische Gründungsgruppe hatte vor über 25 Jahren ursprünglich an einen Klosterplatz in der nur drei Jahre zuvor untergegangenen DDR gedacht. Sie wollte das geistige Vakuum, den durch den Sturz des kommunistischen Regimes erlittenen Identitätsverlust dieses Teils von Deutschland 45 Jahre nach dem letzten totalen Zusammenbruch mit der Schaffung einer neuen geistigen Orientierung ausgleichen helfen. Aber dieses Vorhaben erwies sich in den „neuen Bundesländern" im Spannungsfeld der fast gewaltsamen und unorganisch rasanten Einverleibung des abgeschafften DDR-Staates in die völlig andersartige, jahrzehntelang gewachsene westdeutsche Identität als undurchführbar.

Die Wahl fiel dann auf die völlig andersartige, idyllische, aber geschichtlich durch die dunklen Jahre zwischen 1938 und 1945 besonders belastete Region des Salzkammerguts. In Gut Aich in Winkl bei Sankt Gilgen am Wolfgangsee machte sich die Gruppe auf die Suche nach einer Grundwasserquelle als traditioneller Stelle für eine Klosterneugründung. Man bohrte an einem dafür als geeignet erscheinenden Ort, bis sich bald die ersten trüben und schmutzigen Wassertropfen zeigten und dann bald klares, frisches Wasser aus der Erde sprudelte. Dort wurde gebaut bzw. das käuflich erworbene Anwesen Gut Aich zum heutigen Kloster um- und ausgebaut.

Nur wenige Meter von der Quelle entfernt fand sich ein auffallend großes und unheimlich aussehendes, gelb angestrichenes Haus mit großen Fenstern und einer verglasten Veranda unter einem hässlichen alten roten Blechdach. Es war von lauter hohen Bäumen umgeben, als gäbe es einen Grund, das Anwesen von der Öffentlichkeit möglichst abzuschirmen. Nähere Recherchen ergaben schnell, dass das Gebäude bis zum Einmarsch der Amerikaner zu Kriegsende eine fensterlose Fabrik gewesen war, die von der SS als Lager für sowjetische Kriegsgefangene genutzt wurde, aus dem kaum ein Insasse mehr lebend herauskam. Eine große Lichtung in dem zum Wolfgangsee hinunterführenden Wald – im Mittelalter als

Hinrichtungsstätte bekannt – wurde im Krieg von SS-Kommandos als Erschießungsplatz genutzt. Den Bewohnern der umliegenden Bauernhäuser werden die nächtlichen Todesmärsche und Lastwagentransporte vom Kriegsgefangenenlager dorthin sowie die bald danach die Waldesruhe zerschmetternden MG-Salven kaum verborgen geblieben sein. Das fluchbeladene Gebäude stand nach dem Krieg etwa 15 Jahre leer, bevor es von einem politisch dubiosen Käufer aus Deutschland erworben und zu einem „gemütlichen" Gasthof umgebaut wurde. Allerdings scheint die Dorfbevölkerung diese aus dem öffentlichen Bewusstsein wohl nicht einfach auszuradierende Stätte des Grauens von Anfang gemieden zu haben. Seit Jahrzehnten ist der Gasthof nicht mehr im Betrieb und gleicht einem verwaist, verwildert und verwünscht heruntergekommenen und weitgehend zugewachsenen Steingespenst.

Auf diese Weise hat das rasch neu erstehende Europakloster auch die Rolle eines *Sühneklosters* angenommen. Bei meinen häufigen Klosterbesuchen vom relativ nahe gelegenen München aus empfinde ich den täglich mehrmaligen Weg vom Klostergebäude zu meiner Gästeunterkunft vorbei an jenem Geisterhaus immer noch als eine gewisse Zumutung und spüre jedes Mal denselben leichten Schauer. Etwas gelindert wird die Beklommenheit durch das Bewusstsein, dass das Kloster schon lange versucht, jenes „Anwesen" dem derzeitigen unheimlichen Eigentümer abzukaufen, um es endlich in eine Gedenkstätte umzuwandeln.

Inzwischen bin ich am Fuß des Felsens unterhalb der Promenade angelangt und überquere die geschwungene Fußgängerbrücke über die dicht befahrene Ocean Avenue bis zum Beginn des Strandareals. Die immens weit vor mir ausgebreitete Sandfläche glitzert einladend in der Sonne, am vorderen Ende gesäumt vom tiefblauen Meer zwischen Himmel und Erde. Ich kann es kaum erwarten, am Wasser anzukommen und mich dort eine Zeitlang hinzusetzen. Und wieder bin ich voller Dankbarkeit, dass ich diese meine Vortragsreise durch letztlich immer noch „mein" Amerika antreten konnte, bis hierhin zu den Anfängen meines Lebens, besonders in der Taufkirche. Wahrscheinlich wäre mein enger Bezug zum Europakloster, mit allen Zwischen- oder Vorstufen, ohne meine Ursprünge in der hiesigen unitarischen Kirche kaum denkbar, jedenfalls nicht in dieser Weise, wie meine Beziehung verlaufen ist und weiter verläuft.

Dann kehren meine Gedanken wieder zurück ins österreichische Salzkammergut.

Es muss bei meinem vierten Aufenthalt im Europakloster gewesen sein, dass ich von dem hochgefährdeten und sich dann doch als segensreichen herausstellenden Schicksal der Marienstatue erfuhr, bevor diese ihren Weg und schließlich ihren festen und unersetzlich wichtigen Platz in diesem einzigartigen Kloster fand. Die Statue hatte während des Zweiten Weltkriegs dem Großvater des heutigen Priors P. Johannes Pausch gehört, der in der Oberpfalz nahe der tschechischen Grenze lebte. Großvater Pausch pflegte regelmäßig das in der Nähe gelegene Konzentrationslager Flossenbürg mit Holz zu beliefern. Nach dem Abladen der Ware auf dem Gelände versteckte er, so oft er konnte, unter der Plane seines Wagens Häftlinge und schmuggelte sie aus dem Lager, damit sie durch die umliegenden Wälder über die tschechische Grenze flüchten konnten. Irgendwann wurde er erwischt und sofort in das KZ Dachau deportiert, in welchem er bis zu dessen Befreiung überlebte. Als er bei Kriegsende wieder nachhause kam, diente sein Haus als Wohnstätte für lauter zusammengepfercht untergebrachte ehemalige polnische Kriegsgefangene, sodass er in eine andere Unterkunft ausweichen musste. Als er später in das wieder frei gewordene Haus zurückkehrte, bemerkte er, dass die sonst in einer Fensternische stehende Marienstatue fehlte. Sie war offenbar von einem der letzten Bewohner entwendet worden.

Rund 15 Jahre später traf bei Großvater Pausch ein Brief aus Polen von einem der ehemaligen im Haus untergebrachten Kriegsgefangenen ein. Der Absender teilte ihm mit, er habe damals vor seiner Rückkehr die Statue, um sie vor Diebstahl zu schützen, in einer Sandkiste in eine Scheunenmauer in der unmittelbaren Nachbarschaft des Betriebs eingemauert. Dem Brief war eine Zeichnung mit einer Wegbeschreibung zum Versteck der Statue beigefügt. Die Statue erwies sich als stark beschädigt, ließ sich jedoch restaurieren. Nach der Priesterweihe des Enkels und jetzigen Priors des Europaklosters vererbte ihm der Großvater die Statue, und sie begleitete den geistlichen Weg des Erben durch einige Klöster bis zur Gründung des Klosters Gut Aich. Hier fand sie nach ihrer jahrzehntelangen Odyssee ihren endgültigen Platz in der Grotte neben der Klosterkapelle.

Auf dem Weg durch den weichen Sand zum Ufer erinnere ich mich daran, wie ich unter dem starken Eindruck dieser Geschichte der Marienstatue, der ich bisher viel zu wenig Beachtung geschenkt hatte, den Plan fasste, in der betreffenden Mariengrotte allein eine Nachtmeditation durchzuführen. Dieser Wunsch lag darin begründet, dass sich nach meinem Besuch im heutigen, zum Positiven und Lebensvollen hin veränderten Strobl auch meine Beziehung zum hiesigen schrecklichen Nachbargebäude verändert hatte. Das mich beim Passieren des Hauses erfassende leise Grauen äußerte sich nicht mehr so sehr als Abscheu und Wut gegen die damaligen dortigen Schinder, sondern mehr als schmerzliches und mitfühlendes Gedenken an die geschundenen und bestialisch umgebrachten Opfer. Darüber wollte ich in der Mariengrotte meditieren und, falls es mir gelänge, auch versuchen, mit den verlorenen Seelen in einer Art stillem Dialog in Verbindung zu treten. Dabei schien mir die Grotte mit der Marienstatue, räumlich genau zwischen dem Kloster und dem Tatort der besagten Schrecknisse, der richtige und passende Platz für mein Vorhaben zu sein.

Ein stiller Dialog

Am nach wilder Frische riechenden Meer angekommen, spüre ich ein starkes Bedürfnis nach nicht nur körperlicher Ruhe. Ganz vorn am Ufer setze ich mich auf die Sandfläche und beobachte die beruhigende Monotonie der immer wieder neu anrollenden und sich dann brechenden, sich auflösenden und wieder neu anrollenden Wellen im ewigen Kreislauf von Entstehen, Vergehen und Wiedererstehen. Je länger ich dieses ewig gleiche Spiel betrachte, desto mehr lasse ich mich in die unaufhörliche Gleichmäßigkeit hineinziehen, lasse schließlich alles um mich herum los, so lang und so vollständig, bis ich in raum- und zeitlose Tiefen und, scheinbar paradox, zugleich auch in die Weite eines universal zusammenhängenden Ganzen versinke, immer tiefer und tiefer, immer weiter und weiter …

Und während ich in diesem alles umfassenden einen spüre, wie alle noch irgendwie erkennbaren Ausschnitte, Teile und Einzelperspektiven der Bewegungen der Meeres je länger desto unschärfer zu einem einzigen großen Bildganzen verschwimmen, in das ich mich selber einfüge, vermeine ich im gleichmäßigen Meeresrauschen plötzlich in mir etwas zu hören, was mir bekannt vorkommt, was ich in diesem ganzen Gefüge eines Gleichklangs jedoch nicht recht zu fassen bekomme.

Es mag sich zwar auf Anhieb anhören wie einzelne Töne. Aber diese reihen sich nicht einfach aneinander wie einzelne Schritte, sondern jeder Ton drückt gleichzeitig auch alle anderen Töne mit aus, die vergangenen wie die zukünftigen in einem. Und ich bin frei, in dieses Hörganze hineinzudeuten, was ich will. Ist es Walt Whitmans „Song of myself", welcher gestern ziemlich am Anfang des Gottesdienstes in der First Unitarian Church erklang? „Stop this day and night with me and you shall possess the origin of all poems." Oder ist es das von der Liebe handelnde Lied von Derek Walcott oder das argentinische Lied an die Hoffnung?

Dann schweifen meine Gedanken immer weiter weg. Irgendwann sehe ich mich, nach dem Verklingen des „Salve Regina" der Mönchsgemeinschaft am Ende der letzten Abendandacht in der Mariengrotte, auf der hölzernen Bank an der rechten Längswand vor der Marienstatue. Eben steckt einer der Mönche drei armlange, frisch angezündete und damit sicher für die ganze Nacht reichende Wachskerzen in die Kerzenhalter zu den Füßen der Statue. Im Widerschein der Flammen erglänzt das Gold ihres faltenreichen Mantels. Dieser Schein dringt allerdings nicht ganz bis ins unten tief eingebaute, dunkel wirkende Wasserbecken, in dem heute nur wenige Teelichter und Blüten schwimmen.

Nach dem Lichterlöschen versinkt der angrenzende große Andachts- bzw. Kapellenraum, außer einem schwachen roten Lichterschein über dem Tabernakel an der entgegengesetzten Wand, in nächtlichem Dunkel. Auf der hell erleuchteten Insel der Marienkapelle bin ich in den nun ernsthaft beginnenden Nachtstunden ganz auf mich selbst gestellt. Die mich umgebende Stille wird einzig durch das permanente leise Rieseln des aus dem Brunnen tretenden Quellwassers durchbrochen.

Erst gegen Ende der ersten Dreiviertelstunde gelingt mir ein gleichmäßiges und immer ruhigeres und tieferes Durchatmen. Danach begebe ich mich, wie zu jeder Stunde, eine Viertelstunde lang in eine sogenannte „Gehmeditation". Diese vollzieht sich so, dass ich immer den vorderen Fuß langsam von der Ferse bis zu den Zehen absetze, während ich den hinteren Fuß genau so langsam von der Ferse zu den Zehen vom Boden hochziehe und ihn am vorderen Fuß vorbei vorn wieder auf dem Absatz aufsetze. Anfangs drohe ich bei diesem extrem langsamen Gehen angesichts meiner beginnenden abendlichen Müdigkeit gelegentlich das Gleichgewicht zu verlieren. Umso stärker muss ich mich konzentrieren und dabei auf einen bewusst langsamen Ablauf achten, damit eine umso sicherere Balance bei gleichzeitig solider Bodenhaftung und elastisch gleitender Vorwärtsbewegung zustande kommt, bei der ich wiederum meine Konzentration wachhalten kann.

Wieder auf meinem Platz, konzentriere ich mich auf das Thema, welches ich mir für heute Nacht vorgenommen habe. Ich beginne mit dem neugierigen, explorativen Aufsuchen von Bildern in mir und zuerst noch vagen Suchbewegungen. Irgendwann steigen in mir fragmentarische und nur kurz aufscheinende Bilder auf von den im Nachbarhaus seinerzeit furchtbar leidenden, angstvoll verzweifelten und sich im Schwebezustand zwischen Leben und Tod befindenden Menschen. Diese Bilder tauchen in mir nur vereinzelt wie optische Splitter auf. Dann verschwinden sie wieder so rasch, dass sie mich noch nicht nachhaltig berühren können.

Während dieser ersten explorativen Phase geht es langsam auf Mitternacht zu. Ich horche in der völligen Stille wie durch die Außenmauer der Marienkapelle und des Klostergebäudes hindurch konzentriert auf Signale: Ist hier jemand? … jemand, der mich sieht oder hört … und der bemerkt werden möchte und … der sich auch bereitwillig zeigt, sobald er hört und spürt, dass jemand nach ihm ruft? Als Antwort auf meine Suchrufe sehe ich gelegentlich Schatten in meinem Inneren vorbeihuschen, die ich als hoffnungsvolle Vorboten für einen ersten wirklichen Kontakt werte. Aber auch diese entziehen sich mir rasch, sosehr ich versuche sie festzuhalten. Dazu kommt, dass meine Suche nach ihnen immer wieder gestört wird durch gedankliche Abschweifungen. Es wird wohl noch eine Weile dauern, bis ich in der Lage sein werde, mit diesen Menschen eine engere Verbindung einzugehen. Mit diesem Eingeständnis einher geht das wachsende Gefühl einer quälenden Unruhe, ja einer Angst, die fast noch ganz vor mir liegende lange Nacht in meiner überwiegend meditierenden Sitzhaltung nicht durchzustehen. Zwischendurch frage ich mich sogar, ob das Unterfangen meiner Nachtmeditation nicht vielleicht ganz sinnlos ist und letztlich zu nichts führt.

Es muss gegen Mitternacht sein, dass ich mich erhebe, in den dunklen Andachtsraum begebe und dort in eine der Kirchenbänke zwänge, auf denen ich schon so oft aktiv den Gebetszeiten beigewohnt habe. Dort überfällt mich zu meiner Angst und Unruhe und einem Gefühl des einsamen Ausgeliefertseins auch noch eine bleierne Müdigkeit. Reflexhaft stütze ich mich mit meinen beiden Ellbogen auf die Gesangbuchablage vor mir und bette den Kopf auf meine Arme.

Als ich auf meine Uhr schaue, die jetzt auf kurz nach halb ein Uhr zeigt, wird mir deutlich, dass ich etwa eine knappe halbe Stunde geschlafen haben muss. Rasch erhebe ich mich, winde mich aus der Enge der Kirchenbank heraus und beginne gleich mit meiner nächsten Gehmeditation. Während derselben spüre ich plötzlich überraschend neue Kräfte in mir und eine neue Zuversicht, Festigkeit und Ruhe. Jetzt freue ich mich sogar zum ersten Mal wieder auf die Rückkehr zu meiner Meditationsbank in der Grotte.

Dort vermag ich mich auf Anhieb in eine innere Ruhe zu versenken, bei der ich mich ganz bei mir selbst fühle. Diese Zentrierung auf mich selbst geht jedoch nicht mehr einher mit einem Gefühl des Alleinseins oder gar von Einsamkeit. Vielmehr fühle ich mich jetzt eng verbunden mit meiner Umgebung, welche mir immer deutlicher als grenzenlos weit vorkommt, Nun sehe ich mich als offen auf alles mich Umgebende ausgerichtet, auch auf die verlorenen Seelen, die ich seit Beginn dieser Nacht hier gesucht habe und denen ich jetzt umso mehr Mut machen möchte, mir gegenüber zu erkennen zu geben, ob sie meinen Ruf gehört haben. Die permanenten leisen Rieselgeräusche des Wasserrinnsals entlang der Grotte, die meine vormitternächtliche Unruhe und Ängste eher geschürt hatten, erscheinen mir jetzt in meiner inzwischen grenzenlosen Umgebung wie eng in diese miteingeschlossen und tragen zu meinem neu gewonnenen Gefühl von Ruhe zusätzlich bei.

Jetzt beginnen die bisher nur fragmentarischen und überwiegend voneinander getrennten Bilder von den leidenden, angstvoll verzweifelten und sich im Schwebezustand zwischen Leben und Tod befindenden einzelnen Menschen in kontinuierliche Ganzheiten ineinanderzufließen, die auch nicht mehr so weit von mir getrennt, sondern fast zu einem Teil meiner selbst geworden sind. Das Verschwinden der scharf voneinander unterscheidbaren Einheiten der jetzt in meinem Inneren auftauchenden Bilder bedeutet für mich zugleich auch ein Verschwinden raumzeitlicher Strukturen, die einer ganzheitlich fließenden, raum- und zeitlosen Wirklichkeit Platz machen. In dieser zerteilen sich die verbleibenden sechs Stunden bis zum Morgen nicht mehr in Einzelstunden, die ich ängstlich zählen muss. Sie fühlen sich für mich eher wie eine ausgedehnte Gegenwart an, mit der ich immer tiefer verbunden bin.

Je länger ich in diesen Gedanken, Vorstellungen und Bildern verharre, desto deutlicher spüre ich, dass es für mich trotzdem nicht leicht ist, mit Opfern aus der Vergangenheit zu sprechen. Ich kann heute nicht anders, als über deren Schicksal hinaus auch das große Leid zu sehen, welches Menschen in den Jahrzehnten nach ihnen bis heute weit über Europa hinaus millionenfach zugefügt wurde. Die an die 40 Millionen Opfer Stalins und die sogar 70 Millionen Opfer Mao tse Tungs. Und in diesem Jahrhundert die Toten in Syrien und anderen Ländern des Nahen Ostens oder in Afrika oder Mittel- und Südamerika, ebenfalls Zielscheibe von Mord und Zerstörung durch ähnlich zynische Barbaren wie die Nazis oder Stalinisten oder Maoisten, die Opfer des Regimes im Iran und der Taliban in Afghanistan sowie die unzähligen anderen Gewaltopfer auf allen Kontinenten in der heutigen Zeit. Jetzt, da ich das sehe und fühle und vieles endlich durchschaue, wird mir deutlich, wie sehr auch ich bisher fremdes Leid hingenommen und bequem weggeschaut und es allzu rasch und leichtfertig beiseitegeschoben habe. Ich muss jetzt im Gegenteil „am Ball“ bleiben – auch über die jetzige Nacht hinaus, die nur ein erster Anfang sein soll …

So schwingen in mir einerseits meine Gedanken an sie und ihre von mir gefühlte Gegenwart weiter nach. Andererseits weiß ich, dass ich spätestens vor dem Ende der Nacht wieder ein großes Stück loslassen muss, auch wenn ich möglichst viel von meinen Gedanken, meinem Schmerz, meinen Hoffnungen und meiner Skepsis mir selbst gegenüber in den nächsten Tag mitnehmen werde.

Irgendwann zwischen fünf und sechs Uhr morgens, auch im Bewusstsein, dass bald einer der Mönche den noch dunklen Andachtsraum betreten wird, um für die morgendlichen Laudes die Lichter anzuzünden, merke ich, dass sich etwas ändert. Diese Nacht hat für mich eine solche Fülle an neuen Erfahrungen und einen Blick nach vorn erbracht, dass ich mich jetzt langsam an meinen Grenzen angelangt sehe. Paradoxerweise empfinde ich angesichts der Sättigung mit all den heute Nacht gewonnenen und als „Fülle" empfundenen Eindrücken gleichzeitig auch eine Art „Leerheit des Suchens". Mein Zustand entspricht wohl am ehesten dem, den man landläufig als „ausgepowert" bezeichnet, allerdings nicht im negativen Sinn eines Burnout, sondern erfüllt, dankbar und glücklich. Deshalb fiebere ich jetzt nicht mit Ungeduld und Bangen dem Ende der Nacht entgegen. Mein Gefühl der Zeitlosigkeit wirkt sich im Gegenteil so aus, als würde ich völlig offen dem Ende der Nacht gegenüberstehen, wann dieses Ende auch immer eintritt und was sich danach auch immer ereignen möge.

Bald öffnet sich die zum Klausurbereich der Mönche führende Tür zur Kapelle. Dann höre ich leichte und emsige Schritte und bald ein Klappern und schließlich bemerke ich aus den Augenwinkeln, dass in der Kapelle überall die Lichter angehen. Die bald beginnenden morgendlichen Laudes nehme ich von meinem Platz in der Mariengrotte aus in meinem Zustand jener „erfüllten Leerheit" nur noch am Rande wahr. Die Gesänge und Rezitationen der Mönchsgemeinschaft fließen sozusagen in die Raum- und Zeitlosigkeit meines Befindens ein.

Eine Weile nach dem Ende der Laudes erhebe ich mich langsam und begebe mich, in gefestigter und glücklicher Stimmung und mich geradezu federleicht fühlend, durch die wieder leere Kapelle hinüber in den Frühstücksraum. Ich bin heute besonders froh, dass das Frühstück wie immer schweigend eingenommen wird und mich dann und wann nicht mehr als nur scheu fragende und vielsagende Blicke treffen. Danach begebe ich mich durch die frische Morgenluft in meine Unterkunft, um mich aufs Ohr zu legen und möglichst ein wenig von dem aufgeschobenen Nachtschlaf nachzuholen.

Während ich nun am Sandufer sitzend langsam aus den raum- und zeitlosen Tiefen wieder an die Oberfläche steige, beginne ich schrittweise wieder die einzelnen mit meinen Sinnen erfassbaren Gegebenheiten meiner unmittelbaren Umgebung wahrzunehmen, so als würde ich das vorhin Losgelassene allmählich wieder ergreifen. Anfangs ist es noch die beruhigende Monotonie und Einfachheit des endlosen Rhythmus der anrollenden und sich wieder auflösenden Wellen vor mir. Und allmählich spüre ich, dass es mich in die schillernde Vielfalt kleiner, vergleichsweise nichtigerer Dinge zurücktreibt, die ich sehen und hören, riechen und schmecken kann. Die wilde Frische der Meeresluft und das herbstliche Metallblau der in der Sonne glitzernden Meeresfläche mit den Schaumkronen der weiter draußen sich brechenden großen Wellen und schließlich in der weitesten Ferne die pünktchengroß aus dem Horizont wieder auftauchenden Schiffe. Und schließlich drängt es mich, mich mit den Bewegungen meines Körpers in die bewegte Vielfalt um mich herum einzufügen. Darum erhebe ich mich und beginne am Ufer entlang in Richtung Santa Monica Pier möglichst nahe am Wasser zu gehen. Der Pier gehört ebenfalls zu den vielen im Lauf der Jahrzehnte von mir immer wieder aufgesuchten Tummelplätze meiner frühesten Kindheit. Ich gehe, dort angelangt, wie immer auf seinen breiten Holzplanken vorbei an den vielen Shops, Restaurants und Buden bis an dessen Spitze und lasse mich von der salzigen und jodhaltigen Meeresbrise umwehen.

Danach begebe ich in mich ins Stadtzentrum und esse etwas in meinem koreanischen Lieblingsbistro. Morgen ist mein letzter voller Tag hier in Los Angeles vor meiner Weiterreise. Ich werde noch einigen Verpflichtungen im Thomas Mann House nachkommen. Dann geht es zur nächsten Station auf meiner *Lecture Tour*.

Demokratie als früh einsetzender Lernprozess

Zwei Tage später werde ich am Vormittag von meiner studentischen Betreuerin der California State University, Courtney Yamagiva, abgeholt und fahre mit ihr etwa eine Autostunde nach Long Beach südlich von Los Angeles. Da es bei dem Telefoninterview, das sie vor etwa einem Monat mit mir geführt hatte, ausschließlich um mich gegangen war, bitte ich sie jetzt, mir das Curriculum der Universität und deren Struktur zu erläutern. Und ich möchte von ihr auch die Erwartungen der Studenten an meinen heutigen Besuch erfahren, welcher dicht durchgetaktet zu sein scheint. Vor allem scheinen sehr viele Studenten zu meinem Demokratie-Vortrag am Nachmittag zu kommen. Mich freut besonders die liberale, offene Ausrichtung dieser Universität im Bereich der Geistes- und Gesellschaftswissenschaften und das Interesse und die Aufgeschlossenheit der Studenten sowie der Mitglieder des Lehrkörpers. Ich vermute, dass ich mich dort ähnlich wohl fühlen werde wie in der Benjamin Banneker Academic Highschool an meinem ersten Tag in Washington. Nur dass die hiesige, sehr viel größere Universität in Kalifornien mit mehrheitlich demokratischen Wählern eine sehr viel repräsentativere Keimzelle einer demokratischen Gesellschaft sein dürfte als jene Highschool in der Bundesmetropole. Mir scheint, dass hier eine gute Chance dafür besteht, dass auch Studenten, die ihr Studium nicht mit einer ausgeprägt demokratischen Einstellung begonnen haben, in dieser Hochschule prägende Anregungen in diese Richtung erhalten, so wie andere ihre bereits mitgebrachte demokratische Einstellung vertiefen und festigen können. Ich bin neugierig auf die mich an Ort und Stelle erwartenden Eindrücke. Jeder Tag auf meiner Vortragsreise mit jungen Menschen ist mir gerade in den gesellschaftspolitisch so problembeladenen USA besonders wichtig. Die Begegnungen vor allem in den Küstenregionen wie hier geben mir jedes Mal wieder neue Hoffnung und neuen Mut.

In Long Beach angelangt, fahren wir auf dem Weg zum Campus der Universität kurz am Hafen vorbei. Dort macht mich Courtney darauf aufmerksam, dass der dort vor Anker liegende, hohe und dickbäuchige Vorkriegsdampfer der berühmte ehemalige britische Transatlantikliner RMS Queen Mary ist, welcher bis kurz vor Ausbruch des Zweiten Weltkriegs Zehntausende von Passagieren, darunter viele Emigranten, von Europa in die rettende USA hinübergeschifft hatte. Inzwischen in US-amerikanischem Besitz, dient das Schiff heute als schwimmendes Hotel sowie als Museum und Tagungszentrum.

Auf dem Campus angelangt, werde ich gleich in einen Seminarraum geführt, in dem 20 bis 30 Studenten und der Seminarleiter, Dr. Jeffrey High, auf mich warten. Der *Program Director and Graduate Advisor* für das Fach Deutsche Sprache und Literatur ist heute mein hauptsächlicher Gastgeber und Betreuer. Schon beim Betreten des Raums merke ich, dass seine Studenten ihm großen Respekt zollen. Er bittet mich nach kurzer Begrüßung, zuerst irgendwo in den vordersten Reihen Platz zu nehmen, weil er mir vor dem Gespräch zwischen den Studenten und mir das Thema seines Seminars wenigstens andeutungsweise vorstellen will. Dann begibt er sich nach vorn zu einer Pinnwand, auf der untereinander zwei kurze alternative Sätze formuliert stehen. Der eine lautet sinngemäß: „Das Wichtigste für Friedrich Schiller war die Freiheit." Und der andere darunter: „Das Wichtigste für Friedrich Schiller war das Glück."

„Welcher der beiden Sätze stimmt?", fragt Jeff trocken in die Runde. Die von den Seminarteilnehmern ohne lange zu überlegen gegebene Antwort lautet: ‚das Glück'. Denn für Schiller ist, wie sie wiederzugeben wissen, Freiheit nie eine abstrakte Idee gewesen im Sinn der nach seiner Auffassung misslungenen französischen Revolution. Zur Freiheit gelangen wir immer nur über das Schöne und Humane bzw. über die ästhetische Erziehung und damit auch über das Glück. Freiheit und Glück liegen nah beieinander. Aber der Angelpunkt ist das Glück und nicht die Freiheit. Was ich daraus schließe und in Jeffs nachfolgenden Erläuterungen bestätigt sehe, ist, dass es ihm (und vielleicht auch anderen seiner amerikanischen Kollegen) um eine so ausgeprägt politische Schiller-Exegese geht, wie ich dies bisher in der europäischen, zumindest deutschen, mehr ästhetisch orientierten Schiller-Forschung noch nicht kennengelernt habe.

Bald erteilt mir Jeff das Wort und stellt mich mit einer kurzen Skizzierung meines biographischen Hintergrunds vor. Und wenn es schon in erster Linie um Glück gehen soll und weniger um Freiheit, dann glaubt er mir als Erstes die Frage stellen zu müssen, ob ich mich denn in der Lage sähe, seinen hier anwesenden Studenten Mut zur Demokratie zu machen und sie dazu zu motivieren, überzeugt für den Bestand unserer Demokratie zu kämpfen. Dies wiederum zeigt mir wieder, dass nach amerikanischem Verständnis Politik nicht unter primär ideologischem, sondern unter praktisch psychologischem Gesichtspunkt gesehen wird.

Nach dieser geschickten Vorbahnung fällt es mir umso leichter, den Studenten zu empfehlen, sich auf die humane Idee und in diesem Sinn das *Glück* einzulassen, sich voller Zuversicht und Mut für eine so zentrale Aufgabe wie die Verteidigung und Festigung der Demokratie und das dialogische Miteinander einzusetzen. Wie von selbst ergeben sich aus diesem Gesprächseinstieg gleich mehrere Fragen von studentischer Seite. Daraus wieder entwickelt sich eine Kette von Antworten und weiteren Fragen, die alle in die gleiche Richtung gehen und mir das deutliche Gefühl vermitteln, dass wir uns alle wenigstens einig sind über das *Dass* der Demokratie. Was jedoch die vielen noch offenbleibenden Fragen nach dem *Wie* dieser Demokratie betrifft, so vertröste ich meine Gesprächspartner auf meinen Vortrag am Nachmittag.

Das schöne, lebendige und einvernehmliche Gespräch muss aus Zeitgründen abgebrochen werden, weil Lunchtime ist und wir uns gemeinsam in die Cafeteria im Erdgeschoss begeben. Nach den auf meiner bisherigen Vortragsreise fast ausschließlich in Restaurants oder in vornehm gehaltenen akademischen Speiseräumen eingenommenen Mahlzeiten freue ich mich sehr darüber, hier an der California State University einen hygienisch einwandfreien und doch betont *einfachen* Kantinenbetrieb kennenzulernen, so wie er mir auch von früher aus Cafeterias in den USA vertraut ist. Entsprechend dem bereits angeführten Merkmal des kommunikativen Miteinanders der Amerikaner im unpolitisch „kleinen" Alltäglichen (vgl. S. 123 f.) erlebe ich auch im Lunchbetrieb dieser Kantine stärker als in Europa über alle sozialen Unterschiede hinweg (hier zwischen Lehrern und Schülern) eine selbstverständliche, entspannte Zusammengehörigkeit aller hier Anwesenden, die auch nur Ansätze einer steifen, die Menschen voneinander abgrenzenden Atmosphäre erst gar nicht aufkommen lässt.

Wir setzen uns an einen der vielen kleinen Tische, es wird gemeinsam gegessen und geredet. Ich bin erleichtert, dass keiner am Tisch, so wie ich es aus Deutschland kenne, meine Lehrerrolle von vorhin im Seminar festschreibt, weder verbal mit an mich gelehrig gerichteten Fragen oder auch nur mit scheu respektvollen und Distanz schaffenden Blicken. Für mich fühlt es sich gut an, jetzt einer unter vielen zu sein. Keiner um mich herum nimmt Bezug auf den eben noch in der Seminarstunde behandelten oder auf einen anderen Unterrichtsstoff. Die Kommunikation beschränkt sich ganz auf einen Smalltalk, weder dumm, flach und langweilig noch irgendwie hochtrabend. Niemand erwartet, dass ich mich irgendwie einbringe. Meine Rolle von vorhin im Seminar ruht. Dadurch fühle ich mich frei und ohne Druck. Und obwohl ich nichts sage, fühle ich mich keineswegs ausgeschlossen. Die Blicke, die mir begegnen, sind nonchalant freundlich. Ich gehöre einfach dazu.

Da ist zum einen hier am Tisch diese hierarchieferne „Gleichberechtigung", die mir so gut tut. Ich erblicke in ihr wieder ein Zeichen für die im sozialen Mikrokosmos immer noch ungebrochene landestypische Verständigung auf Augenhöhe als Zeichen einer demokratischen Grundhaltung. Aber da schwingt noch etwas anderes mit. Eine Mittags- oder Lunchpause wird hierzulande auch einfach ganz im Sinn des ebenfalls landestypischen nüchternen Pragmatismus als Lunchpause und nichts anderes eingehalten. Ist die letzte Seminarstunde am Vormittag zu Ende, wird von den Studierenden so wie vermutlich auch von Beschäftigten in Arbeitsbetrieben automatisch auf Mittagspause „umgeschaltet". Die Thematik der beendeten Seminarstunde wird ausgeblendet und schon gar nicht wird am Tisch leidenschaftlich oder gar dogmatisch-rechthaberisch weiter debattiert. Die jetzt liegen gelassenen Themen mögen dann nach dem nächsten „Umschalten" auf Lehrbetrieb wieder aufgegriffen werden. Und genau Letzteres spüre ich auch nach dem Ende des Lunchs, als wir alle die Cafeteria verlassen und uns in den großen Hörsaal begeben, in dem ich meinen Vortrag halten soll. Die Gesichter der Studenten wirken wieder leicht angespannt und förmlich. Jetzt ist der Vortrag dran. Und ich befinde mich wieder in der Rolle des Lehrenden.

Der Vortrag findet in einer geräumigen und kleinfenstrigen, ziemlich dunklen Halle statt, in der an die 90 oder 100 Studenten auch aus anderen Fakultäten und noch einige Highschool-Absolventen von auswärts zusammenströmen. Dass die Aufmerksamkeit gerade hier so groß ist wie bisher kaum auf meiner Vortragsreise, liegt nach meiner Überzeugung am Geist dieser Universität oder vielleicht auch daran, dass das Charisma von Jeff High in die anderen Departments ausstrahlt. Einen Bezug zu Thomas Manns Verständnis von Demokratie im hiesigen Fach Deutsche Sprache konnte ich bisher noch nicht recht erkennen. Mag sein, dass der Grund für diese Zurückhaltung gerade hier in einer gewissen Scheu gegenüber meiner familiären Herkunft liegt. Mein Vortrag beginnt auch mit einer kurzen Zusammenfassung meiner biographischen und persönlichen Beziehung zu Thomas Manns Verständnis von Demokratie als wichtigem Hintergrund für meine heutige Auffassung.

Mit besonderem Interesse wird meine Darlegung der sehr unterschiedlichen Geschichte der Demokratie auf dem amerikanischen und auf dem europäischen Kontinent aufgenommen. Und da, wo diese Unterschiede mit Händen zu greifen sind, erscheint den Hörern umso mehr die Notwendigkeit des *Dialogs* als Verständigungsmaßnahme zwischen den beiden so unterschiedlichen Kontinenten einzuleuchten. Natürlich erst recht, wenn die Schwächung und die akute Gefährdung der für den heutigen Menschen auf Dauer einzig angemessenen und doch brüchigen Lebensform der Demokratie auf beiden Kontinenten schmerzhaft in die Augen sticht. Alle, die hierzulande seit bald drei Jahren bekümmert miterleben müssen, wie auf der Bundesebene der Vereinigten Staaten die große Tradition US-amerikanischer Demokratie wegen der egoistischen Interessen einer Clique so lange verächtlich mit Füßen getreten wird, bis jeder vernünftige Dialog vollends zu ersticken droht, werden sich dazu aufgerüttelt fühlen müssen, sich mit einem offenen Dialog der sich ins Unerträgliche zuspitzenden Polarisierung im ganzen Land entgegenzusetzen. Und sie dürften dann auch umso mehr für einen engen, vernetzten Zusammenschluss aller zugunsten eines verantwortungsbewussten und demokratischen Miteinanders einstehen. Solche Gedanken meine ich auch aus den Gesichtern der bewegt Zuhörenden und deren zustimmendem Nicken herauszulesen.

Die größte Aufmerksamkeit erregen schließlich meine Ausführungen über den auf die ältesten insbesondere fernöstlichen klösterlichen Traditionen zurückgehenden interreligiös-monastischen Erfahrungsdialog (siehe S. 63), auf dessen Grundprinzipien jeder partnerzentrierte Dialog aufbaut, mit dessen Hilfe schrittweise Annäherungen zwischen Konfliktpartnern bei der Behandlung von politischen, wirtschaftlichen und ökologischen Fragen im säkularen Lebensbereich versucht werden. Dabei beziehe ich mich im Vortrag auf das für mich zentral wichtige religionsphilosophisch grundlegende Dialogkonzept von Martin Buber sowie des Kulturwissenschaftlers Vilém Flusser, dessen Gedankenwelt mir in Washingtons Library of Congress der Leiter des dortigen Goethe-Instituts, Andreas Ströhl, nahegebracht hatte. Und mir ist es dabei auch wichtig, die spirituelle Übungspraxis der heutigen mir bekannten Klöster wie des Europaklosters und der religionsübergreifend „neutralen" Institution „Weltkloster" zu nennen, welches jenen Erfahrungsdialog über eine enge Kooperation mit mehreren, sich zu einem Netzwerk zusammenschließenden Klöstern und auch nichtchristlichen Institutionen überall mit eingeführt hat.

Die erste öffentliche Frage einer Studentin im Anschluss an den Vortrag zeigt mir, dass die hier versammelten Teilnehmer zugehört und verstanden haben. Ich höre es nicht nur aus den Worten der Fragenden, sondern auch aus dem Klang ihrer Stimme und aus den Blicken der anderen. „Wie kann man denn diesen spirituell fundierten, partnerschaftlichen Dialog lernen?", fragt sie mich.

Gleich stelle ich klar, dass es sich bei diesem Dialog trotz der Beachtung gewisser psychologisch kommunikativer Grundregeln und der Möglichkeit eines Trainings, etwa in klientenzentrierter Gesprächsführung, nicht um eine zu trainierende Gesprächstechnik handelt, sondern um eine sich durch Übungspraxis festigende *innere Haltung.* Diese besteht, wie ich auch hier nicht müde werde zu betonen, zuerst in einem *Innehalten*, einem *stillen in-*

neren Zurücktreten und einer *kontemplativen Versenkung* in sich selbst und in die Welt seines eigenen *Wertesystems*. Dort sucht der Betreffende, anfangs noch tastend in meditativ-kontemplativer Haltung, einen Zugang zu seiner in der Tiefe verwurzelten, zuerst noch eher fragmentarisch fassbaren, religiösen oder auch nichtreligiösen, werteorientierten Grundüberzeugung bezüglich der gesprächsweise anstehenden Frage. In dem Maße wie während der Selbstreflexion oder auch während des Dialogs die wertorientierte Grundüberzeugung des Betreffenden Gestalt annimmt und sich in kommunizierbare Kategorien fassen lässt, desto tiefer und schärfer kann er weiter seine Überzeugung so lange reflektieren und überprüfen, bis er sie auch nach außen hin verständlich und überzeugend zu artikulieren und sie in die Ganzheit seines Wertesystems und seiner *Identität* zu integrieren vermag. Dies erscheint mir ein bisschen ähnlich der Vorstellung der *Gestaltpsychologie* bzw. *Gestalttherapie* zu sein, wonach ich aus meinem Ich abgespaltene und zusammenhanglose mentale Einzelelemente (Gedanken, Gefühle, Vorstellungen) wieder greifbar und erfassbar mache und in die Gesamtgestalt oder Gesamtidentität meines Ichs reintegriere. Dabei habe ich es bisher immer so verstanden, dass besagte Gestaltpsychologie und Gestalttherapie letztlich auch gewisse Wurzeln in der ganzheitlichen Orientierung der religionsübergreifend spirituellen Traditionen haben.

„Und was hat diese Selbstbespieglung mit Dialog zu tun?", lässt die Fragende nicht locker. Das Eintauchen in das eigene tief verwurzelte Selbst ist nur der erste Schritt zum Dialog, entgegne ich. Denn wir wissen aus der jahrtausendealten Erfahrung meditierender Mönche und Nonnen, dass ich – scheinbar paradox – ich mich in dem Maße, in dem ich mich durch meinen Rückzug in mein Inneres gefunden habe und bei mir selbst bin, mich von meiner neu gewonnenen Selbstgewissheit im Schutz meiner sicheren, eigenen inneren „Behausung" umso freier nach außen hin öffnen kann, sogar mit dem Wunsch, meinem Gegenüber *zuzuhören* und dessen Welt *wahrzunehmen* und diese schließlich zu akzeptieren und wertzuschätzen oder zumindest stehen zu lassen, statt den anderen lautstark zu „widerlegen". Das heißt, meine Öffnung in einen sich wie in immer größeren Kreisen bis ins Unendliche erweiternden Raum geht umso leichter über einen mich vorher sozusagen einkreisenden Rückzug in mich selbst. Dieser innere Prozess in die zwei Richtungen – zuerst in mich hinein und dann wieder aus mir hinaus in größere Weiten – ist die eigentliche Basis des partnerzentrierten Dialogs. Die Umsetzung dieser Basishaltung in einen sprachlichen Dialog, die Fähigkeit zur Selbstexploration und zu einem empathischen Verstehen der Welt des anderen ergibt sich dann nach und nach wie von selbst. Und natürlich verläuft der für den Dialog grundlegende kontemplative Prozess zeitlich nicht nur *vor* Beginn des Dialogs. Er setzt sich auch *im Lauf des partnerzentrierten Dialogs* ständig weiter fort und bereichert immer wieder von Neuem das verbale dialogische Miteinander.

„Diesen verschlungenen Prozess im Alleingang zu leisten kommt mir sehr anstrengend vor", bohrt die Fragende weiter nach. „Ich fürchte, dass ich mich auf diesem weiten Weg zum kompetenten partnerzentrierten Dialog überfordert fühlen und vermutlich irgendwo verlieren würde."

Dem wiederum halte ich entgegen, dass gerade die Mönche und Nonnen, die die spirituellen Voraussetzungen für den interreligiösen Erfahrungsdialog mitbringen, nur allzu gut wissen, dass kein Mensch die Festigung dieser „Haltung" als Grundlage für den partnerzentrierten Dialog allein für sich leisten kann. Geht es doch schließlich um einen Dialog. Gewiss muss jeder die Grundhaltung dafür auch im Stillen für sich erarbeiten. Aber alle Geistlichen aus den verschiedensten Religionen sind sich darüber einig, dass jeder Mensch zugleich Anstöße und Korrekturen von außen benötigt. Dazu gehört zum einen die spirituelle Übungspraxis unter Anleitung eines Lehrers, beispielsweise über Achtsamkeitsübungen (*mindfulness*) oder mithilfe anderer unterstützender Verfahren wie z. B. gewisser Formen des Yogas. Das A und O aber ist immer die Begleitung durch einen geistlichen Lehrer.

Es ist leicht zu ersehen, dass dieser Prozess viel Zeit benötigt. Für den eigentlichen spirituellen Erfahrungsdialog zwischen Geistlichen verschiedener Religionen gilt dies in besonderer Weise. Aber für unsere Belange einer Friedensarbeit und für Versuche politischer Konfliktlösung, Selbstfindung und Empathie im säkularen Bereich ist jeder Anfang eines partnerzentrierten Dialogs schon viel wert. Wer deswegen auch nur einmal

Kontakt mit einem dialogisch ausgerichteten Geistlichen gleich welcher Religionszugehörigkeit aufnimmt, befindet sich bereits auf einem guten Weg. Es ist natürlich eine Frage des Anspruchs an mich selbst, wie weit ich mich auf den Prozess der inneren Selbstfindung einlassen und was ich erreichen will. Wir sind nicht alle so begnadete Politiker wie der israelische Ministerpräsident David Ben-Gurion. Aber grundsätzlich ist die Fähigkeit, diesen Weg eine Strecke weit zu gehen und dafür Hilfe bei kompetenten Menschen zu suchen, uns allen bis zu einem gewissen Grad gegeben. In diesem Sinn ist der partnerzentrierte Dialog keine Zauberei, sondern ein grundsätzlich allen Menschen mitgegebenes Mittel der Verständigung mit sich selbst und mit ihren Mitmenschen. Wir können von den klösterlichen Traditionen so unschätzbar viel lernen, ohne selber zu einer geistlichen Gemeinschaft zu gehören. Das ist auch ein Grund für mich, an das grundsätzliche Streben des Menschen durch alle Katastrophen, Wirrnisse und Geistesvergiftungen hindurch doch letztlich zum Guten hin zu glauben. Dieses Bekenntnis meinerseits ist gleichzeitig das Ende der heutigen Vortragsveranstaltung.

In der Vortragshalle hat sich im Lauf der vergangenen Stunde ein so inspiriert-angeregtes Zusammengehörigkeitsgefühl ausgebreitet, dass eine andere Studentin Sekunden nach dem Ende der Veranstaltung eine Kamera zückt, nach vorne rennt und laut um ein Foto von uns allen zusammen bittet. Dieser wunderbar gelungene Schnappschuss steht inzwischen auf meiner Homepage. Dazu kommt dann bald noch ein weiteres Foto im Freien auf dem Campus mit acht zusammengewürfelten Studenten um mich herum an eine Mauer gelehnt, genauso fröhlich entspannt.

Ich bin am Ende dieses Tages besonders glücklich darüber, den Studierenden und Lehrern dieser inspirierenden Universität den Facettenreichtum des partnerzentrierten Dialogs nahegebracht zu haben: die philosophischen und kommunikationswissenschaftlichen Grundlagen, konkretisierende fachpsychologische Erkenntnisse und Praxis und vor allem, als gemeinschaftsstiftende Kraft, den in den kontemplativen Ur-Traditionen beheimateten spirituellen Kern des zwischenmenschlichen Dialogs.

Kurz vor Sonnenuntergang werde ich mit dem Auto zum Flugplatz gebracht. Nach einer wegen eines plötzlichen Brandes abgesagten Vortragsveranstaltung in Berkeley geht es weiter nach San Francisco. Dort statte ich einen Besuch in einer deutschen Highschool ab und führe im Goethe Institut eine Lesung durch. Ansonsten nutze ich die Zeit auch dafür, die vielen schon seit meiner Kindheit über Jahrzehnte unzählige Male abgeschrittenen Straßen und Plätze in Down Town, an Fisherman's Wharf und am Ocean Beach hinter dem Golden Gate Park bis hin zum nördlich davon gelegenen Cliff House an der Landspitze über den Klippen nochmals wie ein vergangenes Lebenssubstrat in vollen Zügen in mich aufzunehmen. So als wollte ich mich kräftemäßig für die jetzt noch folgende letzte US-amerikanische Station meiner *Lecture Tour* im Dartmouth College in New Hampshire an der Ostküste wappnen – vor meiner Weiterreise nach Kanada und von dort aus zurück nach Deutschland.

Von San Francisco bringt mich ein anstrengender Nachtflug zuerst nach Boston. Dort steige ich morgens etwas gerädert um in eine zweimotorige Cessna-Propellermaschine mit noch zwei weiteren Passagieren. Mit dieser schaukeln wir etwa anderthalb Stunden lang nur wenige hundert Meter über dem hügeligen und seenreichen Waldgebiet von New Hampshire und Vermont mit der legendären orangeroten Laubverfärbung während des „Indian Summer" bis zur Landung auf dem Lebanon Regional Airport. Dort empfängt mich Steve Swayne, der afroamerikanische Leiter des Musikdepartments und Direktor des *Montgomery Fellowship Program* im Dartmouth College in dem benachbarten, 15 Autominuten entfernten Hanover. Er bringt mich in meine dortige Unterkunft, in der ich durchgehend zehn Tage als Fellow des Colleges bleiben werde, zusammen mit meiner Frau Christine, die noch am selben Tag aus einer ganz anderen Richtung hier eintreffen wird.

Trügerische Idylle?

Eine neuenglische Enklave für Dialog und Weltoffenheit

Das Dartmouth College ist eines der ältesten Colleges in den USA. Es wurde 1769, wenige Jahre vor dem amerikanischen Unabhängigkeitskrieg unter der britischen Krone Georges III. von einem protestantischen Geistlichen und einem Arzt gegründet und nach dem Earl von Dartmouth William Legge benannt, der dieses Projekt wesentlich förderte. Als primäre Aufgabe des Colleges galt anfangs die Bildung der Jugend indianischer Stämme und der britischen Jugend der weißen Siedler. Die heute auf 40 Institute angewachsene private und hochdotierte Elite-Universität Dartmouth mit ihren über 6000 Studierenden unterschiedlichster ethnisch-kultureller Herkunft aus allen Teilen der USA und der Welt und aus allen möglichen Fachgebieten befindet sich nicht wie üblich auf einem in sich geschlossenen Campus. Die Studierenden, Lehrenden und Angestellten bilden auch heute noch eine enge strukturelle Einheit mit dem 11.000 Einwohner umfassenden Städtchen Hanover, in dem sie in Häusern leben und damit zumindest wohnlich weitgehend in das öffentliche Leben der Stadt integriert sind. Vermittelt wird den mehrheitlich sich noch in der Suchphase befindenden Undergraduates ein breites, über jedes Fachwissen hinausgehendes philosophisch-ethisches und politisches Bewusstsein. Auch hier bestätigte sich wieder der Eindruck, dass im Vergleich zu Deutschland zwischen Lehrenden und Lernenden eine sehr viel persönlichere und lebendigere Interaktion auf Augenhöhe besteht. Die Studierenden werden während ihres Unterrichts von ihren Lehrern systematisch dazu ermutigt, sich möglichst häufig aktiv und kritisch einzubringen.

Was für ein Unterschied zwischen den Universitäten, Colleges und Highschools mitten im pulsierenden Leben der auf meiner bisherigen Tour besuchten Großstädte und der Beschaulichkeit des akademischen Betriebs im Dartmouth College! Die neuenglische ländliche Idylle des Städtchens und seiner weit sich erstreckenden, waldig-hügeligen Umgebung hat, trotz unseres dichten Stundenplans, auch etwas entspannend Erholsames an sich. Manchmal sogar im Stundentakt aufeinander folgen für meine Frau Christine und mich Unterrichtshospitationen, Gespräche in Studentenseminaren, Lunch- und Dinner-Talks über unsere Hauptthemen Demokratie, Dialog und Naturphilosophie sowie eigene Vorträge, Lesungen oder sogar unsere aktive Mitwirkung in bestimmten Unterrichtsstunden.

Als Montgomery-Fellows wurden Christine und ich sozusagen im Doppelpack zur Feier des 250-jährigen College-Jubiläums für zehn Tage eingeladen. Untergebracht sind wir wie in einem goldenen Käfig im schlossartig mehrstöckigen Montgomery House mit labyrinthartigem Treppenhaus, einer Flucht von Gemächern und Badezimmern und einem stets mit Köstlichkeiten gefüllten Kühlschrank in der komplett eingerichteten Küche – alles ausschließlich zu unserer eigenen Verfügung.

Die erste Erfahrung ist meine Hospitation im Deutschunterricht bei einem auf Anhieb überzeugenden, aus Deutschland stammenden jungen Lehrer, dem wir das Buch „Selbsterfahrung durch Kunst. Methodik für die kreative Gruppenarbeit mit Literatur, Malerei und Musik“[37] mitgebracht hatten und der sich rasch daran interessiert zeigte, das dort dargelegte Konzept in einem seiner Undergraduate-Seminare anzuwenden. Die Methodik dieses „kreative Rezeption“ genannten Verfahrens besteht darin, beim Einzelnen sowie über gegenseitigen Austausch in der Gruppe einen möglichst intensiven, erlebnisorientierten und persönlichen Zugang zu einem bestimmten ausgewählten Kunstwerk zu schaffen. Gleichzeitig soll diese Art von Zugang zum Kunstwerk beim Rezipierenden auch Selbsterfahrungsprozesse in Gang setzen. Am geeignetsten als Medium für diese Art von Kunst- und Selbsterfahrung sind im literarischen Bereich kurze Prosatexte oder Gedichte usw. mit möglichst vielen „Leerstellen“, in denen möglichst wenig Deutungsinhalte festgelegt erscheinen und die viel Raum lassen für ein breites Spektrum an frei, spontan und kreativ assoziierbaren möglichen Interpretationen, Imaginationen oder auch Spiegelungen eigener subjektiver Befindlichkeit. Als besonders geeignet gelten dafür geheimnisvollsymbolhaltige oder von Entfremdung handelnde Texte. Unser aufgeschlossener und zunehmend Feuer fangender junger Lehrer hat Kafkas berühmte kurze Parabel „Heimkehr" für sein didaktisches Experiment mit seinen Studenten ausgesucht, nachdem er in der Nacht zuvor unser Buch durchstudiert hatte.

Ich sitze nun gespannt in dem kleinen Seminarraum mit etwa zehn Undergraduate-Studenten. Der Lehrer führt seine Gruppe so animiert und geschickt in das Konzept und in dessen einzelne Schritte ein, dass er seine Schüler rasch mitreißt und diese lebendig mitgehen. Sie bringen nach dem lauten Verlesen des Textes ihre Assoziationen und Einfälle zu Papier und tauschen dann gegenseitig ihre Aufzeichnungen aus: innere Monologe, Gedankensplitter, kurze Szenen, Stellungnahmen usw. – ein buntes Kaleidoskop an improvisiert formulierten Reaktionen auf den betreffenden Text. Wie sich dann anschließend anhand der teilweise sehr ins Emotionale gehenden Gespräche zeigt, hat der in der Gruppe nach außen getragene Erlebnis- und Reflexionsprozess der einzelnen Rezipierenden anscheinend bei diesen etwas in Bewegung gesetzt, worüber sich besonders auch der Lehrer freut. Und mir in meiner Beobachterrolle wird bei der Anwendung dieses Kunst- und gleichzeitig Selbsterfahrungskonzepts deutlich, dass dieses ebenfalls eine besonders geeignete kultur- *und* dialogfördernde Maßnahme sein kann, die der Selbstfindung und dem zwischenmenschlichen Miteinander ähnlich dient wie ein möglichst breit und flexibel angewandter und vertiefter partnerzentrierter Dialog. Diese Koinzidenz sehr unterschiedlicher Konzepte verschiedenster Herkunft zu einem breiten gemeinsamen Nenner und zu letztlich ähnlichen praktischen Ergebnissen motiviert mich natürlich erst recht, einige Tage später auch hier in diesem College meinen Vortrag „Democracy will win" mit dem partnerzentrierten Dialog als dessen Herzstück zu halten.

Zwei weitere Unterrichtsbesuche, beide im Fach Physik, haben ebenfalls ihre Vorgeschichte. Einer der Gründe für unsere Einladung in das Dartmouth College ist unser gemeinsames Buch „Es werde Licht"[38], von dem es noch keine englische Übersetzung gibt. Deshalb sind wir zu einem gemeinsamen Kolloquium gebeten worden, um es dort vorzustellen.

Die interessantesten und ergiebigsten Erfahrungen während unseres Fellowships in Dartmouth bleiben die etwas formloseren Lunch- und Dinnergespräche mit wechselnden Studenten in verschiedenen Studentenhäusern der Stadt.

Das erste Gespräch kreist größtenteils um das Thema Demokratie, worauf die Fragen der Studenten hauptsächlich zielen und wozu sie sich von uns beiden Antworten aus unserer europäischen Perspektive erhoffen. Wir merken rasch, dass sich viele der Studenten stark von Ängsten bezüglich der Weltsituation, insbesondere der Schieflage ihres eigenen, tief gespaltenen Landes umgetrieben fühlen. Da diese Angst und Verunsicherung immer deutlicher in der resigniert geäußerten Befürchtung gipfelt, die Epoche der Demokratie vor allem in den USA, möglicherweise auch auf der ganzen Welt, sei jetzt wohl an ihrem Ende angelangt, fühle ich mich dazu gedrängt, auf diese mehr als fragwürdige Behauptung einzugehen.

Ich stelle die Gegenbehauptung auf, dass Demokratie sich unmöglich schon am Ende befinden könne, wenn sie bisher sowohl auf dem europäischen als auch auf dem amerikanischen Kontinent noch nicht wirklich nachhaltig über ihre Anfänge hinausgekommen sei. In der Epoche der Aufklärung, so erläutere ich weiter, hätten die Menschen erst einmal nur *Konzepte von Demokratien* entwickelt und seitdem hätte es auch immer wieder mehr oder weniger erfolgreiche Ansätze zur praktischen Umsetzung gegeben. Besonders die beiden ältesten großen Demokratien in England und Amerika zeigten in ihrer Geschichte einen immer noch höchst fragmentarischen und nur sehr langsam und zeitgebunden weiterentwickelten und deshalb immer wieder reformbedürftigen Entwurf einer demokratischen Verfassung. Entsprechend achterbahnartig verlaufen sei auch die Geschichte der amerikanischen Demokratie mit oft extrem unterschiedlichen Führungspersönlichkeiten und extremen Höhen und Tiefen. Und gerade in den letzten Jahren und Jahrzehnten liefe in beiden Ländern in eskalierender Weise so viel Widersinniges ab, das dem ursprünglichen Demokratiekonzept ihrer Begründer erheblichen Abbruch tue. Auf diese Weise werde immer und immer wieder deutlich: Demokratie stagniert und gerät bedenklich ins Stocken, wenn sie sich nicht immer wieder erneuert und weiterentwickelt. Aber wenn sie sich auch noch so tief in der

Talsohle befände wie gerade jetzt in den USA, könne sie jederzeit auch wieder ins Laufen gebracht werden, wenn die Menschen eine entsprechend kreative Intelligenz, Mut und guten Willen aufbrächten, so wie dies die Gründerväter und zwischendurch auch immer wieder bewundernswerte Staatsmänner in den beiden angelsächsischen Demokratien getan hätten.

An dieser Stelle meint einer der Studenten, dass die Schweizer Demokratie doch noch viel älter sei als die englische und amerikanische und offenbar immer noch erstaunlich intakt. Aber es sei doch kaum anzunehmen, dass ein kleines Land wie die Schweiz ein leuchtendes Beispiel für eine zukünftige Weltdemokratie sein könne und auch unsere schwächelnden europäischen und amerikanischen Demokratien retten könne.

Die Schweiz sei in der Geschichte Europas sicher ein Sonderfall, entgegne ich. So wie auch Frankreich und Skandinavien eine etwas andere Entwicklung genommen haben als das übrige europäische Festland. Denn auf dem europäischen Festland sei die demokratische Ordnung heute kaum mehr als 100 Jahre jung und damit noch viel weniger erprobt und langfristig weniger sicher als die amerikanische Demokratie. Anders als das Einwandererland Amerika, welches von Grund auf neu beginnen konnte, musste Europa auf der jahrtausendealten, ideologisch und psychologisch resistenten Hypothek eines hierarchischen Feudal- und Ständesystems mit Kaisern, Königen und Fürsten aufbauen. Und der mühsame Wechsel zu einer wirklichen „Herrschaft des Volkes" im frühen 20. Jahrhundert erforderte das Riesenopfer von zwei Weltkriegen mit zusammen an die 70 Millionen Toten, Terrordiktaturen, Fremdherrschaft und millionenfachen staatlich angeordneten Massenmorden. Die jetzige westdeutsche Demokratie sei erst vor 70 Jahren mit damals starker US-amerikanischer Hilfe auf den Trümmern des „Dritten Reiches" aufgebaut worden und habe in vielen kleinen Schritten und mit relativ wenigen Hindernissen und wenigen Umwegen über Jahrzehnte im inzwischen wiedervereinten Deutschland ihre heutige, gewiss noch ausbaufähige Stabilität errungen, trotz unserer heute wieder berechtigten Angst vor der Keule weltweit neuer, aber ewig gestriger, geistig rückständiger rassistischer Hass- und Hetzumtriebe auch in Deutschland.

An dieser Stelle greift der Moderator Steve Swayne mit einer überaus vorsichtigen, aber für Amerika bemerkenswerten Andeutung in meine Erläuterungen ein. Er sagt, dass wir in unserer Demokratie-Kritik nicht einseitig mit den Fingern auf Europa und insbesondere Deutschland zeigen sollten. Denn auch Amerika habe angesichts seiner eigenen, auch der frühesten Vergangenheit keinen Grund, sich hoch aufs Ross zu setzen … Die Einwanderer und Pioniere, tapfere „men and boys", fromme und raubeinige Pilgerväter, hätten sich, keine Frage, durch die Wildnis und gegen die Widerstände seitens der Eingeborenen oft heldenhaft durchgeschlagen. Aber es gebe da noch etwas anderes … Schreckliches … die ganzen frühen Jahrhunderte hindurch … Und dazu macht er eine uneindeutige Handbewegung, so als würde er damit auch irgendwie auf sich selbst zeigen wollen.

„Ach so", versuche ich für ihn einzuspringen mit dem, was er, vermutlich auch wegen seiner schwarzen Hautfarbe, nicht laut zu sagen gewagt hatte. „Sie meinen wahrscheinlich die millionenfachen Massaker an den indianischen Ureinwohnern und die ebenfalls zahlenmäßig kaum mehr erfassbare Versklavung der Afrikaner? Wahrlich keine glorreiche Geschichte."

Mir ist völlig bewusst, dass ich mir mit dieser Bloßstellung der hiesigen Nation keine besonderen Freunde mache. Denn ich weiß, dass die Menschen in den USA, wenn es um das Grundsätzliche geht, Kritik rasch persönlich nehmen und verletzt reagieren und deshalb auch vorsorglich zu Tabuisierungen neigen. Aber gerade weil ich selbst Amerikaner bin, gestehe ich mir hier meinen sehr direkten Völkermord-Hinweis zu.

Steve nickt mir auf meine ihn offenbar überraschende Bemerkung hin etwas unsicher und verlegen zu und bekennt damit, dass er sich von mir verstanden fühlt, trotz seiner Angst, sich allein schon mit seiner Andeutung vielleicht doch etwas zu weit vorgewagt zu haben.

„Doch doch", bekräftige ich. Amerika habe schon ganz am Anfang zwei Gesichter gezeigt, und diese seien auch heute noch kennzeichnend. Lincoln, Roosevelt, Martin Luther King etwa auf der einen Seite, Sklaverei und Rassismus, die Kriegsverbrechen in Vietnam, George W. Bush und, noch viel schlimmer, der *Fake President* auf der anderen. Diese beiden Gesichter hielten sich, so sage ich, im Auf und Ab der amerikanischen Geschichte in etwa die Waage.

„Kaum 80 Jahre nach der Ratifizierung unserer Verfassung hat doch schon der Bürgerkrieg zwischen den Nord- und den Südstaaten unser Land überzogen", wirft einer der Studenten ein. „So ist es. Dieser Bürgerkrieg endete 1865 mit dem Sieg der Nordstaaten und der Abschaffung der Sklaverei", ergänze ich und führe dann weiter aus, dass zwar fünf Jahre später die ehemaligen afrikanischen Sklaven in einem der Zusatzartikel unserer Verfassung das allgemeine Wahlrecht erhalten hätten. Doch seien sie in einigen Südstaaten mit besonderen Reglementierungen an der Ausübung ihres Wahlrechts gehindert worden, wie etwa mit der Entrichtung einer für viele unbezahlbaren Wahlsteuer (*poll tax*). Dieser Missstand wurde gesetzlich erst 1964 endgültig aufgehoben. Eine andere Schikane bestand in der allgemeinen Registrierungspflicht für Schwarze, die diejenigen von vornherein von freien Wahlen ausschloss, die dazu nicht in der Lage waren. „Davon scheint sich der *Fake President* was abgeschaut zu haben", bemerkt ein anderer in der Runde. „Wir Studenten, die mehrheitlich gegen ihn sind, dürfen nur an unserem Wohnort zur Wahl gehen. Und wer von uns wird deshalb schon extra nachhause fliegen?"

„Unsere Verfassung bleibt jedenfalls ein reformbedürftiges Flickwerk, an dem in einer intakten Demokratie eigentlich immer weitergearbeitet hätte werden müssen", fahre ich fort. „Und da das viel zu wenig geschah, ist der Niedergang Amerikas während der vergangenen Jahrzehnte bis zur unaufhaltsamen Talfahrt mit der Unglückswahl im Jahr 2016 kein Wunder. Wir werden erst bei der nächsten Präsidentschaftswahl am 3. November im kommenden Jahr sehen, ob eine neue Aufwärtsbewegung aus der tiefsten Talsohle möglich sein wird oder nicht. Das größte Ärgernis und die größte Gefahr bleibt für uns immer noch das offenbar kaum reformierbare, den demokratischen Wählerwillen nur allzu leicht verfälschende Wahlmännersystem. Ähnlich wie das offenbar unveränderbare enge und starre und für eine wirkliche Demokratie unzuträgliche Zweiparteiensystem in beiden angelsächsischen Ländern."

„Aber das darf natürlich nicht heißen, dass wir jetzt alle angstvoll wie das Kaninchen auf die Schlange auf jenen 3. November starren müssen", ergänze ich nach einer kurzen Pause. „Wir müssen im Gegenteil auf jenen magischen Tag gemeinsam aktiv hinarbeiten, damit nicht noch Schlimmeres geschieht."

„Und wie sollen wir das tun?", fragt mich Steve lächelnd. „Ich denke, wir müssen uns immer wieder vor Augen halten, dass wir Menschen nur äußerst langsam reif werden für die Nutzung unserer Freiheit im Dienste des kostbaren, aber überaus anfälligen Systems unserer immer noch jungen Demokratie. Ich glaube fest daran, dass Demokratie nicht nur eine auf ein westlich-abendländisches Lebensgefühl zugeschnittene Gesellschaftsordnung ist, sondern auf lange Sicht eine letztlich kulturunabhängige Lebensform aller aufgeklärten Menschen auf allen Kontinenten der Welt. Das zeigen beispielsweise heute – zwar sehr langsam und mit Rückschlägen – die sich immer wieder laut zu Wort meldenden diskriminierten und unterdrückten Frauen im Nahen oder auch Fernen Osten. Oder denken Sie an den Versuch des sogenannten ‚Arabischen Frühlings' 2010, trotz seines letztlichen Scheiterns. Überall in der Welt geht es viel langsamer voran, als es eigentlich nötig wäre. Aber besonders durch das Internet wachen inzwischen immer mehr aufgeklärte Menschen auf. Vor allem in Asien gibt es in der Entwicklung der Demokratie durchaus Lichtblicke, so hat z. B. Indien von der britischen Kolonialherrschaft an Demokratie eine Menge abgeschaut und umsetzen können". „Das kann man sehr schön und informativ nachlesen in dem Buch ‚The Spirit of Democracy'[39] von dem Politikwissenschaftler und Demokratieforscher Larry Diamond", empfiehlt eine der Studentinnen.

„Wichtig ist natürlich", so fahre ich fort, „dass jeder Ruf nach Autonomie, Freiheit und Mitbestimmung aus den Herzen der Menschen selber kommen muss, ohne ‚Nachhilfe' seitens einer Weltpolizei, die zu wissen glaubt, was für andere gut ist und was nicht. Eine von außen aufoktroyierte Demokratie im Sinn etwa eines *American way of life* hat nichts mit Demokratie zu tun. Umso mehr Zeit für deren Aufbau brauchen Völker, die noch nie mit einer demokratischen Lebensform in Berührung gekommen sind. Von unseren fünf Kontinenten ist mindestens die Hälfte Demokratie-unerfahren, wird sich aber, wenn die Menschheit überleben will, früher oder später in diese

Richtung bewegen müssen. Dass sogar 250 Jahre Demokratie noch längst keine Garantie sind für deren durchgehend erfolgreiche Entwicklung, bekommen wir hierzulande tagtäglich ausgiebig vorgelebt. Unser demokratischer Lernprozess steckt selbst in den hochentwickelten Ländern noch mitten in der Lektion Nummer eins: nämlich, dass Demokratie nicht allein Autonomie und Freiheit bedeutet, sondern immer ein Kampf sein muss für ein Gleichgewicht zwischen dieser Freiheit und einem verantwortungsbewussten Gemeinsinn."

„Larry Diamond vertritt allerdings die Meinung, dass Demokratie sich weltweit in einer Rezession befindet", hält Steve dagegen. „Gegenwärtig stimmt das", entgegne ich. „Aber langfristig lässt sich nichts voraussagen. Deshalb würde ich eher von einer Krise sprechen als von Rezession. Mag sein, dass die Menschen den Aufbau und die Festigung einer wirklich funktionierenden Demokratie nie wirklich zufriedenstellend hinbekommen werden. Aber wenn nichts oder zu wenig geschieht, bleibt als Einziges entweder eine Weltdiktatur oder das Chaos übrig … oder beides. Und das wäre für die längere Zukunft das Ende der Spezies Mensch, sofern diese sich wirklich vom Tier unterscheiden will. Und wenn die Demokratie doch siegen sollte, dann wissen wir heute noch nicht, in welcher Weise sie sich weiterentwickelt, ob es sich dann noch um eine Demokratie nach dem heutigen Verständnis handelt oder welche unterschiedlichen Formen von Demokratie es auch noch geben könnte. Die Unvorhersehbarkeit ist ja gerade das Grundmerkmal der Demokratie."

Zum Schluss weise ich noch auf die Wichtigkeit hin, dass wir bei dem, was wir als freie und zugleich unseren Mitmenschen und unserer Welt verpflichtete Bürger anstreben, immer wissen sollten, *was genau* wir möglichst gemeinsam wollen. Dazu gehört die Mobilisierung und der konstruktive Einsatz all unserer Vorstellungskräfte *für* eine dynamische Weiterentwicklung unseres Zusammenlebens. Dies kann erfolgen, indem wir uns auf allen unzulänglich versorgten Gebieten – gleich ob im Umgang mit Menschen unterschiedlicher ethnischer Herkunft, Weltanschauung und Kultur oder im Umgang der Menschen mit Klima und Umwelt – immer wachsam auf unser eigenes Inneres in kontemplativer Stille konzentrieren und aufbauende Leitbilder und Visionen erzeugen. Auf diese *müssen* wir unermüdlich rekurrieren, und diesen Leitlinien und Visionen sollten wir beharrlich folgen und dabei immer immun bleiben gegen irreführende und marktschreierisch-populistische Störfeuer.

Während unseres Aufenthalts im Dartmouth College entstanden vereinzelt auch Ansätze einer etwas individuelleren Beziehung zu Studierenden. So hatte ein angenehmer, *überaus* wohlerzogen wirkender junger Mann den Auftrag erhalten, uns Fellows vom Montgomery House mit dem Auto zu räumlich etwas weiter entfernten Veranstaltungsorten zu bringen. Während dieser kurzen Fahrten kamen gelegentlich auch etwas persönlichere Gespräche zustande. So fragte ich ihn nach seinem Heimatort in den USA. Es war eine Stadt in Illinois, in der er zuletzt eine Highschool besucht hatte, nach der ich ihn ein wenig genauer ausfragte. Es muss sich, wie er offenbar nicht sehr gern gestand, um eine ziemlich heruntergekommene Anstalt gehandelt haben. Er berichtete jedenfalls sichtlich verschämt und mit gedämpfter Stimme von dem ihn offenbar ziemlich traumatisierenden Ereignis, dass eine vierzehnjährige Mitschülerin mitten im Unterricht im Klassenzimmer plötzlich ein Kind zur Welt brachte.

Ein anderer, besonders aufgeweckt wirkender fortgeschrittener tibetanischer Physikstudent sprach uns einmal am Ende einer Veranstaltung an und bat uns um ein Gespräch. Zum Tee bei uns in Montgomery House stellte sich dann rasch heraus, dass er aus sozial überaus einfachen Verhältnissen aus dem Tibet stammte und bereits in Deutschland von einer der angesehensten dortigen Studienstiftungen gefördert worden war. Sein Graduiertenstudium hier in Dartmouth wurde von einer amerikanischen Stiftung finanziert. Wir unterhielten uns recht gern und lange mit ihm über die akademische Ausbildung in den USA und Europa und auch er schien das Gespräch mit uns recht zu genießen.

Isango Ensemble. The Magic Flute – Impempe Yomlingo

Am vorletzten Abend im Dartmouth College waren wir zu einem eindrucksvollen und anrührenden interkulturellen Ereignis im Hopkins Center for the Arts eingeladen: eine von Steve Swayne initiierte Aufführung von Mozarts „Zauberflöte" in einer afrikanischen Bearbeitung durch das in Kapstadt ansässige, fast nur aus Schwarzafrikanern bestehende und vom britischen Opernregisseur Mark Dornfeld-May geleitete Isango Ensemble, welches sich gerade auf Tournee befand. Die Handlung dieser Adaptation ist eine Verbindung aus der Erzählung von der *läuternden* (lichtbringenden) und Selbsterkenntnis fördernden Kraft der durch die drei Knaben Tamino überbrachten magischen Flöte in Mozarts Werk und einer auf die südostafrikanische Tsonga-Tradition zurückgehenden ähnlichen Fabel. Diese erzählt von den (mit dem Reich der Finsternis der *Königin der Nacht* vergleichbaren) hoch auf den Bergen lebenden gefürchteten buntgefiederten *ndlati*-Vögeln, die beim Aufkommen eines Gewitters („Feuer und Wasser") plötzlich aus den Wolken auftauchen und die Erde mit vernichtendem Feuer und todbringenden Krankheiten überziehen. Der einzige Weg, diese Katastrophe abzuwenden, besteht darin, dass jemand rechtzeitig vor dem Ausbrechen des Gewittersturms mit seiner magischen Flöte in die Berge steigt und dort mit seinem Spiel die Vögel umzustimmen vermag, sodass sie von ihrem verderbenbringenden Tun auf der Erde ablassen. Die Tsonga-Flöte ist aus einem Knochen eines *ndlati*-Vogels geschnitzt, welcher *während eines Gewitters auf der Erde sein Unwesen* trieb, Mozarts Flöte hingegen von Paminas Vater Sarastro aus „der tausendjähr'gen Eiche... bei Blitz und Donner, Sturm und Braus".[40]

Auffallend ist die Kleidung der Darsteller mit ihrem kraftvoll-farbenfrohen Stoff-Design und entsprechender Kopfbedeckung sowie Haartracht, Schminke, Körperschmuck und Schuhwerk. Doch schon bevor die Truppe die offene Bühne betritt, springt uns das dort bereits aufgestellte Instrumentarium ins Auge: Es sind sieben *Marimbas* (Aufschlagidiophone) mit hölzernen Aufschlagstäben und Holzschlägeln in vier unterschiedlichen Größen (Sopran, Alt, Tenor und Bass). Sie besitzen einen bis zu fünfeinhalb Oktaven großen Tonumfang in chromatischen Intervallen wie auf dem Klavier. Weiterhin gibt es mit Ziegenhaut-Rohleder bespannte Trommeln sowie auch leere Ölfässer oder Mülleimer, Münzen und Ketten, die die Bandbreite der Klänge vergrößern. Rhythmisches Händeklatschen und Stampfen mit den Füßen auf dem Holzboden vervollständigt schließlich das Klang- und Geräuschesammelsurium auf der Bühne. Eine große Überraschung ist gleich am Anfang Mozarts unveränderte Ouvertüre im ausschließlichen pausenlosen Zusammenspiel aller sieben Marimbas. Was für ein akustisches Wunderwerk. Mozart in völlig neuartiger, glasklar transparenter Polyphonie einheitlicher, nur der Tonhöhe nach unterschiedlicher Naturholzklänge.

Die Abfolge der von der Über-Zweidutzendköpfigen Künstlertruppe aufgeführten Oper ist ein Feuerwerk aus Spiel, Gesang, ausgelassenen Tänzen und einem Reigen aus Klangfreude und Farbenfrohsinn mit elementarer, bisweilen brachial überbordender Lebenskraft durcheinander fegender Gesangssolisten. Zwischendurch tauschen die Gesangssolisten immer wieder blitzartig ihre Rolle mit derjenigen von Chorsängern, Balletttänzern oder Instrumentalisten aus. Die Stimmqualität und Gesangskultur der Solisten ist mit derjenigen der Opernsänger an den großen europäischen oder amerikanischen Theaterhäusern natürlich nicht vergleichbar. Aber zusammen mit ihren häufig gleichzeitigen Tanzeinlagen oder gar zusätzlicher gleichzeitiger Bedienung wechselnder Instrumente sorgen sie für einen Strauß von Darbietungen mit bewundernswerter Präzision und Virtuosität sowie ausladender Ausdrucksstärke. Von höchster Kunstfertigkeit und verblüffender Virtuosität etwa zeugt die Wiedergabe des Glockenspiels ausschließlich durch das unterschiedliche Töne erzeugende Schlagen auf mit entsprechend unterschiedlicher Wassermenge gefüllte Flaschen durch mehrere virtuos aufeinander abgestimmte Spieler.

Vieles in den Darbietungen wirkt geistesgegenwärtig improvisiert. Als so beispielsweise die Königin der Nacht während ihrer beiden Koloraturarien das hohe F nicht mehr zu erreichen droht, wird sie vorsorglich blitzschnell von ihren drei Damen schützend und kaschierend umringt. Und wo wir in gängigen Inszenierungen bei der Feuer- und Wasserprüfung von Tamino und Pamina raffinierte Licht- und Farbeneffekte erwarten, behelfen sich die Darsteller hier mit zwei riesigen, von ihnen wellenförmig bewegten Tüchern in roter und blauer Farbe. Ansonsten ist diese Version der Zauberflöte besonders gegen Ende nur noch höchstens „frei nach einer Idee" von Mozart. Die im Original ins Transzendente reichende weise Beschaulichkeit besonders während der Verwandlungen im Finale im Hinblick auf die weihevollen Mysterien der Isis und das Wandeln durch Feuer und Wasser geht ziemlich unter in vitaler, *lärmiger Fröhlichkeit*. Erst mit dem späten Auftritt von Papagena kommen Inszenierung und musikalische Bearbeitung ein letztes Mal der Mozart'schen Version wieder etwas näher. Die ganze Konzeption bleibt ein herausforderndes, mutiges, originelles und eindrucksvoll virtuos gemeistertes Experiment.

Ich verlasse das Auditorium mit gemischten Gefühlen. Mir wird nach der staunenswerten und mir manchmal auch fremden Darbietung dieser Version der „Zauberflöte" bewusst, dass meine Ratlosigkeit in erster Linie daran liegt, dass ich mit afrikanischer Kultur viel zu wenig vertraut bin, um die akustischen und optischen Splitter der Darbietung auch nur andeutungsweise zu einem einigermaßen stimmigen Ganzen zusammenzufügen und die Motive für die Einzelheiten jener Opern-Adaptation näher zu ergründen. Umso wichtiger finde ich es, dass diese Truppe in das Dartmouth College eingeladen wurde, weil ich denke, dass auch eine nicht bis ins Letzte verstandene Bearbeitung eines der größten europäischen Musikwerke durch eine afrikanische Opern- und Tanztruppe für amerikanische Jungakademiker zumindest ein kulturell anregender Impuls sein muss. Ich versuche mir vorzustellen, wie ein solches Gastspiel in Denver oder Kansas City oder gar in den US-Südstaaten aufgenommen worden wäre.

Mit diesem herausfordernden Kulturerlebnis endet meine wichtige Zeit in Dartmouth. Jetzt heißt es, für die nächste Zeit die USA in ihrer derzeitigen unglücklichen Situation hinter mir zu lassen. Es ist ein sehr zwiespältiger Abschied. Was für wunderbare Erfahrungen ich auf dieser Reise machen durfte, aber auch was für schwierige und schmerzliche. Wie wird es in diesem gebeutelten Land wohl weitergehen?

Ich bin jetzt nicht nur neugierig auf die kanadische Stadt Toronto und auf das dortige International Festival of Authors, zu dem ich eingeladen bin. Ich glaube, dass mir jetzt auch ein wenig Abstand von dem andauernden Spitzentanz der Anspannung auf der internationalen politischen Bühne guttun wird. Und ich frage mich natürlich gleichzeitig auch, wie es wohl in Europa weitergehen wird, wenn ich bald wieder dort bin.

Neutrales Kanada

Schon beim kanadischen Zoll fällt mir der Unterschied zu den USA auf. Für den Beamten hinter der Glasscheibe bin ich nicht nur eine Passnummer und eine Beantwortungs-Sekundenmaschine, sondern ein Einreisender, dem ein kurzer individueller Blick mit der Andeutung eines Willkommenslächelns geschenkt wird. Damit werden emotional die Weichen für alles Weitere gestellt.

Am nächsten Morgen beginnt es mit der überaus freundlichen, persönlichen und dabei wohltuend unbürokratischen Registrierung für die Teilnahme am Festival. Unter den Eingeladenen sind viele junge Gesichter. Erfreulicherweise werden die Teilnehmer hier schlicht als „Autoren“ geführt, ohne das anspruchsvolle „Literatur“-Label.

Ich verlebe nun zwei entspannte Abschlusstage im nördlichsten und liberalsten Land des amerikanischen Kontinents. In einem einstündigen öffentlichen Interview stehe ich auf dem hiesigen neutralen Boden Rede und Antwort über meine Motive, meine Erlebnisse und meine Einschätzung meiner Vortragsreise durch das politisch zerrissene und gelähmte US-amerikanische Nachbarland. Und am nächsten Tag geht es darum, in einer Art Poetry Slam zusammen mit rund einem Dutzend eingeladener Schriftstellerkollegen einen ausgewählten Kurztext aus meinem Buch „Das Weiße Haus des Exils“ in der deutschen Originalsprache vorzutragen, gefolgt von Autoren aus praktisch allen Kontinenten und Ländern. Jeder liest in seiner eigenen Sprache, der betreffende Text kann von den Hörern in englischer Übersetzung auf einem Screen mitgelesen werden.

Alles in allem habe ich während dieser Tage angenehm viel Zeit für die Erkundung des Stadtzentrums, der hiesigen Menschen und der hier herrschenden Atmosphäre allgemein.

Nach den vergangenen oft angespannten und anstrengenden Wochen empfinde ich die hiesige Entspannung und Muße als willkommene Belohnung für das vorher Geleistete und das durchwachsen Erlebte. Doch ich gestehe, dass diese Entspannung mit der Zeit auch in Langeweile überging. Ist es Torontos Stadtbild, welches mir im Vergleich zum fortschreitenden Verfall der meisten von mir kennengelernten US-amerikanischen Städte zu sauber, intakt und gleichsam steril erscheint? Oder sind es die Menschen, deren Gesicht nicht die Verunsicherung, Angst und Hektik ihrer US-amerikanischen Nachbarn verrät und die in ihrer Sorgenfreiheit vielleicht zu sehr wie ein unbeschriebenes Blatt wirken, welches leicht mit Gesichtslosigkeit verwechselt werden kann? Oder ist die eigentlich ersehnte Ruhe und Gleichmäßigkeit nach den Wochen aufreibender Hektik, bald nachdem sie eingetreten ist, ein Zustand, in dem sich schließlich eine zunehmende Leere breitmacht, in der man sich nach der gewohnten Anspannung und Unruhe zurücksehnt und die mühsam verdiente Ruhe und Entspannung am liebsten wieder abstreifen möchte?

Jedenfalls gehen diese zwei Tage alles in allem rasch vorbei, beschleunigt durch immer intensivere Gedanken an mein europäisches Zuhause. Und endlich ist es so weit, dass ich mit Sack und Pack in der Hotellobby auf den offiziell vom Festspielkomitee angeheuerten Fahrer warte, der mich in derselben schwarzen Limousine, mit der er mich vor wenigen Tagen vom Internationalen Flughafen abgeholt hatte, wieder dorthin bringen wird, von wo aus ich mit dem Lufthansa-Airbus wieder nach München zurückfliegen werde.

Mehltau über Europa und Corona

Zuspitzung der europäischen Krise der Demokratie?

Auch wenn die politische Situation in Europa, besonders in Deutschland, im Vergleich zu den USA entspannt und stabil wirkt, ist sie alles andere als beruhigend oder gar zufriedenstellend. Daran hat sich seit meiner Abreise in die USA im September wenig und das eher in eine schlechte Richtung geändert.

Der Stand Ende des Jahres 2019 ist: Der fortgesetzte Skandal der unmenschlichen Weigerung mehrerer europäischer Staaten, im Mittelmeer auf Schiffen umherirrende Flüchtlinge bei sich aufzunehmen, und die Bereitschaft, sie stattdessen zu Hunderten ertrinken zu lassen, hat sich seit dem Verschwinden des neofaschistoiden stellvertretenden Ministerpräsidenten Matteo Salvini aus dem Kabinett Conte in Rom im September zwar entschärft, ist aber keinesfalls behoben. Das Scheitern jenes Salvini und das Ende der politischen Karriere des österreichischen Rechtspopulisten Heinz-Christian Strache gibt zwar den liberalen Demokraten in Europa neue Hoffnung. Aber der triumphale Sieg Boris Johnsons Ende des Jahres in England und seine Wahl mit absoluter Mehrheit zum Premierminister scheint den weiteren Erfolg von Populisten und Neonationalisten anzukündigen. Die Einheit Europas steht weiter auf dem Spiel. Die Angst vor Einwanderern und Hassparolen gegen sie greifen weiter um sich. In Ungarn und Polen steht die Rechtsstaatlichkeit auf der Kippe. Und auf dem Hintergrund der deutschen

Geschichte ist die steigende Zahl rassistischer Gewalttaten in Deutschland, bis hin zu Morden und Massenmordversuchen seitens deutscher Rechtsextremisten ein Alarmsignal. Parallel dazu rufen immer schamloser auftretende, sich im demokratischen Schafspelz verkleidende führende Mitglieder der sogenannten AfD-Partei mit ihrem völkischen Wolfsgeheul besonders bei überlebenden Opfern und ihren Nachkommen schlimmste Assoziationen wach zu SS-Peitschen, Stacheldraht und rauchenden Krematoriumsschloten.

Glücklicherweise sind dies Erscheinungen in überschaubarer Zahl, sofern es sich nicht um Spitzen eines Eisberges handelt. Es ist in jedem Fall höchste Wachsamkeit geboten. Auffällig ist auch um die Jahreswende 2019/2020 ein raues politisches Klima in Deutschlands Bundestag, Regierung und Bevölkerung. Die Regierungsparteien sind zerstritten und drohen beide immer weiter zu schrumpfen. Alle anderen Parteien, außer den Grünen in hoffnungsvollem Aufwind, haben nichts Überzeugendes zu sagen. Von der Bevölkerung schotten sie sich wie eine Blase ab, und bei den Wählern macht sich zunehmend Politikverdrossenheit breit. Die einzig unbeirrbar für ihre Belange außerparlamentarisch Weiterkämpfenden sind die jugendlichen Aktivisten von *Fridays for Future.* Ich erinnere mich an eine eindrucksvolle Talkshow, in der ein 16-jähriges, hoch engagiertes Mitglied der „Fridays" den Bundeswirtschaftsminister mit ihrem phänomenalen ökologischen Wissen einfach platt redete und keine Gelegenheit ausließ, der Bundesregierung deren Versäumnisse bezüglich Klimaschutz vor Augen zu halten. Dem Minister war die Verblüffung und sein Respekt vor dem Mädchen anzusehen und auch seine Nachsicht angesichts ihrer etwas unbedacht überschießenden und radikalen Art, Forderungen zu stellen. Es wirkte immerhin wie der Anfang einer sicherlich nur kurz dauernden einvernehmlichen Annäherung zwischen den beiden, und für mich war es ein Lichtblick im eintönigen Grau des frühwinterlichen politischen Alltags in Westeuropa.

Was zu dieser Zeit sicherlich auch auf unsere Gemüter drückt, sind die zutiefst demoralisierenden Vorgänge in Regierung und Parlament in Washington um das inzwischen offiziell eröffnete Impeachment-Verfahren, die ich selber noch Wochen zuvor aus zeitweise nächster Nähe hatte miterleben müssen, der sich abzeichnende abgekartete Ausgang des Absetzungsversuchs und damit auch die deprimierenden Aussichten für die ziemlich genau in einem Jahr angesetzten nächsten Präsidentschaftswahlen in den USA. Ich wehre mich trotz allem vehement gegen die hierzulande weitverbreitete Prognose einer Wiederwahl dieses Unholds. Nur ungern denke ich an ein Gespräch am Silvesterabend 2019 zurück, als einer von denjenigen deutschen Professoren, die nur sich selbst gern reden hören, uns anderen in der Runde unaufhaltsam und mit ausgefeilten Argumenten die Gründe für den erneuten Wahlsieg des *Fake President* in zehn Monaten vorrechnete. Meine Überzeugung, dass Ereignisse um den Menschen und um gesellschaftliche Entwicklungen immer und überall mit Unvorhersehbarkeiten verbunden sind, was vor allem längerfristige Prognose unsicher macht, prallten an ihm einfach ab. Umso schmerzlicher blieb bei mir ein Gefühl der Ohnmacht sowie der Zerknirschung im Hinblick auf das eben beginnende neue Jahr. Diese Stimmung passte jedenfalls zu der sich in der Öffentlichkeit immer breiter machenden Resignation und dazu, dass man sich gegen die Unkenrufe *über das unaufhaltsame Ende* der Demokratie nicht mehr recht wehren mochte. Mir war dann am Neujahrsmorgen klar, dass ich diese Sicht auf keinen Fall so würde stehen lassen wollen und dass ich gute Gründe hatte, dezidiert gegen diese unverantwortliche Haltung anzukämpfen.

Geplante europäische Vortragsreise

Schon kurz vor Antritt meiner *Lecture Tour* durch die USA hatte ich geplant, nach meiner Rückkehr eine Fortsetzung in Deutschland und Europa zu organisieren, mit dem Schwerpunkt auf der europäischen Situation und unter mindestens ebenso starker Einbeziehung von Schulen und Universitäten wie in den USA. Der Fokus meines neuen, den europäischen Gegebenheiten angepassten Vortrags sollte vor allem auf der völlig andersartigen Geschichte der europäischen Demokratien liegen. So wenig wie den unter ihrer politischen Zerrissenheit leidenden amerikanischen Hörern die Geschichte der

Demokratien in Europa von Bedeutung gewesen war, so wollte ich umgekehrt auf keinen Fall die verunsicherten Europäer mit einem Lamento über die Situation in den USA belästigen. Vielmehr war mir daran gelegen, ihnen mit einer kurzgefassten Analyse ihrer eigenen Demokratie-Geschichte ihre gegenwärtige schwierige Lage vor Augen zu halten. Gerade an den überwiegend erst seit knapp 100 Jahren bestehenden und geschichtlich noch relativ wenig bewährten Demokratien in den meisten europäischen Ländern sollte deutlich werden, dass es völlig unsinnig ist, ein sich erst in den Anfängen befindliches politisches System wie das der Demokratie als „im Niedergang" zu bezeichnen, noch ehe dessen Entwicklung überhaupt richtig begonnen hatte.

Die mit mehreren aufsehenerregenden Schriften über die Demokratie an die Öffentlichkeit getretene Historikerin Hedwig Richter hat dies äußerst treffend auf den Nenner gebracht: „Der Modus der Demokratie ist die Krise, daher gehört zu ihrer Geschichte die fortdauernde Ankündigung ihres Endes."[41] Und aufgrund dieser zeitlichen Offenheit der Demokratie in die Zukunft meint Richter konsequenterweise auch in der räumlichen Dimension, dass Demokratiegeschichte sich nicht als eine Erzählung einiger weniger Länder wie der USA oder Großbritanniens schreiben lasse, sondern nur als gemeinsame und transnationale Geschichte.[42]

Ein Zeichen für den typischen „krisenhaften" Gärungsprozess in den nach dem Ersten Weltkrieg neu errichteten Demokratien war deren turbulente Achterbahnfahrt im 20. Jahrhundert: Sie begann mit der brutalen Zerschlagung zarter demokratischer Anfänge in Europa durch die fast gleichzeitige faschistische Machtergreifung in mehreren europäischen Ländern. Es folgte die Überflutung von praktisch ganz Europa mit faschistischem Terror zwischen den Zwanziger- und Vierzigerjahren. Dann nach dessen blutiger Niederwerfung der schrittweise Wiederaufbau demokratischen Lebens in Westeuropa mit US-amerikanischer Hilfe und nach amerikanischem Vorbild. Und schließlich 1989 die Re-Demokratisierung des gesamten europäischen Ostblocks nach dem Ende des kommunistischen Sowjetimperiums mit einer geradezu bewundernswert bestandenen demokratischen Reifeprüfung der damals sich gegen die kommunistische Diktatur erhebenden

Bevölkerung der osteuropäischen Staaten einschließlich Ostdeutschlands! Dass dann nach einer ebenfalls beachtlichen Stabilität der erweiterten und ständig weiter wachsenden europäischen Staatengemeinschaft über rund zwei Jahrzehnte diese ins Wanken geriet durch den gewaltigen, die Menschen verunsichernden Flüchtlingszuzug aus dem nahöstlichen Kriegsgebiet und aus Afrika 2015, dürfte eigentlich nicht weiter erstaunlich sein. So widerwärtig und gefährlich die seit 2015 überall in Europa aufkommenden nationalistischen Abschottungstendenzen und der Rückfall in einen anachronistisch primitiven rassistischen Populismus auch sind, so ist dies beileibe kein Grund für das immer wieder aufkommende Geschrei vom unaufhaltsamen Sterben der Demokratie. Eine harte Bewährungsprobe für deren Weiterentwicklung ist von einem Ende derselben noch weit entfernt.

Natürlich gehörte in einen Vortrag in Deutschland und Europa ein Bericht über meine Erfahrungen in den USA im Herbst 2019. Und dieser sollte zeigen, dass auch die 250 Jahr alte amerikanische Demokratie im Hinblick auf das im demokratischen System liegende breite Spektrum seiner Entwicklungsmöglichkeiten alles andere als alt ist. Das Problem der US-amerikanischen Verfassung liegt nicht in ihrem Alter, sondern im mangelnden Willen oder der mangelnden Fähigkeit, sich im Lauf der Zeit immer wieder einstellende Anachronismen mit entsprechenden Gesetzesreformen zu beseitigen. So können diese sich immer unhaltbarer auswirkenden Anachronismen sich über Jahrhunderte hinweg perpetuieren und das Leben im ganzen Land immer unerträglicher und absurder gestalten. Dies betrifft den nur vier Jahre nach Inkrafttreten der Verfassung, also 1791, eingeführten zweiten Zusatzartikel des uneingeschränkten Rechts auf Waffenbesitz. Sind doch besonders während der letzten Jahre immer mehr Menschen dem Treiben von Amokläufern und, was am allerschlimmsten ist, Kinder den grauenvoll sich häufenden Schulmassakern zum Opfer gefallen. Um den Anachronismus dieses zweiten Zusatzartikels deutlich zu machen, scheint mir der Hinweis wichtig, dass die Waffen, um die es 1791 ging, lediglich Musketen waren, mit denen pro Minute höchstens drei Schüsse abgegeben werden konnten. Betrachtet man hingegen die mörderische Kraft heutiger Feuerwaffen, so zeigt dies erst recht den Irrsinn des Verhaltens der amerikanische Waffenlobby NRA (*National Rifle Association*), die mit Vehemenz und Tricks und Lügen zugunsten der Waffenindustrie alles daransetzt, jede Einschränkung des freien Waffenhandels in den USA zu verhindern. Das bereits weiter oben behandelte (siehe S. 104f.), ebenfalls in der Verfassung verankerte, einst hochmoderne, aber heute immer extremer den Wählerwillen verfälschende Wahlmännersystem bei der Wahl des Präsidenten und Vizepräsidenten ist ein weiteres heikles Thema.

Das Entscheidende bei der in verschiedener Hinsicht immer noch vorhandenen US-amerikanischen Demokratie ist, dass diese und alle anderen Anachronismen durch eine starke mehrheitliche reformwillige Administration und durch ein ebenfalls mehrheitlich aus progressiven Mitgliedern zusammengesetztes Oberstes Gericht über entsprechende Gesetzesänderungen jederzeit aufgehoben und durch sinnvolle Neubeschlüsse ersetzt werden könnten. Und dies gilt für die von vornherein zeitgemäßeren Gesetzesformulierungen in den jungen europäischen Demokratien erst recht.

Ein Herzstück des von mir für den europäischen Raum geplanten Vortrags werden natürlich auch wieder die religionsgeschichtlichen und psychologischen Grundlagen des diplomatisch und politisch einsetzbaren partnerzentrierten Dialogs sein, verbunden mit der Wichtigkeit der Entwicklung manipulationsresistenter gesellschaftlicher Ziele und Visionen. Eine Neuigkeit gegenüber dem Vortrag in den USA soll dann ein erst kürzlich erschienenes deutsches Buch sein, in welchem auf der Basis der immer weiter an praktischer Bedeutung gewinnenden Digitalisierung ein neues, sehr interessantes Demokratiekonzept entworfen wird. Es ist eine Synthese aus dem in der Schweiz bewährten System der direkten Demokratie und unserer parlamentarisch-repräsentativen Demokratie. Dass die einschneidenden weltweiten Änderungen unseres Lebens durch die Corona-Pandemie nur wenige Monate später für eine verblüffende Aktualität, ja, für einen gewissen Zwang zu dessen praktischer Realisierung sorgen würde, konnte im Januar 2020 noch niemand wissen. Ich werde sehr bald darauf zurückkommen.

Am 19. Januar 2020 fand in der Evangelischen Akademie in Tutzing die Abschlussveranstaltung der Wochenendtagung „Republik und Literatur nach den Weltkriegen“ statt. Da an diesem Tag auf dem Hintergrund der Exilliteratur von Heinrich und Thomas Mann das inzwischen von der Bundesregierung erworbene und zu einem Dialogzentrum umgewidmete ehemalige kalifornische Domizil Thomas Manns im Exil vorgestellt wurde, wurde ich gebeten, etwas ausführlicher über meine Erfahrungen und Eindrücke während meiner Vortragsreise durch die USA und Kanada als Fellow des besagten Thomas Mann House zu referieren.

Zwei Tage später kam es dann zur eigentlichen Premiere meines neuen Vortrags „Democracy for Peace“. Sie fand statt im vollbesetzten großen Hörsaal der Monacensia im Münchner Hildebrandhaus im Rahmen des Begleitprogramms der dort im vorangehenden Oktober eröffneten Ausstellung „Erika Mann. Kabarettistin – Kriegskorrespondentin – politische Rednerin“. Bereits am nächsten Abend hielt ich im Münchner Amerikahaus auf Englisch die Originalversion des Vortrags „Democracy will win“; die meisten Hörer gehörten der in München lebenden amerikanischen Kolonie an.

Und am folgenden Vormittag stand ich wieder in der Monacensia und vor mir saßen 90 bis 100 Schüler aus fünf verschiedenen Münchner Gymnasien. An den Vortrag schloss sich ein reges Gespräch an, an dem sich besonders Schüler mit von mir nicht weiter auszumachendem nichtdeutschem Hintergrund intensiv beteiligten. Sie machten sich vor allem Gedanken über die Grenzen der Freiheit und Autonomie in der Demokratie: ein Thema, das verwandt war mit dem der Grenzen des Dialogs, welches besonders die Diskussion im Anschluss an meinen Vortrag in Portland beherrscht hatte.

Am Ende der Veranstaltung kamen drei der anwesenden Lehrinnen und Lehrer auf mich zu und bekundeten ihr Interesse, mich noch im Lauf dieses Winters gesondert zu einem Kolloquium in ihrem jeweiligen Gymnasium einzuladen. Diese Kolloquien kamen jedoch genauso wenig zustande wie die ersten Vortragsveranstaltungen in zwei herausragenden Gymnasien in Berlin. Grund war die sich bereits Ende Februar langsam abzeichnende und schließlich Mitte März zu einem einschneidenden, zunächst dreimonatigen Lockdown führende Covid-19-Pandemie, deren Ende bis heute nicht absehbar ist. Auch alle anderen für die Zeit ab Mai 2020 anvisierten Vorträge im In- und Ausland mussten jedenfalls in der vorgesehenen Form vertagt werden.

Lockdown

29. März 2020 nachmittags, Passionssonntag und Beginn der Sommerzeit. Ich bin auf einem Spaziergang von der Klosterkirche Schäftlarn im Bayerischen Isartal über weite Felder am Waldrand entlang in Richtung Icking oder Wolfratshausen.

Nach den ersten erfolgreich isolierten Corona-Erkrankungsfällen in Bayern Ende Januar wurden während des Karnevals einen Monat später in Nordrhein-Westfalen und in Baden-Württemberg mehrere neue Infektionen festgestellt. Danach breitete sich das Coronavirus bis jetzt Ende März über ganz Deutschland und weit darüber hinaus explosionsartig aus bis zu einer Zahl von europaweit insgesamt 280 Millionen Erkrankten.

Ohne diese pandemische Katastrophe wäre ich jetzt bei einem Familienfest in einer oberbayerischen Gemeinde, um dort den runden Geburtstag einer Verwandten mitzufeiern. Diese Feier wurde jedoch, wie so vieles anderes auch, frühzeitig abgesagt, ähnlich wie auch ein seit Monaten vereinbarter Besuch eines guten Freundes aus Köln ebenfalls während dieser Tage. Mir ist auch gar nicht klar, ob ich angesichts der Ausgangssperre mit dem Auto aus der Münchner Innenstadt bis hierhin zu dieser Wanderung hätte fahren dürfen.

Ich bin trotzdem, jetzt im voll erwachenden Frühling erst recht, froh und erleichtert über diesen ersten „Ausgang“ in die Natur seit Wochen. Nachdem ich beim Aussteigen auf dem Parkplatz vor der Klosterkirche die frische Luft in vollen Zügen eingeatmet habe und mich langsam auf das vor mir liegende freie Feld zubewege, fällt mir sehr viel stärker als schon seit Wochen zuhause in der Stadt das ungewöhnlich laute Vogelgezwitscher auf. Die

Jahreszeit allein kann nicht der Grund sein. Ist es der Kontrast zur Stille auf den derzeit kaum befahrenen Straßen und der flugzeugfreie Himmel, der mir übrigens heute auch besonders klar vorkommt? Es ist nicht nur die Lautstärke der einzelnen Vögel, sondern auch im Vergleich zu anderen Jahren eine eindeutig größere Menge gleichzeitiger Vogelstimmen, die sehr viel dichter und vielfältiger zusammen konzertieren. Dazu kommt, dass mir der Klang ihres Pfeifens, Zwitscherns und Tirilierens glockenartig reiner und in seinem Volumen voller und runder erscheint, so als hätten die Waldbewohner Grund, sich im Schutz ihres polyphonen Losschwatzens ungehinderter, freier und vielleicht sogar „erfüllter" zu geben und zu entfalten als sonst. Nach und nach wird mir klar, dass dieses akustische Erwachen der Vogelwelt sozusagen eine komplementäre Folge des Verstummens der Menschen und ihrer lärmigen, die Luft verpestenden und optisch trübenden Maschinen auf dem Boden und in der Luft ist und dass diese Menschen dem sich jetzt so expansionsfreudig gebenden Vogelvolk das Feld überlassen haben. Für wie lange wohl?

Als ich, von diesem herzerfrischenden Vogelkonzert getragen, nach einiger Zeit den Wald erreicht habe, springen mir am Waldrand plötzlich büschelweise Leberblümchen und auf einer Waldwiese ganze Cluster von Osterglocken in die Augen, so wie ich sie auf dem freien Feld noch nie gesehen habe. Es sind lauter auffallend große Exemplare, miteinander verbunden zu einem grandiosen Teppich in frohlockend-leuchtenden Farben. Die Rückeroberung ihres durch Menschen in Besitz genommenen Terrains scheint auch Sache des stillen Pflanzenreichs zu sein. Sind diese wundervollen Blumenexemplare vielleicht auch mit Sensoren ausgerüstet, die den Rückzug der die Natur bisher so sehr malträtierenden Menschen als Signal erspüren und sich dann wie lauter kleine Sonnen ausbreiten? Aus der Presse hörte ich jüngst, dass sich schon bald nach der kompletten Einstellung des Fremdenverkehrs auf Mallorca erste zarte Anzeichen gezeigt haben für eine schrittweise Erholung der einst legendär schönen Natur besonders auf dem inzwischen von den Party- und Sauforgien deutscher und englischer Trampeltouristen heimgesuchten Gelände an der ursprünglich so wunderschönen Playa de Palma.

In diesem Zusammenhang fällt mir eine Parabel ein, auf die ich einmal in einem Bildband über die Erforschung des Weltraums gestoßen bin:

Ein Planet fliegt an der Erde vorbei:
Fragt der Planet: „Hey, wie geht's?"
Antwortet die Erde: „Ach, nicht so gut. Ich habe Mensch …"
„Macht nichts", sagt der Planet. „Das geht vorbei."

Trotz der tröstenden Blumenfülle, der Vogelgesänge, der sauberen Luft und der auch zwischendurch zur inneren Einkehr einladenden Stille in der Menschenferne ist es mir doch schwer ums Herz, wenn ich an die vielen traurigen Schicksale der letzten Wochen hier in Deutschland und noch viel schlimmer besonders in Frankreich, Italien und Spanien denke. Das plötzliche von unseren Mitmenschen Abgeschnittensein und das Eingesperrtsein in unseren eigenen vier Wänden. Und dann das gegenseitige Auf-Abstand-Gehen bei unvermeidbaren Begegnungen auf der Straße oder im Supermarkt. Paradoxerweise ist bei dieser räumlichen Trennung die gedankliche sorgenvolle und solidarische Verbindung mit unseren unsichtbar gewordenen, vor allem den älteren und schwächeren oder anderweitig gefährdeten Mitmenschen umso enger. Und überhaupt das Aushalten der Angst um die anderen und um sich selbst und die bleibende Ungewissheit auf der ganzen Linie, die man alleine mit sich herumtragen muss.

Die Lebensmittelversorgung von Rekonvaleszenten oder symptomfrei Infizierten in Quarantäne oder auch von generell gefährdeten älteren Risikopersonen erfolgt jetzt weitverbreitet durch nachbarschaftliche Einkaufshilfen. Überall in Mietshäusern finden sich im Treppenhaus oder im Fahrstuhl zunehmend Aushänge mit diesbezüglichen Angeboten. Dieses aus der gegenwärtigen Not entstandene Ausmaß an tätiger Solidarität und berührender Mitmenschlichkeit gegenüber Kranken, Alten und Schwachen ist mir in diesem Ausmaß noch nie begegnet. Die Nachbarschaftshilfen, Lebensmittelspenden für Obdachlose, das Musizieren auf Balkonen und Innenhöfen und Live-Stream-Konzerte aus Privatwohnungen oder derzeit sonst leeren Konzertsälen oder verwaisten Opernbühnen sind für mich eine völlig neuartige Erfahrung. Und ich denke auch an die mehr im Verborgenen sich stündlich einer Ansteckung durch das Virus aussetzenden Menschen: an vorderster Front das bis zur Erschöpfung tätige Ärzte- und Pflegepersonal und auch die fast den ganzen Tag an ebenfalls gefährlich exponierten Stellen wie Supermarktkassen sitzenden Angestellten.

So wie der Mensch nun einmal gebaut ist, pflegen beim Nachlassen eines Extremzustandes solche Fürsorglichkeitsbekundungen rasch wieder zu verebben. Aber diese erstmalige Form von Pandemie – wird sie so bald wieder abebben? Wird sie sich möglicherweise im Gegenteil sogar als Einschnitt für längerfristige Verhaltens- und Einstellungsänderungen in unserer Gesellschaft erweisen?

Staatliches Krisenmanagement oder „Gesundheitsdiktatur“?

Die Corona-Krise ist jetzt auch ganz besonders zur Angelegenheit des Staates geworden. Die Tendenz von Bundestag und Regierung, sich nicht nur gegenseitig, sondern auch gegen uns Bürger wie eine Blase abzuschirmen, hat sich mit dem Beginn der Corona-Krise schlagartig ins Gegenteil gewendet. Die liberale Demokratie greift jetzt mit einem ungewohnt raschen und effektiven Krisenmanagement drakonisch durch, wirtschaftlich und mit finanziellen Hilfen, aber auch mit der Einschränkung bürgerlicher Grundrechte. Sicherheit vor Freiheit. Seuchenprävention auf der Grundlage einer neuen Infektionsschutz-Gesetzgebung als Weg in die Gesundheitsdiktatur?

Für mich spricht allein schon gegen eine solche Annahme, dass trotz der rasant steigenden Infektionszahlen in Deutschland der Maskenschutz bis jetzt (Ende März) immer noch nicht verpflichtend geworden ist. Dazu, dass in Asien die Pandemie schon früh eingedämmt werden konnte, hat bestimmt die dortige Selbstverständlichkeit des Maskentragens beigetragen, dort ein Mittelding zwischen medizinischer Maßnahme und sozialer Ikone. Getragen wurde sie in der Pestepidemie in der Mandschurei 1910/1911 und

1920 weltweit während der Spanischen Grippe sowie in Asien 2003 während der Sars-Pandemie. In Deutschland gibt es in dieser gefährlichen Zeit der Ansteckung die lebenswichtigen Masken immer noch nirgends zu kaufen, außer über eine Bestellung der sehr sicheren und robusten, wenig luftdurchlässigen FFP2-Masken aus China über das Internet. Ich vermute da einfach ein Versäumnis oder eine zu späte Erkenntnis sowie vielleicht auch die Angst, die wenigen vorrätigen Masken könnten zu rasch weggekauft werden, sodass in den Krankenhäusern nicht mehr ausreichend davon zur Verfügung stehen.

Anders verhält es sich mit unerlässlichen Maßnahmen wie der Beschaffung von ausreichend Schutzkleidung für medizinisches Personal und Beatmungsgeräten sowie mit der Bereitstellung von freien Beatmungsplätzen in allen Kliniken Deutschlands in Zusammenarbeit zwischen der Deutschen Interdisziplinären Vereinigung für Intensiv- und Notfallmedizin, dem Robert-Koch-Institut und der Deutschen Krankenhausgesellschaft. Medizinstudenten und Ärzte im Ruhestand wurden zur Mitarbeit aufgerufen. Und angesichts der hoffnungslosen Überlastung der Kliniken in Frankreich und Italien wurden Patienten aus Italien und Frankreich in Deutschland behandelt.

Ich denke, dass alles in allem in Deutschland keine Gefahr für eine Entstehung einer Gesundheitsdiktatur besteht, solange in unserer Notstandsituation diese Bestimmungen mit dem Grundgesetz konform sind. Der Staat regelt nur unter dieser Voraussetzung auch das öffentliche Leben. Dabei ist die Beschneidung freier Rechte etwa durch Verhängung von Ausgangsbeschränkungen und die Bestimmung, welche Dienstleistungsbetriebe im Bereich der Körperpflege im Gegensatz zu medizinisch notwendigen Diensten geschlossen zu bleiben haben, lange Zeit ohne Proteste hingenommen worden. Glücklicherweise werden sie so wie die Hygienevorschriften und der im öffentlichen Raum geforderte Mindestabstand bis heute weitgehend befolgt. Geht es hier doch schließlich um unser aller Überleben auf der Grundlage medizinischer Fachkenntnisse. Natürlich gehört dazu, dass Verstöße gegen die Kontaktbeschränkungen überwacht und mit entsprechenden Strafandrohungen sanktioniert werden. Die

Regierung genießt laut Politbarometer jedenfalls nach wie vor Zustimmungswerte wie noch nie seit dem Krieg. Wie lange sich dies über den März hinaus so halten wird?

Schon wenige Tage nach dem Lockdown Mitte März hat die Bundesregierung 40 Milliarden Euro an Finanzhilfen für besonders betroffene Kleinstbetriebe bekannt gegeben. Und vorsorglich einigte sich schon am 8. März die Koalition, die Hürden für die Kurzarbeit zu senken und eine gesetzliche Grundlage für eine befristete krisenbedingte Verbesserung der Regelungen für das Kurzarbeitergeld zu schaffen.

Neue Wege zu einem Miteinander durch die Krise

Dass die Pandemie aber keinesfalls nur Chancen für ein demokratisches Miteinander in sich birgt, sondern auch Störungen und Risiken, zeichnet sich bereits nach dem ersten halben Monat seit dem Beginn dieses Lockdowns ab.

So hat die flächendeckende Schließung aller Schulen und Kindertageseinrichtungen gleichzeitig mit der Verlagerung der beruflichen Arbeit ins Homeoffice eine gehörige, auch psychologische Umstellung im täglichen familiären Alltag erfordert. Da die Schulen auf den digitalen Unterricht insgesamt schlecht vorbereitet waren, müssen die Eltern diesen Mangel improvisativ auszugleichen versuchen. Die größte Herausforderung an die Beziehung zwischen Eltern und Kindern (und oft auch zwischen den Eltern) stellt die sich über Wochen und Monate erstreckende häusliche Ausgangssperre dar, die sich besonders für die Kinder je länger desto belastender anfühlt. Familiäre Konfliktpotentiale eskalieren, was zum Bewährungstest für den Fortbestand der Familie werden kann. Ob die neuartigen Erfahrungen umgekehrt vielleicht sogar zu einer Stärkung oder Stabilisierung des partnerschaftlichen oder familiären Zusammenhalts geführt haben, lässt sich nicht beurteilen.

Wie ich persönlichen Berichten und den Medien entnehme, ergibt sich in allen betroffenen Ländern Europas ein ähnliches, je nach Schweregrad der Erkrankung sogar noch gravierenderes Bild.

Als unvermeidbar erwies sich im Zuge des Corona-Shutdowns auch die Schließung von Kultureinrichtungen wie Theatern, Konzerthallen und Museen sowie Bildungsstätten wie Volkshochschulen, Musikschulen, Fachhochschulen und Universitäten.

Mit zum Schönsten gehörte wenige Tage nach der Schließung der Bayerischen Staatsoper in München das „mich in eine bess're Welt" entrückende Ereignis (im Sinn von Franz Schuberts Lied „An die Musik") eines von mir zuhause zusammen mit etwa 50.000 Zuschauern miterlebten digitalen Livestream-Kammerkonzerts. Es war ein Geisterspiel vor leeren Rängen auf der Bühne der Staatsoper mit Mitgliedern des Staatsopern-Orchesters und eingeladenen bzw. eingesprungenen Solisten mit einem außergewöhnlichen bunten Musikprogramm. Es begann mit Robert Schumanns „Liederalbum für die Jugend", passend zu Clara Schumanns Tagebucheintragung, dass über diesen Liedern ein „Hauch der höchsten Friedlichkeit" schwebe, was in der Wiedergabe durch Christian Gerhaher, Christina Landshamer und Gerold Huber ergreifend zum Ausdruck kam. Danach interpretierte das Schumann-Quartett des Bayerischen Staatsorchesters kraftvoll Mozarts Streichquartett Nr. 14 in G-Dur, KV 387. Nahtlos folgten in dieser großen, spontan realisierten musikalischen Geste Beethovens monumentale Diabelli-Variationen, atemberaubend gespielt von Igor Levit mit phänomenaler Energie, Spannung und Emotion. Schon seit mehreren Tagen streamte Levit täglich von seiner Privatwohnung aus ein kleines Konzert auf Twitter und Instagram. Das Konzert schloss mit einem sicher beabsichtigten Stimmungsaufheller: der Darbietung einer Bearbeitung des Bach Präludiums BWV 847 durch Schlagzeuger des Staatsorchesters und danach des mitreißenden und tänzerischen „Spain" von Chick Corea. Auch wenn ein Konzert ohne Publikum und ohne Applaus etwas Unheimliches, Gespenstisches an sich hat und die Akustik in einem leeren großen Haus nicht vergleichbar ist mit derjenigen im vollbesetzten Konzertsaal, so gelang es den Veranstaltern trotzdem, ihre mit diesem besonderen Musikereignis verbundene Botschaft unverstellt in die Herzen der sie empfangenden Menschen zu transportieren: Eine erzwungene räumliche Distanz zwischen den Menschen kann durch eine durch solches Musizieren erzeugte, umso größere und tiefere innere Nähe durchaus überbrückbar sein.

Insgesamt bleiben die gesellschaftlichen Folgen der Pandemie durchwachsen. Die Menschen lernen wieder das Hinsehen, das Fernbleiben, das Abgeben und das Aushalten. Routinemäßige Innovation weicht aus der Not geborener Kreativität. Langfristig zeichnen sich erste nachhaltig erscheinende Veränderungen der Menschen durch diese Krise ab, seien es die sich langsam herausbildendenden gesünderen und achtsameren Essgewohnheiten und ein bewussteres und zurückhaltenderes Kaufverhalten. Die Menschen spüren, dass es sich mit einer gewissen Genügsamkeit oft angenehmer lebt als mit pausenlosem, oft blindem Bunkern oder Herunterschlingen von Konsumgütern. Trotzdem scheiden sich im Ausnahmezustand die Geister. Es gibt immer noch zu viele Menschen, die das Unglück anderer für sich ausnutzen oder die durch leichtsinniges Benehmen ihre Mitmenschen und sich selbst verantwortungslos gefährden. Und auch die aus unserem Zusammenleben leider nicht zu eliminierende Kriminalität scheint durch Pandemien wie Covid-19 nicht weniger zu werden, sondern sich allenfalls etwas zu verschieben. Zu den neuen Corona-spezifischen Straftaten gehören einerseits der Diebstahl von Schutzmasken und Desinfektionsmitteln, Gewalttaten bei Konflikten um Ausgangsbeschränkungen und Abstandsgebote sowie neue Formen von Cyber-Kriminalität, auch der unberechtigte Empfang staatlicher Soforthilfen ist leider keine Seltenheit. Andererseits scheint die verstärkte oder gar vollständige häusliche Anbindung der Menschen in ihrem Homeoffice die Zahl der Einbrüche und Raubüberfälle deutlich zu senken.

Des Weiteren klagt Amnesty International über auch in Deutschland vorkommende Fälle von Diskriminierung und Ausgrenzung von Menschen vor allem ostasiatischer Herkunft als Sündenböcke für die Corona-Pandemie. Diese äußert sich etwa in der Abweisung dieser Menschen in Arztpraxen, deren Ausschluss von Hochschul-Aufnahmeprüfungen oder in Anfeindungen bis hin zu tätlichen Angriffen im Alltag.[43] Dazu kommen Verschwörungstheorien oder Verschwörungslegenden, für die die Corona-Pandemie wegen ihrer unheimlichen und undurchsichtigen Ursachen zu einem besonders beliebten und bizarr bunten Jahrmarkt geworden ist. So tauchen immer wieder Behauptungen auf, dass das Corona-Virus gar nicht wirklich existiere, sondern eine Erfindung herrschsüchtiger Regierungen oder gar versteckter, unterirdisch rumorender Weltmächte sei, die uns Menschen mit angeblich wissenschaftlich untermauerten Anweisungen schikanieren und unter Kontrolle halten wollen. Eine andere Version ist, dass Corona zwar existiert, aber in (vor allem chinesischen) Labors als Mittel zur Beherrschung der Massen eigens produziert wurde. Verschwörungslegenden sind generell gefährliche Brutstätten für paranoid projizierte Feindbilder. Sie entstehen dadurch, dass Menschen oder Menschengruppen aus einem Pool verfügbarer Informationen vereinzelte, aus der Luft gegriffene und dementsprechend besonders aufstachelnde Behauptungen herauspicken und diese zu den Frieden vergiftenden Pseudo-Fakten hochstilisieren, mit denen sie bestimmte Gruppen in Bausch und Bogen zu Prügelknaben für ihre eigene Benachteiligung oder sonstigen Misslichkeiten deklarieren können. Das Ignorieren aller anderen verfügbaren Erklärungsmöglichkeiten geschieht weniger aus Bequemlichkeit als aus dem Bedürfnis heraus, Feinde zu schaffen und die Angst zu verbreiten, diese wollten die eigene Gruppe um ihre Besitztümer und ihre Rechte bringen oder sie gar vernichten.

Anlass zu einer gewissen Hoffnung gibt gleichzeitig ein unerwarteter Trend in der politischen Großwetterlage seit dem Ausbruch der Pandemie. Im Zusammenleben der Menschen in der Notsituation im Sinn von Solidarität und Mitgefühl scheint insgesamt weniger Raum zu sein für ideologisch aufgeblähte nationalistische und populistische Stammtischparolen, und so scheint auch die Attraktivität der für die Hetzphrasen verantwortlichen rattenfängerischen Führerfiguren eher etwas zurückzugehen. Es scheint fast so, als sei die verstärkte Notwendigkeit eines solidarisch-praktischen Zusammenrückens der Menschen gegen den gemeinsamen Feind des Virus nicht mehr so recht kompatibel mit einer ideologisch-manipulativen Verklumpung der Massen zu einem Brandherd menschenverachtend-polarisierenden Hasses und eines krankhaften Vernichtungswillens. Die Wählerschaft rechtsextremer Parteien macht im Moment eher einen gewissen Schrumpfungsprozess durch. Auf die sich seit Corona fast höllenfahrtartig beschleunigende Selbstbeschädigung der USA-amerikanischen Gesellschaftsordnung werde ich noch mehrmals zurückkommen. Je mehr die von Anfang an ruhmlose, sich inzwischen spaltende und damit selbst zerlegende AfD-Partei vor allem im Westen Deutschlands zerbröckelt, desto eher lasse ich davon ab, diese Partei als Ganze in einen Topf zu werfen. Ich neige eher dazu, zu differenzieren zwischen irregeleiteten, sich abgehängt fühlenden, jedoch möglicherweise noch irgendwann zur Räson zurückkehrenden Wutbürgern in ostdeutschen ländlichen Gegenden und den in ihrem offenbar unheilbar wahnhaften Fanatismus ihren ranzig gewordenen völkischen Schwachsinn krähenden Naziführern. Gerade als deutsche Staatsbürger haben solche Leute moralisch jedes Recht zur politischen Mitsprache in unserem Land endgültig verwirkt. Auch wenn sie keine nazitypischen direkten Mordgelüste erkennen lassen, so wissen sie nur zu genau, dass sie als verfassungsmäßig akkreditierte Mitglieder ihrer Partei oder unseres Parlaments mit jedem ihrer öffentlichen verbalen Peitschenhiebe beispielsweise gegen „Kameltreiber, Kopftuchmädchen und Messermänner" einen kleinen, aber doch erheblich ins Gewicht fallenden Beitrag leisten zu den sich bis Ende 2019 schändlich häufenden Morden und Massenmordversuchen in Deutschland im Gefolge des genau hierzulande vor 80 Jahren in Gang gesetzten Holocausts.

Wir können natürlich nicht wissen, welche äußeren Entwicklungen ein unheilvolles Comeback jener würdelosen Gestalten wieder begünstigen und uns dazu zwingen könnten, ihnen umso vehementer Stoppschilder entgegenzuhalten. Wir alle sollten jedenfalls um jeden Tag froh sein, an dem die von jenen propagierte Niedertracht von uns allen möglichst ferngehalten wird.

Demokratie auf dem Prüfstand

Ein neuer Imperativ

Im April 2020 kriecht die Zeit fatal langsam voran. Wie unpassend der sich mir manchmal aufdrängende Vergleich der unheimlichen Stille in den leeren Straßen mit der Atmosphäre der autofreien Sonntage während der Ölkrise in den frühen Siebzigerjahren ist, wird mir klar, wenn ich die Gedanken an den galoppierenden Tod von Tausenden von Menschen in Europa und sonst überall durch die Pandemie zulasse. Kürzlich hörte ich von einer in Triest lebenden entfernten Kusine, dass diese fast immer, wenn sie während ihres Lockdown-bedingten Hausarrests ans Fenster träte, an irgendeiner der Haustüren unten auf der Straße schon wieder einen Sarg entdeckte, der dort gerade hinein- oder hinausgetragen wurde.

Das Entscheidende bei solchen niederdrückenden Ereignissen ist immer auch die Perspektive, die man sich selber setzt oder gesetzt bekommt. Bei einem Routine-Arztbesuch am Tag nach meiner Wanderung durch das Blumenmeer unter dem tröstenden Vogelgezwitscher im sonnigen Isartal meinte die Ärztin, wir müssten halt jetzt noch den April durchstehen. Ab Anfang Mai würde es dann die ersten Lockerungen geben.

An den nächsten beiden Wochenenden begnüge ich mich mit vorösterlichen Spaziergängen durch den Münchner Englischen Garten. Die Sonne hat inzwischen weiter an Kraft zugenommen, obwohl schlechteres Wetter vorausgesagt worden war. Langsam bestätigt sich mein Verdacht, dass die Wettervoraussagen immer unzuverlässiger werden, weil die mit meteorologischen Sensoren ausgerüsteten Flugzeuge ausgefallen sind. Umso mehr fällt mir die von Tag zu Tag zunehmende Zahl der Spaziergänger auf. Ein Monat Lockdown mit eng reduzierten Einkaufsmöglichkeiten und ohne die Möglichkeit des Besuchs öffentlicher Gaststätten, Hotels und Kulturinstitutionen drängt die Menschen zunehmend aus ihren Häusergefängnissen hinaus in die Natur. Die Fußgänger bemühen sich um die Einhaltung der Abstandsregelungen, wenngleich immer noch ohne Masken, die es immer noch nicht einmal in Apotheken zu kaufen gibt.

Bei meiner Rückkehr nachhause denke ich besonders an die zuhause eingesperrten und vom Schulklassenunterricht ausgesperrten Schülerinnen und Schüler, denen dieser Zustand noch viel schwerer fallen muss als uns Erwachsenen. Es drängt mich, mit ihnen über eine ins Netz zu stellende kurze Videoansprache in Kontakt zu treten. Gerade, weil ich vor dem Ausbruch der Pandemie sowieso vorgehabt hatte, auf meiner Vortragsreise durch Europa möglichst viele Schulklassen mit dem Thema Demokratie und Dialog zu erreichen und mich mit den Schülern über ihre Gedanken dazu auszutauschen.

Ansprechen möchte ich bundesweit und darüber hinaus im deutschsprachigen Raum vor allem Schüler der Gymnasialoberstufe im Alter um die 17 Jahre. Ich möchte mit ihnen vor allem darüber nachdenken, was Corona uns bezüglich unseres überlebenswichtigen Miteinanders lehrt. Was ich damit meine, nenne ich gern den *neuen Imperativ*. Ich will ihn meinen jungen Adressaten nicht vorgeben, sondern ihnen allenfalls gedankliche Anregungen vermitteln. Wenn ich mir etwa die sich über die Jahre immer weiter ausbreitende, aber jetzt durch Corona vorläufig gestoppte *Fridays-for-Future*-Bewegung vor Augen halte, könnte ich mir gut vorstellen, sie bei diesem Thema abzuholen, weil mir die Dringlichkeit des Umwelt- und Klimaschutzes auch voll bewusst ist.

Nach meinem mäßig geglückten Palmsonntagsspaziergang wieder zuhause, setze ich mich hin und konzipiere die Grundthemen meiner Ansprache.

Kritische, besonders zum *Fridays-for-Future*-Kreis gehörige Schüler hadern stark mit der Politik unserer Bundesregierung und werfen dieser prekäre Versäumnisse und einen halbherzigen Reformwillen in der Klima- und Umweltpolitik vor. Damit sie bei ihrem nach meinem Gefühl oft etwas ungebremsten Drängen nach sofortigen umfassenden Reformen vielleicht einmal ein bisschen innehalten und etwas eingehender und differenzierter nachdenken, würde ich ihnen gern vor Augen führen, was für eine imposante Entwicklung die bundesdeutsche Demokratie seit der „Stunde Null" bei Kriegsende vor 75 Jahren in mehreren, aber dafür umso solideren Schritten durchgemacht hat. Damit will ich ihnen sagen, dass zum neuen Imperativ des überlebenswichtigen Miteinanders der lange Atem gehört, der Überblick über das Ganze und damit die Losung, dass das Wichtigste an der Demokratie der unversiegbare Wille zur ständigen, aber gut überlegten Veränderung und Anpassung an die sich fortlaufend neuen Verhältnisse ist. Dieses Bewusstsein und diese Flexibilität macht ganz wesentlich unser Menschsein aus. Mir scheint in der Tat, dass gerade Corona uns die Notwendigkeit der Geduld wieder ein wenig näherbringen könnte.

Genau dieser Gedanke lässt sich hervorragend an der Geschichte der deutschen wie auch der amerikanischen Demokratie festmachen, die beide trotz des gegenwärtigen Auseinanderklaffens letztlich doch eng zusammengehören und irgendwann auch wieder unbedingt zusammenfinden müssen.

Deutschlands Absturz 1933 in die Nazibarbarei kann, ganz ähnlich wie die faschistische Machtergreifung in Italien, Ungarn, Spanien und Portugal im frühen 20. Jahrhundert, beim Betrachten ihrer historischen Hintergründe begreifbarer werden bzw. wir können Wichtiges daraus lernen. Deswegen will ich in meiner Ansprache wenigstens andeuten, dass Deutschland und Europa mit dem viel zu plötzlichen Übergang von einem fast 2000 Jahre herrschenden ständischen Feudalsystem zu einer weitgehend neuartigen demokratischen Ordnung nach dem, auch kriegsbedingt, plötzlichen und mehrfach gleichzeitigen Untergang der Monarchien 1918 überfordert waren. Deshalb scheiterte der erste Versuch der Errichtung einer „Herrschaft des Volkes" in der Weimarer Republik und endete mit der nationalsozialistischen Katastrophe und mit einem von Hitler angezettelten Krieg mit an die 60 Millionen Toten und Ermordeten, unter Mitwirkung der anderen europäischen Diktatoren Mussolini, Franco, Salazar und Horthy und Konsorten.

Damit soll für die an sich völlig berechtigt nach überfälligen Reformen Rufenden wie besonders die Klimaaktivisten deutlich werden, wie tief politische Entscheidungsprozesse immer eingebettet sind in langfristige und übergreifende epochale Bewegungen und dass diese Voraussetzungen und Bedingungen immer mitbedacht werden müssen, was eine Geduld erfordert, die sich oft zu einer schweren Prüfung auswachsen kann.

Die für mich zentrale Schlussfolgerung aus alledem ist, dass allein schon die Entstehung einer Demokratie keine Selbstverständlichkeit ist, sie hat, nicht nur am Anfang, sondern fortlaufend, ihre Hürden. Und wenn sie gelingt, ist sie nie ein statisch für immer gültiges politisches System, sondern ein dynamischer Erneuerungsprozess, und dieser steckt voller menschlicher Widersprüche, Schwächen und Versuchungen und verläuft mit Aufwärtssprüngen und mindestens genauso extremen Rückschlägen und Abstürzen und erneuten Wiederbelebungsversuchen. Verantwortlich für all das bleibt die Unberechenbarkeit und Fehlbarkeit der Menschen, die diese Demokratien errichten, sie ausbauen oder umgekehrt schädigen und zerstören und dann wieder erneuern usw. Dies kann immer noch treffend mit einem schon jahrzehntealten Satz ausgedrückt werden, auf den ich kürzlich wieder gestoßen bin: „Demokratie ist nicht durch die Stärke ihrer Gegner gefährdet, sondern durch die Schwächen ihrer Anhänger. An ihr nagen die Korruption der Mächtigen und das Desinteresse der Ohnmächtigen."[44] Mit anderen Worten: Das Gelingen jeder Demokratie liegt immer in der Hand aller daran irgendwie beteiligten Menschen – unabhängig vom Alter, von deren gesellschaftlichen Stellung und von deren Herkunft. Also auch von euch Schülern. Ihr alle könnt und sollt gegen alle oft unüberwindlich scheinenden Mühen und Probleme unsere Demokratie mitgestalten, damit sie nicht nur Bestand hat, sondern sich auch laufend zum Wohl aller weiterentwickelt – auch wenn dies meistens langsamer läuft, als erhofft. Denn diese Demokratie soll ja auch immer solider und damit widerstandsfähiger werden gegen die überall wie Maulwürfe wühlenden, mental auf primitivster Stufe stehen gebliebenen Hass- und Vernichtungsprediger und menschenverachtenden Rassisten, Nationalisten und Populisten. In diesem Sinn ist Demokratie nicht einfach eine

Gegenideologie gegen abgestandenes *völkisches* Gedröhne, welches in weit zurückliegenden Epochen einmal modern gewesen sein mag. Dieser immerwährende Prozess beginnt dort, wo Menschen sich zum ersten Mal gemeinsam gegen die Willkürherrschaft ihrer Unterdrücker erheben, oder dort, wo es um Umwelt und Klima geht, gegen die, die meistens aus egoistischen Eigeninteressen oder Profitgier gegen Klima- und Umweltschutz verstoßen und Erneuerungsprozesse oft schändlich behindern.

Ganz wichtig finde ich es dabei, auch allen denjenigen, die jetzt ohne Regelunterricht zuhause sitzen und Zeit zum Nachdenken haben, klarzumachen, dass sie heute auf ihr Land trotz allem stolz sein können und es unnötig und übertrieben ist, das verstärkte Wiederaufkommen rechtsextrem-rassistischen Gedankenguts als Zeichen für einen unaufhaltsamen Rückfall Deutschlands in die alte Nazi-Barbarei zu interpretieren. Die schlimmen heutigen Entwicklungen weisen, abgesehen von einigen Minderheiten, letztlich selten auf ein spezifisch deutsches Nazitum hin. Sie sind vielmehr Ausdruck eines neuen, global vernetzten und internationalen antidemokratischen Faschismus. Zu diesem gehört zwar eine rassistische Ideologie genauso wie damals zum Nationalsozialismus. Aber dieser Rassismus hat jetzt, viele Jahrzehnte später, einen anderen Hintergrund, ist nicht rein antisemitisch und auch nicht auf eine konsequente Ausrottung anderer Völker bedacht wie bei den Nazis. Dass das damals besondere, tief in die deutsche Seele einsickernde Gift noch heute nicht ganz abgebaut ist, ist leider unbestritten und macht unserem Land immer noch genug zu schaffen. Es handelt sich jedoch um besonders widerwärtige Reste, die von der neuen, nicht weniger gefährlichen Form eines modernen Weltfaschismus oft schwer zu unterscheiden sind und daher auch nicht mehr spezifisch als Kampf gegen einen Hitler-Faschismus angegangen werden sollten. Auch wenn der Nationalsozialismus die mit Abstand grauenvollste Form des europäischen Faschismus des frühen 20. Jahrhunderts gewesen ist, heißt das noch lange nicht, dass im Fall einer weiteren Entwicklung Europas in Richtung Neofaschismus ausgerechnet Deutschland wieder die Spitze abgeben muss. Bei dem, was Deutschland im Lauf der Zeit und in verschiedenen Etappen nachhaltig gelernt hat, dürfte dies sogar besonders unwahrscheinlich sein.

Diese Genugtuung darf jedoch niemanden von uns dazu verleiten, in unserer hellen Wachsamkeit gerade innerhalb Deutschlands nachzulassen. Gleichzeitig sollten wir jedoch so selbstbewusst sein und uns trauen, auch von unseren ausländischen Mitbewohnern verübte Verbrechen deutlich beim Namen zu nennen und anzuprangern, statt uns vor lauter Zerknirschung angesichts unserer historischen Schuld vor ihnen schweigend zu ducken.

Bei diesem Nachdenken ist es durchaus sinnvoll, sich zu fragen, welche Fehler beim Aufbau oder bei der Weiterentwicklung und Stabilisierung einer Demokratie in erster Linie vermieden werden sollten. Am meisten Anschauungsmaterial für diesbezügliche Fehlentwicklungen und Versäumnisse dürften uns am ehesten die mehrere Jahrhunderte alten und historisch entsprechend durchwachsenen angelsächsischen Demokratien, besonders die der USA, liefern.

Die US-amerikanische Verfassung entstand in einer Zeit, in der Europa von Kaisern, Königen und Fürsten regiert wurde, selbst in der dort ältesten englischen Demokratie, die eine parlamentarische Monarchie war und dies bis heute geblieben ist. Die wirklich revolutionäre, völlig neuartige demokratische Verfassung der USA war gerade wegen ihrer Neuheit eine besonders exponierte, risikobehaftete und kreative Neuschöpfung ins Ungewisse. Die erste revolutionäre Entscheidung der Gründerväter bestand darin, anders als das englische Mutterland die jahrtausendealte Hypothek der Monarchie abzustreifen und eine präsidial-parlamentarische Demokratie zu errichten. Trotzdem waren in der dafür erarbeiteten Verfassung – auch ein Kind ihrer Zeit – schon von Anfang an spätere Irrtümer und Fehlkonstruktionen und das Risiko eines sogar drohenden Scheiterns vorprogrammiert. Die neue Ordnung der tragenden demokratischen Verfassung der USA wurde verkündet, als in demselben Land noch die einer jeden Demokratie unwürdige Entrechtung von zehn bis zwölf Millionen nach Amerika verschleppter und als Sklaven gehaltener Schwarzafrikaner herrschte. Bis zu deren gesetzlicher Befreiung dauerte es noch weitere 80 Jahre. Psychologisch geistert die rassistische Sklavenhalter-Mentalität besonders in den amerikanischen Südstaaten auch im 21. Jahrhundert noch durch viele unbelehrbare Köpfe und gehört –

horribile dictu – heute fast systematisch zum Programm der Republikanischen Partei. Diese Verfassung hat zwar den (letztlich nur teilweise gewonnenen) Bürgerkrieg, die große Depression, zwei Weltkriege und den Aufstieg Amerikas zur Weltmacht überdauert und somit eine imposante Stabilität bewiesen. Aber das Grundgebot einer jeden Demokratie, nämlich deren ständige Erneuerung, haben die Hüter dieser Verfassung bis heute in geradezu sträflicher Weise so gut wie ignoriert.

In der langen Zeit von 250 Jahren wurden zu der aus nur sieben Hauptartikeln bestehenden Verfassung von 1787 nicht mehr als 27 Zusatzartikel (*Amendments*) hinzugefügt. Diese reichten niemals aus, um auch nur den dringendsten Bedarf an notwendigen Reformen auf den Weg zu bringen. Dies betrifft, wie bereits dargelegt, besonders das in Artikel 2 der Verfassung verankerte Wahlrecht bei den Präsidentschafts- und Vizepräsidentschaftswahlen sowie das geradezu gefährlich antiquierte Zweiparteiensystem und auch das Unwesen der einseitigen Finanzierung von Parteien und Regierung durch private Sponsoren (vgl. S. 95 und 105). Geradezu ein Skandal ist darüber hinaus der gesetzlich erlaubte uneingeschränkte Besitz von Waffen nach dem immer noch nicht abgeschafften zweiten Zusatzartikel der Verfassung von 1791 – im Grunde eine Aufforderung an alle Kriminellen, Attentatsfreudigen und Suizidanten im Land. Und eine weitere Sache hat sich kaum länger als einen Monat vor der hochbrisanten Präsidentenwahl vom 3. November 2020 gezeigt. Nach dem Tod von Ruth Bader Ginsburg, der Ikone des liberalen Amerikas als Richterin im obersten Gerichtshof, in dem alle Richter vom Präsidenten persönlich auf Lebenszeit eingesetzt werden, gelang es dem *Fake President*, noch rasch die Einsetzung einer von ihm in Eile nominierten konservativen Nachfolgerin durch eine Senatsmehrheit durchzupeitschen. Diese neu eingesetzte, noch recht junge Richterin (deren Namen ich hier gar nicht nennen mag) wird auch noch gegen eine demokratische Kongressmehrheit und einen liberal demokratischen Präsidenten bis an ihr Lebensende in ihrer hohen Position mit dem Gewicht ihrer konservativen Rechtsprechung irreversibel prekäre Fakten schaffen können.

Erschwerend ist weiterhin, dass so ein riesiges und mit immer heterogeneren Einwanderergruppen aus aller Welt bevölkertes Land die derzeit ständig wachsenden Interessengegensätze und Reibungsflächen nur sehr schwer in den Griff bekommt und Reformversuche so noch viel rascher scheitern oder im Vorfeld versanden. Dies führt leicht dazu, dass beide Parteien zunehmend unter den Machteinfluss milliardenschwerer Sponsoren geraten und sich damit ein demokratisches System immer evidenter und irreversibler in eine Oligarchie verkehrt, in der Parteien und Regierung nicht mehr in erster Linie die Interessen der Bürger, sondern die ihrer reichen und oft korrupten oder kriminell vernetzten Geldgeber vertreten. Wer zahlt, schafft an. Als Folge einer solchen Negativentwicklung ist es nicht weiter verwunderlich, dass die Ideale *Freiheit* und *Gleichheit*, für die die Gründerväter Amerikas mit Leidenschaft und Herzblut kämpften, in diesem Land immer weiter an Kraft und Überzeugung verlieren und zu einer leeren schablonenhaften Formel erstarren.[45]

Ich habe während meiner mehrwöchigen Vortragsreise durch die USA bezüglich der Zukunft Amerikas überaus beunruhigende Erfahrungen und Beobachtungen gemacht. Der gegenwärtige Umgang Amerikas mit der Corona-Pandemie ist allerdings bei Weitem noch erschreckender, und es ist langfristig noch viel Schlimmeres zu befürchten, wenn das länger so weitergehen sollte.

Was ich dagegen am wichtigsten und großartigsten finde und was mich mit besonderer Hoffnung erfüllt, ist, dass ich in der nachwachsenden Generation sowohl hier in Europa als auch in den USA, gewiss nicht durchgehend, aber immer wieder, beobachte, dass viele von ihnen am ehrlichsten, klarsten und drängendsten spüren, dass Begriffe wie „Verständnis" und „Wertschätzung" allein leere Worthülsen sind und dass es auf die mühsame praktische Kleinarbeit auf der Basis authentischer Überzeugungen ankommt, auf Identität und Respekt und auf den Schutz und die Erhaltung der vielen gefährdeten und aus Dummheit und Habgier bedrohten Güter unserer Welt.

Ich glaube, dass der Bewusstseinssprung, den uns der ungeahnt über uns hereingebrochene Corona-Alptraum ermöglicht hat, eine große Chance für uns ist, Covid-19 zu mildern und vielleicht abzukürzen oder in Zukunft Ähnliches frühzeitig abzuwehren. Weil wir in dieser Stunde der Ohnmacht und der uns vom Schicksal aufgezwungenen Einengungen und Bedrohungen alle aufeinander angewiesen sind, müssen wir umso enger zusammenrücken, wenn auch nur virtuell wegen des gebotenen räumlichen Abstands. Ich möchte – und das war der Kernpunkt meiner digitalen Ansprache an deutsche Schülerinnen und Schüler auf dem Höhepunkt der Coronakrise Anfang April 2020 – dass wir alle in der Stunde der höchsten Gefahr innehalten, tief durchatmen und zu uns selber kommen und dabei ein immer deutlicheres Gespür dafür bekommen, was zu tun ist. Es gilt, die unschätzbare Chance unseres Miteinanders zu nutzen und gemeinsam auf der Basis von Mitgefühl und Empathie und vor allem von *Geduld* und langem Atem zuzupacken und diejenigen, die am längeren Hebel sitzen, zu überzeugen, das zu tun, was zur Rettung unseres Planeten notwendig ist. Für mich ist dieses Miteinander nicht nur etwas Räumliches, äußerlich Praktisches. Ich glaube daran, dass es einen tieferen Sinn hat, der uns zu dieser Geduld verhelfen kann. Dieser Sinn beruht auf der Erkenntnis und dem Bewusstsein unserer Endlichkeit und Begrenztheit, auf das uns die Pandemie zurückgeworfen hat. Deshalb bin ich davon überzeugt, dass gegen jede ohnmächtige Vereinzelung des Menschen dessen Einbindung in einen universalen, mit einem übergreifenden Wertesystem verbundenen Beziehungszusammenhang steht, zu dem wir alle gehören und der uns alle zusammen stark macht. Ob Demokratie, Dialog und Empathie oder gar Liebe – alles sind Metaphern und wichtige Zugänge zu diesem einen großen und zusammenhängenden Ganzen, in welches alles zusammenfließt. Deswegen glaube ich, dass unsere Beziehung zu dem Ganzen nicht mit dem Tod endet, dem wir Menschen gegenwärtig so nahe gekommen sind. Denn einzig die Kraft der Beziehung im Kreislauf zwischen Entstehen, Vergehen und Wiedererstehen vermag den Tod zu überwinden. Deshalb habe ich am Schluss meiner Ansprache an die Schüler die Worte des Philosophen Vilém Flusser zitiert, die als Inschrift auf seinem Grabstein auf dem neuen jüdischen Friedhof in Prag stehen: „Ich bin sterblich. Du bist sterblich. Zusammen sind wir unsterblich".

Zwei teilweise voneinander abhängige Pandemien

Der folgende Gedanke ist gewissermaßen ein Nebenprodukt meiner ersten Dialogversuche mit deutschen Schülern nach dem Ausbruch der Corona-Pandemie. Er basiert auf der sich mir zunehmend aufdrängenden Frage nach dem Verhältnis zwischen der uns überraschend heimsuchenden und unser Leben verändernden Pandemie und unserer Grundhaltung zu unserem Leben generell, zu uns selbst, zu unseren Mitmenschen und zur Welt, in der wir leben, auch gesellschaftspolitisch. Hat uns die Pandemie gegenüber früher verändert? Hat sie einen Einfluss auf unser Handeln, auf unsere Normen und Werte ausgeübt? Hat irgendein Umdenken stattgefunden oder befinden wir uns mittendrin?

Nachdem auf meine Ansprache im April an die namenlosen deutschsprachigen Schülerinnen und Schüler kein erwähnenswertes Echo erfolgt war, formulierte ich zwei Monate später eine zweite Version, diesmal technisch sehr viel hochwertiger in der Münchner Stadtbibliothek Monacensia aufgenommen und dann als Video an das Städtische Gymnasium Katharineum in Lübeck gesendet, wo ich schon vor Jahren zu Vorträgen und Lesungen eingeladen war und den besonderen Stil dieses Gymnasiums und seine Schüler und Lehrer zunehmend ins Herz geschlossen hatte. Die am 8. Juni gesendete Ansprache sollte nur ein Input sein für ein anschließend folgendes ausführliches Zoom-Gespräch von meiner Münchner Wohnung aus mit Schülern des Katharineums. Der lebendige Dialog mit einer ganzen Reihe junger und interessierter, anregender Gesprächspartner (es meldete sich leider keine einzige Schülerin!) dauerte über eine Stunde, am Schluss brachte sich auch noch die Deutschlehrerin dieser Schule ein. Das Ganze wurde ein lebendiger, anregender und unbeschwert offener Austausch.

Die oben erörterte Frage, die mich schon länger nicht mehr losgelassen hat und die auch Teil der Thematik des Zoom-Gesprächs mit Lübeck gewesen ist, betrifft weniger die Folgen als die *Ursachen* der Corona-Pandemie. Genau genommen geht es um die Frage, welche unserer Grundhaltungen die Entstehung jener Pandemie mindestens mitverschuldet haben und was wir verändern müssten, um Seuchen dieser Art in Zukunft erst gar nicht aufkommen zu lassen oder sie zumindest frühzeitig abzuwehren und besser in Schach zu halten.

Dabei geht es mir nicht nur um die Frage der *Entstehung* dieses Virus. Dafür gibt es inzwischen die wildesten Verschwörungstheorien wie beispielsweise den Verdacht, es sei in chinesischen Labors als biologische Waffe gegen den Westen gezüchtet worden. Sehr viel ernster zu nehmen sind die ökologischen und damit ebenfalls vom Menschen verschuldeten Gründe, die dieses Virus so wie viele andere Viren höchstwahrscheinlich mitverursacht haben. Ebenfalls für sehr wichtig halte ich die Frage nach der direkt menschengemachten *Ausbreitung* des Virus. Denn jeder weiß, dass es ohne die heutigen fast unbegrenzten Reisemöglichkeiten des *Homo mobilis*, geschäftlich und touristisch, nie zu einer Ausbreitung von Covid-19 in diesem Ausmaß gekommen wäre und uns allen diese Pandemie höchstwahrscheinlich erspart geblieben wäre. Dieses „immer schneller, immer höher, immer besser" hat zu dieser Katastrophe entscheidend mit beigetragen und uns, wie zur Strafe, in unserer Existenz auch wirtschaftlich so weit und so tief zurückgeworfen.

Das heißt für mich, dass wir Menschen trotz unseres Strebens nach einer sinnvollen und weiterführenden Entwicklung unserer Spezies immer wieder über uns selber stolpern, im Widerstreit mit uns selbst stehen und damit leicht zu unserer eigenen Pandemie werden. Damit gefährden wir unser Miteinander durch ein weiteres, nicht weniger tödliches geistiges „Virus", welches mit den biologischen Viren in Konkurrenz steht. Man könnte als Erklärung dafür im Sinn ältester buddhistischer Weisheit die sogenannten drei Geistesgifte nennen: Gier, Hass und Verblendung bzw. Ignoranz als die drei Grundübel unseres Lebens und als eines der wichtigsten Beispiele für das buddhistische Verständnis von Ursache und Wirkung. Dabei sollten wir diese Geistesgifte nicht nur bedauernd oder gar selbstmitleidig zur Kenntnis nehmen. Vielmehr sollten wir nach Wegen zur Beseitigung oder zumindest Eindämmung jenes geistigen Virus suchen. Es ist immer wieder entlarvend festzustellen, wie leicht Gier, Hass oder Verblendung einzeln oder in Kombination sich als klare Ursache für die seit Menschengedenken weltweit verbreiteten Folgen wie Egoismus, Größenwahn und Abschottungsdrang erweisen. Und daraus wiederum entwickeln sich Feindbilder und Vernichtungsphantasien, die Ungerechtigkeit, Kriege und Zerstörung heraufbeschwören. Dies könnte man als eine von uns selbst verantwortlich erzeugte und unsere eigene Existenz dauerhaft gefährdende *moralische Pandemie* bezeichnen.

Diese tief in unserem Inneren angelegte moralische Pandemie ist bis zu einem gewissen Grad auch abhängig vom Wirken der uns nicht weniger bedrohenden biologischen Krankheitserreger um uns herum: Biologische Krankheitserreger können uns vielleicht durch das von ihnen erzwungene Innehalten noch stärker die Gefährlichkeit unserer moralischen Pandemie vor Augen führen und uns zu gewissen Umstellungen in unserem Leben bewegen. Dies bezeichne ich als den „Neuen Imperativ", dessen Leitlinien und Inhalte uns durch Corona und deren Folgen erschlossen worden sind.

Der interkontinentale Vergleich der Corona-Pandemie zwischen Februar und Hochsommer 2020 zeigt interessante Ergebnisse. Einige europäische Länder wie Italien, Frankreich und Spanien hatten während der ersten, härtesten Monate Furchtbares durchzumachen, haben sich dann jedoch wieder erfreulich gut gefangen. Sie haben, ähnlich wie Deutschland, Österreich und andere, ein effektives und von der Bevölkerung weitgehend befolgtes Krisenmanagement durchgeführt. Dadurch wurde den Menschen besonders anfangs eine geradezu heroische Disziplin und ein bewundernswerter Verzicht abverlangt, und es hat sich eine Grundhaltung von Achtsamkeit und Solidarität entwickelt. Und wenn dies auch mit Einschränkungen und gewissen Umstellungen im Konsum- und Ernährungsverhalten erfolgreich einhergegangen ist, dann bedeutet dies einen Abstrich an der in der Vor-Corona-Zeit selbstverständlichen, vielfach überzüchteten Anspruchshaltung. Mit einer disziplinierten und vernunftbetonten Verzichthaltung und einer Mäßigung unseres oft überzogenen Lebensanspruchs bekommen wir die Pandemie am ehesten in den Griff. Das Gegenteil zeigt sich allerdings (durchaus teilweise verständlich) während des langsam weiter in den Herbst vorrückenden Sommers. Die Menschen, die monatelang in einem inzwischen abgemilderten Lockdown geschmort haben, geraten jetzt leicht in Panik darüber, dass sich der von der rechtslastigen Boulevardpresse bereits im April 2020 schrill prognostizierte Wegfall eines jeglichen Sommerurlaubs im Sinn einer *Self-Fulfilling Prophecy* bewahrheiten könnte. In diesem Zuge macht sich an einigen Hotspots im Bundesgebiet ein ziemlich unreifes Aufbegehren gewisser Gruppierungen breit: provokative Massenpartys oder lautstarke Demonstrationen auf Straßen und Plätzen, bei denen ein skurriles Konglomerat aus unverbesserlichen Querulanten, autistischen Esoterikern, staatsfeindlichen Rechtsextremen und verblendeten Verschwörungstheoretikern mit Transparenten, aber ohne Schutzmasken und ohne Einhaltung der Abstandsregeln aufmarschiert – mit der Folge eines rapiden Anstiegs von Neuinfektionen. Dies zeigt uns, wie rasch die mit Corona verbundene Chance vertan werden kann, sobald man wieder in die gegenteilige Haltung einer übertriebenen Anspruchshaltung, in Animosität und Ignoranz zurückfällt. In den diktatorisch oder populistisch regierten Ländern ohne verantwortungsvolles Krisenmanagement und mit entsprechend drastisch erhöhter Infektionsrate ist eine hochgefährliche Situation entstanden, die auf lange Zeit unabsehbar ist.

Daraus meine ich schließen zu können, dass aufgrund der vertrauensvolleren und erfolgreicheren Kooperation zwischen Regierung und Bevölkerung in einer Demokratie eine virale Pandemie effektiver in Schranken gehalten werden kann als in einem autoritären System. Die gemeinsame Beherrschung einer Pandemie durch Regierung und Bevölkerung ist gleichsam ein Testfall für das Funktionieren einer Demokratie. Aber auch umgekehrt hat sich nach hoffnungsvollen Anfängen einer weitgreifenden Solidarität innerhalb der Bevölkerung zu Beginn der Covid-19-Pandemie gezeigt, dass deren unabsehbares Sich-Hinziehen unsere Durchhaltekraft so sehr strapaziert, dass dies auch zu einer erheblichen Gefahr für die Demokratie werden kann. Am prekärsten wird es, wenn antidemokratische Minderheiten eine weitflächig um sich greifende Missstimmung in der Bevölkerung aufgreifen und sie für ihre nationalistisch-rassistische Wühlarbeit nutzbar machen, sich an desorientierte Wutbürger und Anhänger von Verschwörungstheorien heranmachen und sie gegen den Staat aufhetzen. Damit versuchen sie, eine die Demokratie aus den Angeln hebende Massenbewegung zu erzeugen. Und indem sie bei gemeinsamen öffentlichen Protestaktionen auch noch dazu aufrufen, alle wissenschaftlich empfohlenen Vorsichtsmaßnahmen zu boykottieren, nehmen sie bewusst Masseninfektionen in Kauf, die die Bevölkerung weiter zermürben und sie für verdummende Stammtischparolen oder allerlei Verschwörungslegenden empfänglich machen sollen.

Die Lange Nacht der Demokratie

Vor diesem Hintergrund klingt die im Folgenden vorgestellte Mut machende Veranstaltungsreihe mit diesem Namen ungewollt doppeldeutig. Gemeint war jedoch sicher nicht bildlich eine Nacht im Sinn von Umnachtung oder Finsternis der Demokratie. Es sollte wohl eher ein dämmernder Morgen sein. „Die Lange Nacht der Demokratie“ war von Anfang an immer gedacht als ein – bisher auf den Freistaat Bayern begrenztes – *Wertebündnis*, welches zur Inspiration, zur Begegnung und zur Reflexion der Bedeutung von Demokratie in ihren vielfältigen Formen anregen soll. Sie fand zum ersten Mal in der Nacht vom 15. auf den 16. September 2018 in zehn bayerischen Städten und Gemeinden statt. Die zweite Auflage, inzwischen unter dem Vorzeichen der Corona-Pandemie, fand am Vorabend des 30. Jahrestages der Deutschen Einheit, am 2. Oktober 2020, in mehr als 30 bayerischen Städten und Gemeinden statt.

Als bemerkenswertes Beispiel möchte ich hier die Podiumsdiskussion im Bayerischen Landtag an diesem Datum mit der Landtagspräsidentin und zugleich Schirmherrin der landesweiten Aktion, Ilse Aigner, und mit Münchens Oberbürgermeister Dieter Reiter herausgreifen. Zusätzlich wurde für den betreffenden Abend auch eine von Dr. h.c. Charlotte Knobloch, Präsidentin der Israelischen Kultusgemeinde München und Oberbayern, überbrachte Videobotschaft präsentiert. Thema der Diskussion waren drängende Fragen der Zeit: Wie agieren rechte Parteien in den Parlamenten und wie festigen dagegen die etablierten Parteien ihren demokratischen Konsens? Welche Mittel helfen gegen die Provokationen der Rechten? Und wie verstärkt Corona die antidemokratischen Strömungen?

Im Mittelpunkt der Aufzählung der Gefahren für die Demokratie standen zum einen die immer wieder sich in Demonstrationszügen sicht- und hörbar machende Unzufriedenheit und die Verlustängste der Bürger, die sich gegen die Entscheidungen von „denen da oben" bezüglich der Pandemie auflehnen, und zum zweiten das Störfeuer der unermüdlichen Aufwiegelungsversuche der international vernetzten rechten Szene.

Weitere Politiker aus dem Plenum berichteten von ihren Anstrengungen, den durchgängigen Provokationen und Abgrenzungsstrategien von AfD-Abgeordneten gegenüber den „Altparteien", wie sie die anderen Fraktionen nennen, wirkungsvoll zu begegnen. Entscheidend sei, wie betont wurde, der demokratische Konsens der anderen Parteien über Menschenrechte und über das nicht verhandelbare Grundgesetz als die immer noch sicherste Waffe gegen antidemokratische Umtriebe. Ein weiteres effektives Hilfsmittel gegen Grenzverletzungen des demokratisch-parlamentarischen Stils seitens rechter Abgeordnete mittels Angriffen, Beleidigungen, rassistischer Bemerkungen etc. seien Videoaufnahmen, die im Nachhinein in Ruhe analysiert werden könnten. Dabei müsste natürlich auch immer in fairer Weise geprüft werden, wieweit vorgetragene Anliegen vielleicht doch berechtigt waren.

Das glaubwürdigste und beste Mittel der etablierten Parteien, zum Erhalt der Demokratie beizutragen sei, so die einvernehmliche Meinung, die Ehrlichkeit und die Bereitschaft, Irrtümer zuzugeben. „Neue Erkenntnisse verwenden, Entscheidungen revidieren – das muss die Politik! Man muss dazulernen können und das auch zeigen", so die Landtagspräsidentin.

Es ist in meinen Augen genau das, was ich mit dem Einsatz des auch für die politische Auseinandersetzung empfehlenswerten partnerzentrierten Dialogs meine: Authentizität und eine dem politischen Gegner gegenüber besonders vorsichtige empathische Grundhaltung.

Erneuerungsansätze

Modell *High Energy Democracy*

Anfang 2020 stieß ich auf das eben erschienene höchst bemerkenswerte Buch von Georg Diez und Emanuel Heisenberg „Power to the People".[46] In diesem wird geradezu hellseherisch ein neuartiges Demokratie-Modell diskutiert; kurz nach dem Ausbruch der Covid-19-Pandemie im Frühjahr wurde überraschend in ersten Ansätzen etwas Vergleichbares realisiert. Die von der deutschen Bundesregierung blitzschnell aus dem Boden gestampften gesetzlichen Regelungen und Verordnungen zum Schutz der Bevölkerung vor Corona waren zum ersten Mal nicht in einem Politiker-Elfenbeinturm und losgelöst von der demokratischen Basis zusammengestellt und beschlossen worden. Das Notprogramm folgte vielmehr dringenden wissenschaftlich fundierten Empfehlungen durch virologische, medizinische und wirtschaftliche Experten, Institutionen, Forschungsinstitute und Akademien. Sie mussten dem rapiden Verlauf der Pandemie ständig neu angepasst werden, und besonders während der Anfangsmonate wurden neue Daten und Erkenntnisse über tägliche Pressekonferenzen und Video-Podcasts der Öffentlichkeit vorgestellt.

Genau diese Art einer digitalen Zwischenschaltung vermittelnder Expertengremien zwischen Regierung und Bevölkerung zugunsten einer basisnäheren parlamentarischen Demokratie ist das Thema des Buchs von Diez und Heisenberg. Hier wird ein für eine pandemiefreie Zeit gedachtes systematisiertes Konzept einer *direkt repräsentativen Demokratie* vorgestellt, welches einem Entwurf der US-amerikanischen Politologen Michael Neblo,

Kevin Esterling und David Lazer in Harvard aus dem Jahr 2018 folgt.[47] Ausgangspunkt der Überlegungen der beiden deutschen Autoren ist die Feststellung, dass die politische Gestaltung unserer Demokratie ohne die Möglichkeit, sich im Internet zu informieren und zu recherchieren, nicht mehr denkbar ist. Ohne die dauernde Präsenz des Internets wäre nicht nur der Großteil der Abgeordneten, sondern auch die parlamentarischen Ausschüsse aufgrund der Komplexität aller von ihnen behandelten Sachthemen überfordert. Die Technologie in unserem digitalen Zeitalter ermöglicht eine Weiterentwicklung unserer Demokratie durch Einbeziehung der Bevölkerung und verhindert damit deren Hinwendung zu attraktiveren autoritären Alternativen.[48] Die Präsenz des Internets und damit verbundene technische Möglichkeiten verändern Demokratie generell und können sie stärken, denn digitale Technologie ermöglicht schnellere Entscheidungen, transparentere Kommunikation und eine neuartige Organisations- und Arbeitsweise. Auch wenn diese Änderungen Ängste hervorrufen können, zwingen sie uns umso mehr, uns mit der Innovation der Demokratie durch die digitale Technologie auseinanderzusetzen. Denn ohne Anerkennung und Akzeptanz dieser Neuerung kann in Zukunft keine Demokratie mehr bestehen.[49]

Für jede authentische Demokratie, sogar für die heute auf einen bedenklichen Rest zusammengeschrumpfte Demokratie in den USA, gilt, dass die mit den richtigen technologischen Mitteln ausgestatteten lokalen Institutionen und Behörden in Kenntnis ihrer eigenen historisch gewachsenen Strukturen den nationalen Institutionen weit überlegen sind, weil Standardlösungen auf Bundesebene für den Lokalbereich nicht mehr passen. Gerade unter der die US-amerikanische Nation als Ganze gesundheits-, wirtschafts- und gesellschaftspolitisch plattwalzenden Administration des *Fake President* haben die Städte politisch eine neue Bedeutung gewonnen. Durch Bewegungen wie die der *Sanctuary Cities*, die besonders hinsichtlich der Einwanderungspolitik ohne Zusammenarbeit mit dem Bund ihre eigenen Wege gehen, sind sie, besonders für die dort aufgenommenen illegalen Einwanderer, zu einem Schutzraum geworden. Von diesen Städten gehen auch Visionen zum Klimaschutz aus und sie können sich auch jederzeit überregional zusammenschließen. Dieser Initiative haben sich im östlichen und westlichen Küstenbereich ganze Staatsparlamente angeschlossen. Städte, Gemeinden und Kommunen sind damit Orte einer *High Energy Democracy.*[50] Dabei ist Technologie zentral nicht nur für die praktische Umsetzung, sondern auch für ein neues Bewusstsein: Global denken, lokal handeln.[51]

Damit parlamentarische Entscheidungsprozesse nicht über den Kopf der Bürgerinnen und Bürger hinweg ablaufen, sprechen sich Diez und Heisenberg als digitale Alternative zur gegenwärtigen demokratischen politischen Praxis und als neue Mischform von parlamentarischer und direkter Demokratie dafür aus, dass per Losverfahren aus allen Teilen der Gesellschaft ausgewählte, fachlich kompetente Räte oder Bürgerkonvente Entscheidungskompetenzen von repräsentativ gewählten Parlamenten übernehmen. Diese Übernahme erfolgt gestuft. Diese Art der Einbindung von Bürgerinnen und Bürgern soll mit unterschiedlichen Verbindlichkeitsgraden erfolgen – von der bloßen Meinungsäußerung über eine gewisse Partizipation bis hin zur weitreichendsten *Co-Governance.*[52] Der Vorteil der „Einschaltung" solcher Gremien zwischen Parlament und Bürgern besteht nicht nur in den mit dieser Brückenfunktion gegebenen kommunikativen Chancen, sie kann auch allzu enge, oft fragwürdige Verbindungen zwischen Parlament und bürgerfernen Interessengruppen verhindern oder zumindest abschwächen. Als einer der wesentlichen Grundsätze unseres demokratischen Verständnisses bleibt natürlich gerade bei Nutzung des Internets die unabdingbare Forderung bestehen, dass bei der Verwendung und Verbreitung digitaler Informationen der Persönlichkeitsschutz mit sicherer Verschlüsselung gewahrt bleiben muss, damit die Meinungsfreiheit, die persönliche Unversehrtheit und auch der Schutz von Gesundheitsinformationen gewahrt bleiben.

High Energy Democracy wäre dann, in Anlehnung an den deutsch-brasilianischen Denker Roberto Mangabeira Unger, der Inbegriff einer Basisdemokratie, welche auf digitaler Ebene lokale und globale Innovation verbindet und unter Einbeziehung parlamentarisch kontrollierender und kontrollierter Strukturen die Mündigkeit ihrer Bürgerinnen und Bürger gewährleistet. Eine Ausweitung des demokratischen Prinzips in alle gesellschaftlichen und wirtschaftlichen Bereiche im Sinn einer möglichst breiten politischen Beteiligung wird vor allem auch in der *Deliberationstheorie* von Jürgen Habermas als Kernpunkt der Politik und als ein Wert an sich verstanden. Wenn in diesem Zusammenhang Demokratie nicht nur als Staats-, sondern im Sinn von Benjamin Barber vielleicht sogar mehr als „Lebensform" verstanden wird, dann soll dies mehr die besondere Bürgernähe einer *High Energy Democracy* noch unterstreichen.

Im Gegensatz dazu kann jede parlamentarisch-repräsentative Demokratie ohne ausreichenden Bezug zur Basis zu einer bevölkerungsfernen Blase verkommen. Der britische „Guardian"-Kolumnist George Monbiot hat wenige Monate vor dem Ausbruch der Corona-Pandemie den Volkswillen in der englischen repräsentativen Demokratie schlicht als „Mythos" bezeichnet. Denn in der üblichen Glasglockendemokratie pflegen Hunderte von in den für unsereins anonym bleibenden Routine-Gremien getroffene Vorentscheidungen zu einem mehr oder weniger willkürlichen Pool gebündelt zu werden. Und aus diesen kristallisieren sich am Ende im Parlament über den Kopf der Bürgerinnen und Bürger hinweg mehrheitliche Entscheidungen heraus.[53]

Handfesten Gegenvorschlägen dazu begegnen wir laut den beiden deutschen Autoren in der 2018 erschienenen, bereits oben erwähnten Schrift der drei amerikanischen Politologen Neblo, Esterling und Lazer. Sie plädieren für das Modell der *Town Hall*, der Bürgerversammlung: ein Online-Gesprächsforum, welches langfristig eine einvernehmliche Zusammenführung unterschiedlicher Gruppierungen anstrebt mit Menschen, die trotz räumlicher Trennung digital gleichzeitig anwesend sind. In Zeiten von Corona wird aufgrund des erzwungenen räumlichen Abstandes der Menschen voneinander diese virtuelle elektronische Zusammenführung jetzt schon über mehrere Monate fast täglich eindrucksvoll vorexerziert.

Den drei amerikanischen Autoren erscheint jeder Gegensatz zwischen direkter und repräsentativer Demokratie konstruiert und verzerrt. Stattdessen plädieren sie für eine Verbindung beider Formen durch eine Erweiterung bestehender demokratischer Institutionen, die sowohl direkter als auch repräsentativer gestaltet werden sollen, womit eine größere Nähe zwischen Bürgern und Regierung bzw. Parlament zustande kommt. Je mehr die Kommunikation in wechselseitigem Vertrauen und Respekt verläuft, desto mehr gewinnen beide.

Diez und Heisenberg begeben sich im Zusammenhang mit ihren konkreten Vorschlägen auch in die Tiefe grundlegender humanistischer und universaler Überlegungen und gehen der Frage nach dem Sinn und den wichtigsten menschlichen und gesellschaftlichen Zielen der Demokratie nach. Sie stellen direkt die Frage „Was ist der Mensch?" als

> Anfang jedes Nachdenkens über eine mögliche politische Ordnung und eine humane Form der Demokratie, die im 21. Jahrhundert auch die nicht-humanen Teile des Planeten mitdenken muss [...] Insofern kann das politische Denken nicht nur lokal und global sein, sondern in einem weiteren Schritt planetar auf die Erde als Ganzes bezogen, nicht nur als Verbindung von Menschen, sondern als Verbindung von allem. Denn der Mensch, der sich selbst zur Krönung der Schöpfung erklärte, [...] ist nicht allein. Die Folgen dieses egoistischen Denkens sind heute deutlich sichtbar: die Zerstörung des Planeten, die aus der menschlichen Macht und Herrschaft über die Erde erfolgt, eine Geschichte der Ausbeutung. [...] Was der gegenwärtigen politischen Ordnung fehlt, ist vor allem Demut – dem Planeten gegenüber, den Ozeanen, den Wäldern, den Tieren, der gesamten Natur. Ohne diese Demut wird Macht missbräuchlich.[54]

Unter Berufung auf die Philosophin Donna Haraway, die eine Form der Verwandtschaft des Menschen mit dem Planeten empfindet und daraus eine Haltung des „Verwandtschaft-Annehmens", des Mitfühlens und Einfühlens postuliert, betonen die Autoren auch die Wichtigkeit der *Empathie* im Sinn von *Einfühlung*, an deren Anfang die Einsicht in die eigene Verletzlichkeit steht. So sehr die „alten" Ideale wie Freiheit, Gleichheit und Brüderlichkeit auch heute noch einen „Rahmen" bilden für uns Menschen im Zeitalter der digitalen Revolution, so hat sich inzwischen doch das Selbstbild des Menschen zu einem politischen Wesen in einer vernetzten Welt erweitert, erfüllt von einer Sehnsucht nach einer Ordnung, die offener ist für ein ausgeprägtes, das Ganze berücksichtigendes Verantwortungsbewusstsein.[55]

Das notgedrungen mit abstrakten Termini operierende, aber zwischen den Zeilen doch als leidenschaftlichen Appell für politisches Umdenken gedachte Buch schließt dementsprechend mit einer Reihe von Fragen, die ausdrücklich als Aufruf an die Leser gemeint sind, die eigenen Energien und Ressourcen dafür aufzubringen, an den skizzierten Grundlinien einer veränderten Politik und Gesellschaft mitzuwirken.[56] Diese sind durch die Corona-Pandemie gewiss nicht überholt worden, sondern dürften sich im Gegenteil eher zugespitzt haben.

Sie betreffen einmal die Frage, wieweit ein Umbau und eine Ergänzung der repräsentativen Demokratie durch zeitgemäße Entscheidungsmechanismen und den Einsatz technologischer Werkzeuge zu einem wirklich globalen Unternehmen werden kann. Ließe sich auf diese Weise ein technologischer und politischer Ansatz finden als dritter europäischen Weg zwischen amerikanischem *Überwachungskapitalismus* und autokratischer Macht Chinas?

Wichtig wäre auch die Schaffung einer Verbindung zwischen diesem Technologieverständnis und dem Green New Deal: Wie können Ressourcenverbrauch und Wachstum in ein Verhältnis gebracht werden, welches für Gerechtigkeit und Nachhaltigkeit zugleich steht?

Des Weiteren fragt sich, wie viel Verzicht notwendig ist, um die schlimmsten Auswirkungen der Klimakrise zu vermeiden. Und, last, not least, geht es auch um die Frage, wie weit das Eigentum an Produktionsmitteln demokratisiert werden kann.

Meiner Meinung nach ist für eine konsequente Weiterführung des Bestrebens, möglichst viele Menschen zum Nachdenken über die Veränderung unserer Demokratie mit technologischen Mitteln in die Richtung globalen Denkens und lokalen Handelns zu bringen, speziell die nachwachsende Generation anzusprechen. Dies wiederum setzt voraus, in unserem Schulsystem den digitalen Unterricht auszubauen, um so das Bewusstsein für die Wichtigkeit der Technologie für jede Weiterentwicklung unserer Demokratie zu wecken. Dabei wären sicherlich auch *inhaltliche* Aspekte der Demokratie zu behandeln, die für die jeweiligen Altersgruppen von Interesse sind. Gerade in den Zeiten von Corona hat sich, was die Anwendung technologischer Medien in unserem Schulsystem betrifft, ein erheblicher Nachholbedarf gezeigt. Ungeachtet dessen beginnen sich in unserem sich leider vielfach postfaktisch gebärdenden Zeitalter 15- bis 16-jährige Schüler damit frühzeitig gegen *Fake News* zu wappnen, dass sie unter pädagogischer Anleitung auf ihren mobilen Geräten *Fake News* auf Facebook, Twitter und in politischen Nachrichten aufspüren, um damit mit dem richtigen Blick für deren typische Merkmale ausgerüstet zu sein.[57]

Black Lives Matter

Am 25. Mai 2020, an dem in den USA der Memorial Day begangen wurde, kaufte der 46-jährige Afroamerikaner George Perry Floyd kurz vor 20 Uhr bei *Cup Foods*, einem Lebensmittelgeschäft an der Chicago Avenue in Minneapolis, eine Schachtel Zigaretten. Der 20-Dollar-Schein, mit dem Floyd bezahlt hatte, wurde im Laden für gefälscht gehalten, deshalb folgten ihm zwei Mitarbeiter auf die Straße und forderten ihn vergeblich auf, die Zigaretten zurückzugeben. Daraufhin rief das Geschäft bei der Polizei an. Um 20:08 Uhr traf ein Streifenwagen mit zwei Beamten ein. Einer von ihnen begab sich zu Floyds Auto, richtete seine Schusswaffe auf den darin sitzenden Floyd und forderte ihn, ohne ihm den Grund seiner Ankunft zu nennen, auf, seine Hände auf das Lenkrad zu legen („*Put your fucking hands up right now!*"). Floyd folgte den Anweisungen, begann zu weinen und gab mehrmals an, dass schon in der Vergangenheit auf ihn geschossen worden sei. Nachdem er Floyd erfolglos aufgefordert hatte, aus seinem Auto auszusteigen, zog der Beamte Floyd aus dem Auto heraus. Es kam zu einem Gerangel, bis es dem Beamten gelang, Floyd Handschellen anzulegen. Dieser flehte den Beamten mehrere Male an, ihn nicht zu erschießen („Please don't shoot me, Mr. Officer. Please, don't shoot me man. Please. You can not shoot me, man." Und: „I am scared, man."). Um 20:12 Uhr kam es dann in der Nähe des Streifenwagens zu einem kurzen Gespräch, in dem beide Beamten Floyd den Grund seiner Festnahme erklärten, ihn nach seiner Identität fragten und ihn dann aufforderten, in den Streifenwagen hinten einzusteigen, was Floyd jedoch verweigerte. Er gab an, gerade erst von Covid-19 genesen zu sein und unter Klaustrophobie zu leiden, und bat stattdessen darum, sich auf den Boden legen zu dürfen. In der Zwischenzeit war ein zweiter Streifenwagen mit den beiden Polizeibeamten Derek Chauvin und Tou Thao eingetroffen. Der Dienstälteste Chauvin übernahm das Kommando. Bald kam es zu einem erneuten Gerangel, bei dem Floyd aus dem Mund zu bluten begann. Derek Chauvin fixierte Floyd ab etwa 20:19 Uhr auf dem Boden, Floyd leistete keinen Widerstand. Mehrere Personen begannen, die Szene zu filmen. Die Videos zeigen, wie Chauvin sein linkes Knie auf Floyds Hals drückt – eine Praxis, die in Minneapolis wie den meisten anderen Polizeidepartements der USA verboten ist. Als Floyd immer wieder äußerte „I can't breathe!" („Ich kann nicht atmen!"), bat ein Passant die Beamten, ihn atmen zu lassen. Floyd sagte außerdem, er werde gleich sterben. Ungeachtet all dessen presste Chauvin sein Knie sogar nach der Anforderung eines Krankenwagens weiterhin auf Floyds Hals. Floyd klagte zunehmend über Schmerzen in Bauch, Genick und Gesicht, bat um Wasser und flehte erneut, dass man ihn nicht töten möge. Mehrmals rief er: „Mama, Mama, Mama." Um 20:25 Uhr verlor George Floyd das Bewusstsein. Die anderen drei Polizeibeamten machten keinerlei Versuche, Erste Hilfe zu leisten. Laut der späteren Anklage gegen Chauvin hatte Floyd fast 30 Mal seinen Hilferuf hervorgewürgt und geäußert, dass er nicht mehr atmen könne. Gegen 20:27 Uhr traf der Krankenwagen ein. Ein Sanitäter fühlte vergeblich nach Floyds Puls. Der Polizist Chauvin ließ sein Knie nach Ankunft des Krankenwagens noch fast eine Minute auf Floyds Hals gepresst. Laut späterer Anklage hielt der Mörder sein Knie insgesamt über einen Zeitraum von acht Minuten und 46 Sekunden in Floyds Halsbereich fest. Gegen 20:29 Uhr wurde der bewusstlose Floyd in den Krankenwagen gebracht und abtransportiert, Wiederbelebungsversuche blieben erfolglos. Um 21:25 Uhr wurde George Floyd in der Notaufnahme des örtlichen Krankenhauses für tot erklärt. „Papa hat die

Welt verändert", äußerte seine sechsjährige Tochter Gianna schon kurz, nachdem ihr Vater bei dem brutalen Polizeieinsatz in Minneapolis sein Leben verloren hatte.

Der grausame Tod des Afroamerikaners löste weltweit einen Schock und größeres Entsetzen aus als alle während der vergangenen Jahrzehnte in den USA bekannt gewordenen Polizei-Morde. Das diesmal für alle sichtbar gewordene Ausmaß an stumpfsinnig-bestialischer Gesinnung und moralischem Tiefstand eines Polizeibeamten führte schockartig zu einer Veränderung des öffentlichen Bewusstseins. Denn es ging hierbei nicht nur um die schändliche Entgleisung eines gemütskranken Einzeltäters, sondern um einen alle bisherigen Vorstellungen übertreffenden Auswuchs eines marode und faul gewordenen Polizeisystems. Die Morde an unschuldigen Afroamerikanern durch Polizeibeamte vor allem in den US-amerikanischen Südstaaten hatten schon gegen Ende der unglücklichen zweiten Amtszeit von Präsident Obama erschreckend zugenommen. Die danach vier Jahre lang fast ununterbrochen durch Obamas Nachfolger aus dem Weißen Haus getwitterten Hass- und Hetztiraden gegen praktisch alle Menschen anderer Hautfarbe ließen schließlich die letzten Dämme brechen.

Nach der Ermordung George Floyds kam es landesweit zu Massenprotesten von Menschen aller ethnischer Gruppierungen und zu einer Debatte über systematischen Rassismus und Polizeigewalt. Im Bereich des Sports, der Politik und Wirtschaft und selbst bei der Polizei bemerkte ich rasch einen größeren Wandel in den Köpfen als im Lauf der ganzen Jahre davor. Trotz Corona-Beschränkungen demonstrierten in zahlreichen US-Städten jeweils Tausende von Menschen, darunter auch Ex-Präsident Obama persönlich. Noch nie zuvor hatten sich so viele Weiße an derartigen Protesten beteiligt. Millionen Menschen äußerten sich in den sozialen Medien und solidarisierten sich mit der sich seit 2013 in den ganzen USA ausbreitenden radikal antirassistischen Bewegung *Black Lives Matter*. Mehrere Umfragen zeigten, dass inzwischen eine Mehrheit der Amerikaner Rassismus für ein großes Problem hielt und die Proteste dagegen unterstützte.

Eine weitere konsequente Steigerung des Protests bestand darin, dass nicht nur die akut verantwortlichen persönlichen Täter und Mittäter sowie das menschlich verrohte System der gegenwärtigen Polizei für den Mord verantwortlich gemacht wurden. Der Zorn der sich mit dem Opfer George Floyd Solidarisierenden richtete sich auch gegen die letztlich für das Verbrechen mitverantwortlich gemachten öffentlichen Symbole menschlicher Unterdrückung. So fing man damit an, Statuen historischer Persönlichkeiten niederzureißen und zu zerstören, denen Sklavenhaltung oder die Unterdrückung von Schwarzen oder Ureinwohnern vorgeworfen wurde. Im Bundesstaat Virginia sollte eine Statue des einstigen Südstaaten-Generals Robert E. Lee abgebaut werden, in San Francisco und Boston ging es sogar um den in meinen Augen bisher immer als unbescholten geltenden Kolonialisten Christopher Kolumbus. Und im Kapitol in Washington wurden bald auch historische Porträts abgehängt, weil es dort keinen Platz für den brutalen Fanatismus und grotesken Rassismus der „Konföderierten" gebe. Ein Gedenktag zum Ende der Sklaverei soll in vielen Bundesstaaten zu einem Feiertag erklärt werden, und Filmklassiker wie „Vom Winde verweht" will man künftig nur noch zusammen mit Erklärungen zu deren rassistischen Vorurteilen zeigen.

Als Konsequenz der grauenvollen öffentlichen Hinrichtung eines afroamerikanischen Opfers durch einen Faschisten im Polizeischafspelz wurden in mehreren Bundesstaaten und Städten - darunter Minneapolis, Atlanta, New York und Washington — Polizeireformen auf den Weg gebracht, um exzessive Gewaltanwendung zu unterbinden. So wurden beispielsweise allen Polizeibeamten Würgegriffe und Halsfixierungen verboten.

Typischerweise verlief auf nationaler Ebene die Grenze zwischen wirklichem und nur scheinbarem oder zumindest halbherzigem Reformwillen wieder einmal zwischen den beiden politischen Parteien. Der *Fake President* unterschrieb eine Verfügung zu irgendwelchen letztlich nichtssagenden „Polizeireformen". Im Unterschied zu den Republikanern, die dieses Problem nur mit heißer Stricknadel angehen, versuchten die Demokraten, im Kongress als neue und tiefgreifende Grundlage für Polizeireformen eine ganze Reihe ambitionierter Gesetze auf den Weg zu bringen.

Einer Analyse der vor wenigen Jahren gegründeten amerikanischen Online-Nachrichten-Plattform „Axios" zufolge haben Amerikas größte Unternehmen, darunter auch Banken, nach George Floyds Tod versprochen, rund zwei Milliarden Dollar für den Kampf gegen Rassismus und Ungleichheit zu spenden. Viele Firmen haben auch zugesagt, Angehörige von Minderheiten gezielt zu fördern: Der Sportartikelhersteller Adidas etwa will in den USA künftig mindestens 30 Prozent aller neuen Stellen mit Schwarzen oder Latinos besetzen. „Wir müssen und werden besser sein", äußerte die Firma ihren Wunsch nach einem grundlegenden Wandel.

Der durch Floyds Tod veranlasste Wandel hat auch die Präferenzen der Bevölkerung im Hinblick auf die bevorstehende Präsidentenwahl verändert. Experten prognostizierten, dass sich Schwarze und Angehörige anderer Minderheiten infolge der Massenproteste verstärkt politisch engagieren und dann im November auch tatsächlich zur Urne gehen oder von der Briefwahl Gebrauch machen würden. Und Floyds Tod scheint den demokratischen Präsidentschaftsbewerber in seiner Absicht bestärkt zu haben, eine nichtweiße Frau als Kandidatin für die Vizepräsidentschaft auszuwählen.

Umso vehementer redete der *Fake President* jeden Rassismus klein und trat bei den immer lauter geforderten Veränderungen auf die Bremse. Er verurteilte das brutale Vorgehen gegen Floyd als Einzelfall, erkannte jedoch weder Polizeigewalt gegen Schwarze noch systematischen Rassismus als besonderes Problem an. Die Proteste nahm er persönlich als Kampfansage gegen sich wahr und drohte Demonstranten mit dem Einsatz „bösartiger Hunde" und mit den Streitkräften, anstatt Verständnis zu zeigen und das Land zu einen. Eingriffe in die Erinnerungskultur verbat er sich, wofür ihm seine konservativen Anhänger heftig Beifall zollten. „Unsere Helden sind keine Quelle der Schande", sagte er öffentlich in Arizona. „Wir müssen unsere Vergangenheit wertschätzen, wir müssen gut oder schlecht wertschätzen."

In dem für die öffentliche Stimmung in den USA sehr wichtigen Bereich des Sports, bei dessen Stars in den einzelnen Sportarten und in den Sportverbänden wurden Kehrtwenden vollzogen. Insbesondere die US-amerikanische Fußball-Liga und deren Bosse haben Fehler eingestanden und sich so deutlich wie noch nie gegen Rassismus und „die systematische Unterdrückung schwarzer Menschen" positioniert und sich konsequent für friedliche Proteste ausgesprochen.

„Systematischer Rassismus" heißt primär eine Benachteiligung Schwarzer. Schwarze in den USA leben im Durchschnitt weniger lang, sind weniger gesund und weniger gebildet als Weiße. Schwarze werden bei gleichen Verbrechen zu längeren Haftstrafen verurteilt als Weiße. Das durchschnittliche Vermögen einer schwarzen Familie entspricht einem Zehntel des Vermögens einer weißen Familie – ein Verhältnis, das sich seit Jahrzehnten kaum verändert hat.

Mit dem vorangegangenen, bewusst kommentarfreien Bericht wollte ich zeigen, in welch beschämenden Zustand die einst weltweit so vorbildlichen Vereinigten Staaten von Amerika mit ihrer großen politischen Tradition und ihrer ältesten demokratischen Verfassung im Lauf der Jahrzehnte bis zum jetzigen Tiefpunkt abgerutscht oder besser gesagt hineingeschlittert sind. Wenn es so weit kommt, dass die aus dem Weißen Haus getwitterten Hass- und Hetztiraden gegen praktisch alle Menschen nicht-weißer Hautfarbe von immer mehr Polizeiangestellten als Aufforderung aufgefasst werden, Menschen anderer Hautfarbe sogar mit einem gewissen stolzen Pflichtbewusstsein zu töten, dann bewegt sich Amerika in bedenklicher Weise in die Nähe des nationalsozialistischen Vernichtungsprogramms in Deutschland vor 80 Jahren.

Umso wichtiger ist es mir, im folgenden Schlusskapitel alle bisherigen Gedanken zu den tiefsten menschlichen, gesellschaftlichen und historischen Grundlagen der Demokratie und den notwendigen Schritten zu deren praktischer Verwirklichung auf das Fundament der modernen Quantentheorie und ihres neuen Weltbildes zu stellen, wodurch die engen Zusammenhänge zwischen Willensfreiheit, Dialog und Demokratie noch deutlicher ersichtlich werden können.

Grundlegendes zu Willensfreiheit, Demokratie und Dialog

Das Maß jeder Demokratie ist der mit Willensfreiheit versehene Mensch. Solange vor der Entdeckung der quantenphysikalischen Gesetze im frühen 20. Jahrhundert die klassische Physik und alle naturwissenschaftlichen Disziplinen den grundsätzlichen Determinismus vertraten, postulierten auch Gehirnphysiologen – und diese tun sich auch heute oft noch schwer, sich von dieser Überzeugung zu verabschieden –, dass unser Denken und Handeln durchgehend durch kausale Vorbedingungen festgelegt sind und deshalb von einem freien Willen keine Rede sein kann. Die Annahme eines freien Willens war ausschließlich Gegenstand einer von jeder Naturwissenschaft streng getrennten geisteswissenschaftlichen Domäne mit Disziplinen wie der Psychologie, der Philosophie und der Theologie. Dies änderte sich mit dem Siegeszug der Quantenphysik. Das neue bestimmende Prinzip des quantenphysikalischen *Indeterminismus* führte zu einer Änderung unseres Welt- und Menschenbildes und damit auch zur Beendigung der Schizophrenie zwischen Natur- und Geisteswissenschaften. Das heißt jedoch nicht, dass die Annahme eines freien Willens damit auch ein Gegenstand der Quantenphysik wurde oder gar durch diese bewiesen werden konnte. Neu war nur, dass die Annahme eines freien Willens sich jetzt als kompatibel mit den Gesetzen der Quantenphysik und damit mit physikalischen und naturwissenschaftlichen Gesetzen überhaupt erwies. Damit fanden Natur- und Geisteswissenschaften zurück zu ihrer ursprünglichen Einheit, die vor der künstlichen cartesischen Trennung der Wirklichkeit in *res extensa* und *res cogitans* immer gegolten hatte.

Zunächst wurde mit der Beobachtung subatomarer Vorgänge im frühen 20. Jahrhundert deutlich, dass der Beobachtende niemals sämtliche Bestimmungsstücke der Welt erkennen kann, weil er selbst Teil dieser Welt ist. Aber das allein ist kein Argument gegen den Determinismus. Es könnte ja alles vorherbestimmt sein, ohne dass wir wissen können wie. Viel wichtiger ist die Tatsache, dass die Quantenphysik eine *Physik der Möglichkeiten* ist. Jedes Elementarteilchen hat in jedem Moment unterschiedliche Möglichkeiten der Weiterentwicklung. Zwar ist die Menge der Möglichkeiten und die Häufigkeit, mit der sie realisiert werden, genau vorgegeben, sodass keine Beliebigkeit herrscht, aber welche Möglichkeit ein einzelnes Elementarteilchen realisieren wird, ist nicht vorhersehbar.

In der klassischen Physik gelten die Naturgesetze so, dass die Entwicklungen weitestgehend determiniert zu sein scheinen. Daher wirkt die Welt um uns so klar regelgelenkt und determiniert. Die Naturgesetze der klassischen Physik sind deterministische Wahrheiten. Sie sind deshalb so eindeutig, weil an jedem Vorgang so viele Elementarteilchen beteiligt sind, dass sich die Abweichungen von der häufigsten Möglichkeit gegenseitig aufheben. Die klassische Physik beschreibt mit ihren Gesetzen die Gesetzmäßigkeiten in unbelebten materiellen Systemen. In Lebewesen mit ihrem labilen Fließgleichgewicht spielen die quantischen Vorgänge eine sehr viel größere Rolle als im unbelebten Bereich. Daher sind Lebewesen trotz der auch sie beherrschenden, der klassischen Physik unterliegenden Naturgesetze sehr viel weniger vorbestimmt. Schon ein so primitives Insekt wie die Fruchtfliege ist genetisch mit einem großen Arsenal an Handlungs*möglichkeiten* ausgestattet und damit in ihrem Verhalten nicht völlig festgelegt. In Versuchen kann man zeigen, dass dieselbe Fruchtfliege wählen kann, welches Verhalten sie aktivieren will bzw. was sie tun muss, um ihr überlebenswichtiges, aber von Natur aus immer labil bleibendes Gleichgewicht aufrechtzuerhalten oder wiederherzustellen.

Mit der zunehmenden Erweiterung und Ausdifferenzierung der Entscheidungs- und Handlungsmöglichkeiten in der Evolution des Lebens vergrößern sich auch die Freiheitsgrade des Handelns von Lebewesen. Am stärksten ausgeprägt sind die Freiheitsgrade dort, wo die differenzierten Abläufe des menschlichen Bewusstseins zum Tragen kommen. Trotz aller Ansätze zu einem freien Willen schon in frühen Formen der biologischen Evolution und erst recht bei der Entwicklung eines Vorbewusstseins bei höheren Säugetieren bleibt es erst beim Menschen sinnvoll und plausibel, von einem eigentlichen *freien Willen* zu sprechen. Und auch dieser bleibt immer ein verhältnismäßig kleiner und brüchiger, von unumstößlichen biologischen bzw. animalischen Determinismen umbrandeter Bereich. Aber dieser freie Wille begründet unsere Fähigkeit, so weit freie Entscheidungen zu fällen und mit diesen Entscheidungen auch unser gesellschaftliches Leben aktiv mitzugestalten, wie wir dazu in der Lage sind.

Die modernste Staatsform, die der Existenz eines freien Willens am stärksten Rechnung trägt, sind die verschiedenen bereits erörterten Formen der *Demokratie.* Deren Struktur und Zielsetzung nach ist es den Menschen nicht nur möglich, sondern sie sind als Bürger eines demokratischen Staates auch dazu aufgerufen, am Aufbau, am alltäglichen Ablauf und an der langfristigen Entwicklung des demokratischen Geschehens kritisch, kreativ und engagiert mitzuwirken. Im Gegensatz zu hierarchisch strukturierten, von einer Minderheit gestalteten und von der Mehrheit nur passiv mit vollzogenen Gesellschaftsformen tragen alle zu einer Demokratie gehörigen Menschen eine Mitverantwortung für Aufbau und Aufrechterhaltung einer lebenswerten, freiheitlich demokratischen Gesellschaftsordnung. Ohne Demokraten keine Demokratie.

Besonders interessant ist, dass eine der erbittertsten Auseinandersetzungen am sensibelsten und verletzlichsten Nerv des Menschen, nämlich der religiösen Überzeugung, in Europa über rein religionsinterne Veränderungen hinaus sich als die Geburtsstunde unserer westlichen Demokratie erwies. Der historische Anfang lag bei der raschen Ausbreitung des stark calvinistisch und französisch-hugenottisch geprägten christlichen Puritanismus auch in England als religiöse und politische Gegenströmung zur anglikanischen Staatskirche in der zweiten Hälfte des 16. Jahrhunderts. Zu Beginn dieser Reformbewegung wurden deren Wortführer und Anhänger von der anglikanischen Staatskirche nicht weiter ernst genommen. Erst als die Puritaner immer deutlicher zeigten, dass sie nicht zur äußeren Konformität mit der anglikanischen Kirche bereit waren, wurden sie aufgrund von 1593 verabschiedeten englischen Gesetzen systematisch verfolgt und eingesperrt, und es kam innerhalb einer kurzen Zeitspanne sogar zur grausamen Hinrichtung einiger geistlicher Wortführer des Puritanismus. Dies beschleunigte die Auswanderung vieler ihrer Anhänger sowohl in die

Niederlande als auch vor allem, als Erstes mit der *Mayflower* 1620, in die englische Kronkolonie auf dem neu entdeckten und zunehmend besiedelten amerikanischen Kontinent, wo der Puritanismus nach und nach zur bestimmenden Religion wurde.

Gleichzeitig ging im englischen Mutterland der Puritanismus zunehmend in die Offensive gegen das englische Königshaus. 1640 wurde Oliver Cromwell Mitglied des „Langen Parlaments“ und entwickelte sich zu einem der Führer der Opposition gegen König Karl I. und dessen absolutistische Herrschaft. Dieser Konflikt weitete sich zum Englischen Bürgerkrieg aus, in dem Cromwell als Führer des gegen die Krone kämpfenden puritanischen Parlamentsheeres zwar letztlich siegte, dabei aber für Verwüstungen im Lande und auch für die Bilderstürme in englischen Kirchen verantwortlich war. Der englische König Karl I. starb 1649 auf dem Schafott, und Cromwell selbst übernahm als „Lordprotektor“ bis zu seinem Tod 1658 die Herrschaft über England. Die Intoleranz des Puritanismus in der Cromwell'schen Militärdiktatur hatte diesen in weiten Teilen der englischen Bevölkerung verhasst gemacht. Von dieser Reaktion profitierte die Monarchie, die nach dem Tode Cromwells in Gestalt Karls II. wieder nach England zurückkehrte. Nur dass dann 1689 durch die *Bill of Rights* die Grundlage geschaffen wurde für das heutige *parlamentarische Regierungssystem*, welches in England zusammen mit dem König Träger der Staatssouveränität ist.

Aufgrund der Verfolgung der Puritaner in Europa versuchten diese, in Neuengland die von ihnen bevölkerten Siedlungen umso mehr nach ihren Idealen aufzubauen. Allerdings verkehrte sich diese idealistische Haltung, wie so oft im religiösen Bereich auf der Gratwanderung zwischen Demut und Hochmut und zwischen Erleuchtung und Verblendung, nur rund 70 Jahre nach der Überfahrt mit der *Mayflower* in die zunehmend außer Kontrolle geratende und immer bizarrer werdende Massenhysterie der Hexenprozesse von Salem bei Boston im Jahr 1692. Dort wurden im Verlauf eines Jahres 20 Beschuldigte hingerichtet, 55 Menschen unter Folter zu Falschaussagen gezwungen, 150 Verdächtigte inhaftiert und weitere 200 Menschen der Hexerei beschuldigt. Hexenverfolgungen hatte es bis dahin in den nordamerikanischen Kolonien, anders als in Europa, nur vereinzelt gegeben.

Wieder nur knapp 100 Jahre später ratifizierten die sich ihre Unabhängigkeit vom englischen Königreich erkämpfenden Gründerväter der Vereinigten Staaten von Amerika ihre älteste schriftliche demokratische Verfassung. Der Gedanke der *Autonomie* eines jeden US-amerikanischen Bürgers kommt bereits in den ersten Worten der Präambel der US-amerikanischen Verfassung zum Ausdruck: „We the people of the United States".

Dass diese freiheitliche Autonomie allerdings nie eine Ellbogen-Freiheit auf Kosten anderer sein darf (wie dies inzwischen in den USA gern praktiziert wird), sondern immer gepaart bleibt mit dem Prinzip der *Gleichheit* und der gemeinsamen Verantwortung füreinander, durchzieht wie ein roter Faden die gesamte US-amerikanische Verfassung. Es leuchtet zwar ein, dass die Gründerväter 1789 bei der Wahl von George Washington zum ersten Präsidenten der Vereinigten Staaten kurz die Versuchung spürten, diesen nach dem Vorbild der parlamentarischen Monarchie im ehemaligen englischen Mutterland zum König zu krönen. Sie entschieden sich jedoch letztendlich erstmalig in der Geschichte des Abendlandes für die Errichtung einer *präsidialen und parlamentarischen Demokratie* ohne den letzten Anstrich einer Monarchie nach europäischem Muster.

Zur anthropologischen Begründung eines modernen Demokratieverständnisses auf der Grundlage der Sicht des Menschen als autonomes und handlungsoffenes Wesen genügte für die Demokratie-Bewegung im englischen Mutterland und dann in der Kronkolonie in Übersee im Wesentlichen das vom freiheitlich-vernunftorientierten Konzept der europäischen Aufklärung geformte Menschenbild. Aber trotzdem lag ein gewisser unübersehbarer Widerspruch im Freiheitsbestreben der englischen und dann der neuenglischen Puritaner verborgen. Fühlten sie sich doch bei ihrem Kampf um religiöse und politische Freiheit gleichzeitig immer auch ihrem calvinistischen Glauben an die Rettung nur der von Gott Erwählten aus der *Sünde* kraft der *göttlichen Prädestination* so stark verpflichtet, dass sie eigentlich nicht frei sein konnten. An diesem Widerspruch ändert auch Calvins beschwichtigende Behauptung nichts, die Prädestination sei kein Naturgesetz, sondern nur ein Trostwort für die Bedrückten. Er ist ein Hinweis auf den in theologischen Lehren oft verborgenen Irrationalismus und eine doppelte

Buchführung. Diese Widersprüchlichkeit hat auf die USA im Lauf ihrer Geschichte schon so manches schiefe Licht geworfen. Nach den bereits erwähnten Hexenprozessen in Salem an der Schwelle zum 18. Jahrhundert war es im 20. Jahrhunderts die *mörderische* Ku-Klux-Klan-Bewegung und in jüngster Zeit die besorgniserregende Verbreitung der jede zeitgemäße geistige und kulturelle Weiterentwicklung blockierenden Strömung der Evangelikalen. Ich sehe auch in der so viel Leid bringenden Weltpolizisten-Mentalität von US-Regierungen im späteren 20. Jahrhundert ungute Reste des klassischen Puritanismus und des Anspruchs seiner Anhänger, aufgrund ihrer vorherbestimmten göttlichen Auserwählung zum Weltrichter berufen zu sein.

Die *äußerst* spannende Quantenphysik als eine Physik der *Möglichkeiten* und der *Beziehung* bringt es hingegen mit sich, dass sich ein nicht nur an der Freiheit, sondern auch am Gedanken eines beziehungsgeleiteten *Miteinanders* ausgerichtetes Menschenbild auch naturwissenschaftlich untermauern lässt. Denn menschliche Willensfreiheit bedeutet auch eine Unvorhersehbarkeit menschlichen Handelns. Willensfreiheit ist eine sich in der Zeit abspielende Fähigkeit und Gegebenheit: die Fähigkeit, grundsätzlich unbegrenzt oft aus mehreren Handlungsmöglichkeiten eine oder wenige bestimmte auszuwählen und diese in die Praxis umzusetzen.

Diese Praxis bleibt allerdings nur so lange relevant für eine demokratisch vollzogene Entscheidung, wie sich diese in der Weise bewährt, dass sie das individuelle wie auch das öffentliche gesellschaftliche Leben zufriedenstellend weiterführt. Zeigt sich dagegen, dass diese Weiterführung nicht gelingt oder in eine falsche Richtung geht, muss die besagte Entscheidung nochmals revidiert werden. Dann müssen möglichst viele Menschen gemeinsam eine neue Richtung einschlagen und neue Möglichkeiten austesten. Das Wagnis der Demokratie erhält damit den Charakter einer Achterbahnfahrt zwischen Versuch und Irrtum und zwischen Erfolg und Versagen. Und eine einmal noch so mutig und leidenschaftlich erkämpfte demokratische Entscheidung darf nie zu einem irrational-zeitlosen Dogma werden, weil genau dies das Ende der Demokratie einläuten könnte. Dazu kommt, dass wir aufgrund der Indeterminiertheit erst recht aus allen politischen Entwicklungen lernen müssen, dass es eher schädlich ist, unter Berufung auf Erfahrungswerte Voraussagen zu treffen. Realistischer und bescheidener dürfte es sein, mit der gebotenen Zurückhaltung abzuwarten und nicht unnötig, wie die Medien dies so gerne tun, im Brustton der Überzeugung die Zukunft heraufzubeschwören. Voraussagen haben immer nur einen Annäherungswert.

Jede immer wieder neu zu treffende Entscheidung auf der Bewusstseinsebene erfolgt immer in enger Verbindung mit unter- oder vorbewussten Anteilen. Es wechseln feste Gewissheiten und mehr oder weniger vorhersagbare und scharf umrissene, logisch stringente Gedankengänge mit mehrdeutig-unsicheren, mehr bildbesetzten und affektbetonten quantischen Denkmöglichkeiten, welche sich uns aus vorbewussten, außen oder innen erspürten Kanälen eröffnen. Diese quantischen Denkmöglichkeiten sind kurzlebig, ambivalent und sprunghaft, aber dafür mehr ganzheitlich, freier und kreativer umsetzbar, und sie stellen oft Weichen für den weiteren Denkprozess. Quantische Prozesse spielen sich auch vielfach in unserem Vor- oder Unterbewussten ab, im Schlaf, im Traum und in der Meditation oder auch in der künstlerischen Tätigkeit. Gerade der Vorgang der Introspektion bei der Identitätsfindung sowie das Geschehen der empathischen Einfühlung in fremde Bewusstseinsvorgänge gründen tief im Bereich des Vorbewussten. Dasselbe gilt auch für die geistliche Übungspraxis der den partnerschaftlichen Dialog inspirierenden und vertiefenden Meditation und Kontemplation. In dieser tritt oft, ähnlich wie in unseren schnell wechselnden Träumen, die in der Physik von Quantensystemen bekannte Zeitlosigkeit zutage. Meditative Inhalte können dabei, wie Trauminhalte, sehr viel schneller wechseln als jedes wahrnehmbare physikalische Kraftfeld.[58] Damit wird deutlich, dass demokratiefördernde dialogische Prozesse trotz aller rationalen Anteile auch aus seelischen Tiefenbereichen maßgeblich mitgesteuert werden.

Durch eine Ergründung der tieferen Schichten menschlicher Bewusstseinsprozesse und menschlichen Willens auf quantentheoretischer Basis gelangen wir zu einer ansatzweisen naturwissenschaftlichen Begründung eines anthropologischen Verständnisses unseres Willens zur Demokratie.

Denn genau in diesen psychologischen Tiefenbereichen liegen unsere Kräfte, die nach Selbstbestimmung, Mündigkeit, Freiheit und Kreativität streben, aber zugleich auch die, die widersprüchliche und irrationale Blüten treiben können, die möglichst früh durchschaut und unter Kontrolle gehalten werden müssen. Und wenn wir davon ausgehen, dass politische Autonomie und Freiheit idealerweise in einem Gleichgewicht mit dem Prinzip der Gleichheit und dem verantwortungsbewussten dialogischen Miteinander stehen, ist es auch möglich, jeden beziehungsgeleiteten menschlichen Dialog ebenfalls auf der Basis der Quantenphysik als Physik der Möglichkeiten und der Beziehungen zu reflektieren.

In diesem Sinne lohnt es sich, nochmals daran zu erinnern, dass der zum Teil aus der Schatzkammer ältester Kulturtraditionen stammende, auch für die politische Konsensfindung förderliche partnerzentrierte Dialog als ein besonders aus dem Inneren des Herzens gesteuerter Vorgang nicht in erster Linie rationalem Kalkül entspricht, sondern auf erfahrenen Werten basiert. Dieser partnerzentrierte Dialog ermöglicht einen Einblick in die sich in unseren Tiefenbereichen abspielenden psychischen Vorgänge im Sinne ureigener persönlicher Identität. Der partnerzentrierte Dialog festigt auch die Wahrnehmung und Öffnung dieser Identität nach außen zu unseren Mitmenschen mit der Bereitschaft, uns mit anderen, uns noch so fremd anmutenden Anschauungen auseinanderzusetzen. Dadurch fördert er das Kennenlernen und Wertschätzen der inneren Welt des anderen innerhalb der akzeptierten Vielfalt der Bekenntnisse durch vorurteilsfreies, respektvolles und empathisch einfühlendes Verstehen, welches die Meinung eines anderen nicht zu ändern trachtet, sondern sie einfach stehen lässt, ohne sie sich selbst zu eigen zu machen. Über diesen authentischen und beziehungsgeleiteten Austausch können die Beteiligten auch die Flexibilität und Wandelbarkeit ihrer eigenen inneren Identität austesten. Das aufbauende Zusammenwirken des Selbst mit dem Wir kann zu einer besonderen Intensität und Tiefe gemeinsamer dialogischer Erfahrung mit vielen vor- oder gar unterbewussten, das Denken und Fühlen mitsteuernden Impulsen führen. In diesem Sinne ist der partnerzentrierte Dialog eine Klammer zwischen dem politischen, dem allgemeinmenschlichen Dialog und dem tiefenexistenziell relevanten interspirituellen Erfahrungsdialog.

Letztlich verankert ist das dialogische Prinzip im Bereich der Transzendenz etwa im Sinne des religionsphilosophischen Dialogkonzepts von Martin Buber auf der Grundlage seines Satzes „Alles wirkliche Leben ist Begegnung". Diese Sichtweise fußt auf der Überzeugung, dass unser dialogisches und praktisches Miteinander mehr ist als eine linear abgrenzbare Beziehung zwischen zwei oder mehreren Menschen. Vielmehr ist jeder Mensch in ein und denselben universalen Beziehungszusammenhang eingebunden, zu dem wir alle gehören und in welchen auch sonst alles zusammenfließt. Mit quantenphysikalischen Kategorien ist diese transzendente Sichtweise sicherlich noch weniger leicht erfassbar als wissenschaftlich eruierbare säkularpsychologische Prozesse. Andererseits hat die ins Transzendente reichende Sichtweise durchaus auch ihre Entsprechung in der jede konkrete Vorstellungswelt übersteigenden, ganzheitlichen, beziehungsorientierten und ebenfalls auf Metaphern aus der klassischen Physik angewiesenen Denkweise der Quantentheorie.

Für mich folgt daraus als die einfachste Zusammenfassung von allem in dieser Schrift Gesagten über einen großen Bogen zurück zu meinem bereits im Wegweiser dargelegten Bekenntnis, dass Demokratie letztlich nichts anderes ist als ein *politisches Instrumentarium für unseren immerwährenden Kampf um die Unversehrtheit der Würde des Menschen und die freie Entfaltung seiner Persönlichkeit* und dass der Kern dieser Demokratie das Prinzip *eines im werteorientierten Miteinander gelebten Dialoges* ist.

Lady Liberty Enlightening the World

Wahrzeichen oder Kassandra?

Während der ersten Jahre nach dem Krieg bin ich dreimal und später als 17-Jähriger noch einmal auf einem Transatlantikdampfer im New Yorker Hafen in beiden Richtungen dicht an ihr vorbeigefahren. Jedes Mal voller Andacht und Respekt vor ihrer überragenden physischen Präsenz und ihrer großen symbolischen Bedeutung: die an die 50 Meter hohe, auf einem etwa noch mal so hohen massiven Sockel stehende Freiheitsstatue, *Statue of Liberty* oder auch *Lady Liberty* genannt. Das sie tragende Eisengerüst ist von einem inzwischen grünlich leuchtenden Kupfermantel umgeben. Diese der Freiheit gewidmete Statue blickt als nationales und gleichzeitig weltumspannendes Wahrzeichen weit über das Meer. Ähnlich wie ihr Vorbild, die römische Freiheitsgöttin Libertas, streckt sie den rechten Arm mit der vergoldeten, ursprünglich als Leuchtturm gedachten Fackel in der Hand in die Höhe und hält mit der linken die *Tabula ansata* mit dem eingravierten Datum der amerikanischen Unabhängigkeitserklärung. Zu ihren Füßen liegt eine zerbrochene Kette, ein weiteres Symbol der Freiheit.

Die erhabene Wächterin des höchsten Guts der Freiheit am Eingangstor zu deren Land stammt aus dem weit entfernten Frankreich. Als Erbe aus dessen letzter Kaiserzeit wurde sie als neoklassizistisches Werk von dem Künstler Frédéric-Auguste Bartholdi geschaffen, der sich bereits 1865 durch den ebenfalls französischen Juristen und Politiker Édouard René de Laboulay dazu inspirieren lassen hatte. Laboulay hatte am Ende des amerikanischen Bürgerkriegs und noch während der Regentschaft Napoleons III. die Idee geäußert, zu Ehren der amerikanischen Unabhängigkeit von der britischen Krone ein immenses Monument zu schaffen. Als ein Symbol der Freiheit sollte es ein gemeinsames Projekt der Völker Frankreichs und der Vereinigten Staaten sein. Dessen Einweihung war ursprünglich für 1876 zum 100-jährigen Jubiläum der amerikanischen Unabhängigkeit Amerikas vorgesehen gewesen. Doch verzögerten sowohl finanzielle als auch politische Probleme und insbesondere der deutsch-französische Krieg die vollständige Realisierung dieser Idee um über 20 Jahre.

Schließlich wurde 1886 die in Frankreich vorgefertigte Statue in Einzelteile zerlegt nach New York transportiert und auf der damals Bedloe's Island genannten Insel zusammengesetzt. Die Einweihungszeremonie fand am Nachmittag des 28. Oktober 1886 in Gegenwart von US-Präsident Grover Cleveland und von einigen Tausend Zuschauern statt. Nach einer in New York abgehaltenen Parade wurde die Statue als Geschenk Frankreichs an Amerika feierlich enthüllt.

Schnell gewann Lady Liberty Strahlkraft als Wahrzeichen des *American Dream* und der Offenheit der amerikanischen Gesellschaft gegenüber Einwanderern aus aller Welt und als die Freiheit versinnbildlichende globale Identifikations- und Lichtfigur. Ihr Abbild ziert noch heute Briefmarken und Münzen, und selbst Konsumgüter wie Coca-Cola oder Kaugummi werden mit ihr beworben. In zahlreichen Filmen erscheint sie als Kulisse: bereits 1917 in Charlie Chaplins „Der Einwanderer", 1942 in „Saboteure" von Alfred Hitchcock und in den berühmten „Ghostbusters II" von 1989. Gleichzeitig ist sie aber auch in Science-Fiction-Filmen in beschädigtem oder gar zerstörtem Zustand zu sehen, etwa in „The Day After Tomorrow" von 2004 als Symbol der Hoffnungslosigkeit. Und in dem Klassiker „Planet der Affen" von 1968 wirkt ihr ramponierter Zustand geradezu demoralisierend. Denn Lady Liberty steht trotz des ursprünglich an sie ergangenen Auftrags als symbolische Landesbeschützerin inzwischen nicht nur mehr für das gute Amerika. Um ihre Wahrhaftigkeit entspinnen sich in der amerikanischen Öffentlichkeit immer wieder heftige Kontroversen bis hin zur Ablehnung der Statue als Sinnbild der Heuchelei. Dies drückt sich in allerlei karikaturistischen Verzeichnungen ihrer Mimik und Körperhaltung aus. Einige erleben das Leuchten und Schillern der Statue als undefinierbar oder sogar als zwielichtig – passend zu der sich inzwischen breitmachenden Skepsis vieler Menschen im Lande und zu deren enttäuschten Erwartungen an die großen Verheißungen der Gründerväter nach der Achterbahnfahrt der „Neuen Welt" während deren 250-jähriger Geschichte zwischen Hell und Dunkel.

Nur zu gern würde ich mich in die innere Verfassung der Dame hineinversetzen, als sie ihre Reise über den Ozean antrat, um ihren über die errungene Unabhängigkeit glücklichen Schutzbefohlenen mit ihrer goldenen Fackel in die Zukunft zu leuchten. So hell, dass dieses Licht bis in alle sieben Kontinente der Erde hinein strahlte, die durch die sieben Zacken ihrer Krone versinnbildlicht werden. Und wie ihr wohl zumute gewesen sein mag, als sie während der Einweihungsfeier die vielen sich um sie scharenden und ihr zujubelnden Menschen genau beobachtete, sich an ihnen freute, aber manchmal auch etwas unsicher war und wohl nicht immer ganz klug aus ihnen wurde. Sie spürte wohl rasch, worum es diesen Menschen letztlich ging. Ihr historischer Hintergrund war nicht ganz so eindeutig sauber, weswegen sie noch vor der Reise aus Frankreich vorgewarnt worden war: die Besiedelung des neu entdeckten Landes auf Kosten der Ureinwohner, die zunehmend offenen Konflikte und Kriege mit ihnen und schließlich deren sich im Lauf der Jahrhunderte quälend hinziehende grausame Abschlachtung fast bis zur Ausrottung. Was ihr allerdings verschwiegen worden war, war, dass nur rund 70 Jahre nach dem Inkrafttreten der von unseren Vorfahren teuer erkämpften freiheitlichen Verfassung der blutige, vier Jahre dauernde Bürgerkrieg mit einer Dreiviertelmillion Toten ausbrach. Ursache war die versuchte Loslösung der Plantagenbesitzer vor allem in den Südstaaten von ihrem neuen amerikanischen Stammland und die Gründung einer eigenen Konföderation gewesen. Auf diese Weise wollten sie weiter ungestört ihre schon seit ca. 200 Jahren immer wieder neu aus Afrika importierten Sklaven für sich arbeiten lassen. Zwar wurde nach der Niederlage der Konföderation der Südstaaten diese Sklaverei gesetzlich abgeschafft. Aber musste die nördliche Union unter Präsident Lincoln als offizieller Sieger dieses Krieges nicht bald heimlich eingestehen, dass sie jenen Bürgerkrieg gar nie wirklich gewonnen hatten, wenn man bedenkt, dass es nicht nur in den Südstaaten, sondern letztlich überall in Amerika bis heute noch Rassentrennung und teilweise schwerste Diskriminierung nicht-weißer Menschen gab und noch heute gibt?

Nach der Einweihung auf ihrer Freiheitsinsel harrte Lady Liberty über Jahre und Jahrzehnte, bald ein Jahrhundert bei Wind und Wetter Tag und Nacht, Sommer und Winter auf ihrem Sockel aus und leuchtete ihrem der Freiheit und Gleichheit verpflichteten Volk mit ihrer Fackel symbolisch heim. Und so ging es mit der Halbheit an Größe, einem ewigen Auf und Ab weiter und weiter. Bald nach dem Ersten Weltkrieg versank das ganze, inzwischen vollindustrialisierte Land in der großen Wirtschaftsdepression. Die Folgen dieses Absturzes wurden erstaunlich früh und überaus erfolgreich wieder aufgefangen von dem größten amerikanischen Präsidenten seit Lincoln: Franklin D. Roosevelt, der dann knapp zehn Jahre später Amerika siegreich durch den Zweiten Weltkrieg gegen Hitler führte. Als ich zwölf Jahre nach Kriegsende auf der *Queen Elizabeth* zum letzten Mal an der Statue vorbeifuhr, schien Lady Liberty noch immer ganz guter Dinge zu sein. Weil ich danach nur noch hoch über sie hinweg in die USA und zurück zu fliegen pflegte, konnte ich ihre Stimmung und deren Schwankungen nur noch ahnen bzw. sie aus den einschneidenden Geschehnissen im Lande heraus schlussfolgern: ihre womöglich vergossenen Tränen und die Totenblässe auf ihrem Antlitz während des immer grausameren und verbrecherischen Vietnam-Krieges und als Ausdruck ihrer großen Angst vor der Zukunft dieses Landes. Sie muss genau gewusst haben, was für tiefe, kaum heilbare Wunden dieser Krieg geschlagen hatte und dass unserem Land deshalb ein unaufhaltsamer Niedergang bevorstand.

Schon bald nach ihrer Einweihung 1886 waren an der Statue erste auffällige Veränderungen zu beobachten. An der Schwelle zum kritischen 20. Jahrhundert zeigte sich die erste noch matte Verfärbung des ursprünglich rotbraunen, aber dann langsam verwitternden Kupfermantels. Es bildete sich eine oxidationsbedingte grüne Patina, die innerhalb weniger Jahre als besorgniserregendes Zeichen einer sich ausbreitenden Korrosion die ganze Statue überzog. Man behalf sich mit einem teilweisen Neuanstrich, und noch vor dem Ersten Weltkrieg wurde auch ein Aufzug von der Basis zur Oberfläche des Sockels installiert, damit diejenigen, die bei den sich damals auch für Amerika langsam anbahnenden schweren Zeiten bei der Lichtstatue Halt suchten, ihr als Besucher leichter nahe kommen konnten. Im Lauf der nächsten Jahrzehnte wurden aufgrund von kleineren Beschädigungen wieder einige Reparaturen durchgeführt.

Fast gespenstisch allerdings dünkt mich, dass praktisch gleichzeitig mit dem Amtsantritt eines der umstrittensten und für den fortlaufenden Niedergang der Vereinigten Staaten deutlich mitverantwortlichen Präsidenten, Ronald Reagan, in den frühen Achtzigerjahren des letzten Jahrhunderts die erste umfassende Restaurierung der Statue durchgeführt werden musste. Unmittelbar nach den Terroranschlägen am 11. September 2001 wurde Liberty Island für mehrere Jahre für die Öffentlichkeit gesperrt und ganz kurz nach der Wiedereröffnung musste die Statue wegen der Auswirkungen eines besonders zerstörerischen Hurrikans erneut geschlossen und repariert werden und wurde erst ein Jahr später wieder geöffnet.

Das derzeitige Aussehen von Lady Liberty, die sich auf ihrem Antlitz abzeichnenden Züge während des sich beschleunigenden Niedergangs Amerikas will ich mir erst gar nicht vorstellen. Ich war selber während einiger Zeit so schockiert über den Zustand der USA, dass ich sogar einen kurzen Moment erwogen hatte, meine US-amerikanische Staatsbürgerschaft zurückzugeben und damit auch meiner Lady Liberty endgültig untreu zu werden. Als ich schließlich im September 2019 meine Vortragsreise durch die USA in New York begann und einen ganzen Tag frei hatte, hätte ich genügend Zeit gehabt, sie auf einer Schiffsrundfahrt über Ellis Island zum ersten Mal nach 60 Jahren wieder aus der Nähe zu besichtigen. Aber ich konnte es nicht über mich bringen, ihr im derzeitigen Zustand ihrer Schutzbefohlenen in diesem moralisch heruntergekommenen Land ins Gesicht zu sehen. Und daher verzichtete ich auf das Unternehmen.

Ich bewundere Lady Liberty dafür, dass sie bis zur Präsidentenwahl am 3. November 2020 ihre übermütterliche Leuchtaufgabe durchgehalten hat. Nach all den erduldeten Tiefschlägen muss sie sich doch, zusätzlich zu ihrer Wächter- und Lichtbringerrolle, eher wie Atlas vorgekommen sein, der Titan in der griechischen Mythologie, der das Himmelsgewölbe am westlichsten Punkt der damals bekannten Welt zu stützen hat. Und es ist allerhand, dass sie unter dem sich ins Unerträgliche steigenden Druck nicht schon lange zusammengebrochen oder sogar zerschellt ist.

Ihre Rolle bei der „historischen" Präsidentenwahl 2020

Und dann kam dieser 3. November, dem alle entgegengefiebert und während der letzten Wochen auch entgegengezittert hatten. Nach der gänzlich unwahrscheinlich gewesenen Katastrophe vier Jahre zuvor traute sich diesmal niemand, nicht einmal mehr hinter vorgehaltener Hand, die Abwahl des im Weißen Haus an seinem Oval-Office-Stuhl klebenden pathologischen Schwindlers vorauszusagen. Aus Selbstschutz und um nicht als blauäugig dazustehen, zog man es im Gegenteil vor, mit zusammengebissenen Zähnen den Albtraum eines erneuten Sieges des Bösen in den sich unaufhaltsam zu einer Bananenrepublik entwickelnden Unvereinigten Staaten von Amerika vorauszusagen. Pessimismus genießt im Allgemeinen ein höheres Ansehen als Optimismus. In anderen Szenarien wurde sogar der Ausbruch eines Bürgerkriegs an die Wand gemalt, und wieder andere menetekelten einen Staatsstreich des Präsidenten und seine Erhebung zum uneingeschränkten Diktator auf Lebenszeit durch das vom Präsidenten mehrheitlich republikanisch besetzte Oberste Gericht oder durch einen vom Präsidenten inszenierten Militärputsch, um damit den letzten Resten der amerikanischen Demokratie den Garaus zu machen.

Und dann kam die Wahlnacht, die als Schicksalswahl, ja als wichtigste Wahl in der Geschichte der USA bezeichnet wurde. Vier Jahre zuvor hatte in Westeuropa um 5 Uhr morgens der schockierende Wahlsieg des *Fake President* bereits festgestanden. Diesmal aber zog sich das große Zittern bis in den tiefen Vormittag des Folgetages hinein, bis das neue politische Paar Joe Biden und Kamala Harris endlich langsam mehr und mehr an Land gewann, während sein Gegenspieler sich schon in der Nacht zuvor hemmungslos und zum allgemeinen Gespött zum Sieger erklärt hatte. Wegen der Auszählung der vielen Briefwahlstimmen dauerte es dann vier Tage, bis Bidens Sieg endgültig feststand.

Andreas Ströhl, der Leiter des Goethe-Instituts in Washington, mailte mir gleich: „Als die Nachricht kam, durch die Münchner ‚Süddeutsche Zeitung‘ eine Minute früher übermittelt als durch ‚New York Times‘ und ‚Washington Post‘, lief ich sofort auf den Balkon. Kurz darauf tanzten die Menschen auf der Straße. Ich – wie viele andere – weinte. Nicht vor Freude, sondern vor Erleichterung“.

Und dann geschah das Unfassliche, was in dem trotz allem demokratisch gebliebenen Land noch nie geschehen war: Der Verlierer griff die Wahl an, erklärte sie als gefälscht und daher ungültig und kündigte, ohne die geringsten Belege für seine Behauptung und zu seiner eigenen fürchterlichen Blamage, an, deswegen vor Gericht zu ziehen. Es mutet geradezu tragisch an, was für eine Armee von Anwälten sich als treue Kampfhunde für ihren Präsidenten dazu hergab, in Pressekonferenzen gemeinsam mit ihrem Herrchen in den Abgrund der irrwitzigsten, schon längst widerlegten Anschuldigungen und Verschwörungstheorien abzutauchen und in diese auch noch angeblich darin verwickelte ferne Länder wie Kuba, Venezuela und China sowie große Städte in den USA und sogar einen Internetserver in Deutschland hineinzuziehen. Die Absicht des abgewählten Präsidenten und seiner Handlanger, das Ergebnis einer Wahl zu kippen, die die Behörden bereits als die sicherste in der amerikanischen Geschichte bezeichnet hatten, war nicht nur eine beispiellose Attacke auf den demokratischen Prozess, sondern gefährdete auch in vieler Hinsicht die nationale Sicherheit.

Und es kam noch schlimmer. Am Dreikönigstag, dem 6. Januar 2021, rief der abgewählte *Fake President* einen zehntausendköpfigen vor dem Kapitol versammelten Mob grölend zum Sturm auf das Herz und wichtigste Wahrzeichen der amerikanischen Demokratie, den Sitz des Kongresses auf, um so zwei Wochen vor der Vereidigung des gewählten Präsidenten Joe Biden das Steuer herumzureißen. Ziel war es, die am selben Tag im Kongress vorzunehmende Bestätigung der Präsidentenwahl zu verhindern. Der Mob durchbrach folgsam die Polizeisperren und drang in das Parlamentsgebäude ein, die Abgeordneten wurden in Sicherheit gebracht oder verbarrikadierten sich. Randalierer drangen in den Sitzungssaal des Senats und in Abgeordnetenbüros ein, griffen Polizisten an, richteten Zerstörungen an und stahlen Computer und andere Gegenstände. Der Kongress unterbrach für mehrere Stunden die gemeinsame Sitzung des Senats und des Repräsentantenhauses. Sieben Menschen kamen infolge der Ereignisse ums Leben, zahlreiche wurden verletzt. Schließlich wurde der Einsatz der Nationalgarde gefordert und von Vizepräsident Pence genehmigt, nachdem der *Fake President* den entsprechenden Befehl verweigert hatte. 50 Randalierer wurden noch vor Ort festgenommen, der Kongress setzte am selben Abend seine Sitzung fort und bestätigte am nächsten Morgen Bidens Wahlsieg. Als wichtigste politische Konsequenz stimmte das Repräsentantenhaus am 13. Januar 2021 wegen Anstiftung zum Aufruhr für die Eröffnung eines zweiten Amtsenthebungsverfahrens gegen den *Fake President.*

Die allgemeine Fassungslosigkeit über diese Entwicklung, die viele an Mussolinis Marsch auf Rom 1922 und Hitlers Putschversuch mit dem Marsch auf die Münchner Feldherrnhalle ziemlich genau ein Jahr danach erinnern mochte, ließ die Weltöffentlichkeit auf Präsident Bidens Vereidigung am 20. Januar unter noch nie dagewesenen Sicherheitsvorkehrungen förmlich hinzittern. Sie fand dann jedoch ohne Zwischenfälle und im Gegenteil besonders würdevoll statt. Der unwürdige Spuk der vergangenen vier Jahre war beendet. Das heißt natürlich: nicht ganz. Die enttrumpifizierende Reinigungsmaßnahme des nachträglichen Amtsenthebungsverfahren stand noch aus, um damit die vom ehemaligen *Fake President* bereits angekündigte erneute Präsidentschaftskandidatur 2024 gesetzlich zu verhindern.

Dabei war klar, dass wegen der von vorherein zu erwartenden Verweigerungshaltung der überwältigenden Mehrheit der republikanischen Senatoren auch diesmal keine für das Amtsenthebungsverfahren erforderliche Zweidrittelmehrheit zustande kommen würde. Was sollte die zivilisierte Weltöffentlichkeit auch von dieser ihre eigene Verfassung mit Füßen tretenden Partei anderes erwarten, als dass sie ihrem Führer trotz oder wegen seines versuchten Sturms auf die Demokratie weiter huldigten? Von den 50 republikanischen Senatoren fanden sich nur sieben, die wahrhaben wollten, dass der egomane Anstifter zur Zerstörung der Demokratie und zur Auslöschung von Menschenleben verurteilt gehörte. Die sowieso überfällige und vielfältige Strafverfolgung jenes vier Jahre das Weiße Haus missbrauchenden Kriminellen war ja auch nicht Sache des sich Senatoren nennenden republikanischen Sumpfes gewesen. Sie ist und bleibt in erster Linie ein Fall für die Justiz. Und es wäre dabei ein interessanter Präzedenzfall in der Geschichte Amerikas, wenn der Niedergang an einem Punkt angelangt wäre, an dem ein Ex-Präsident, egal wie kurz und unter welchen feudalen Bedingungen, ins Gefängnis wandern müsste.

Was blieb, war, nach der Erlösung von der Monate dauernden Zitterpartie, Bilanz zu ziehen, um sich innerlich freizumachen für Perspektiven auf eine zu erhoffende bessere politische Zukunft unter dem neuen Amtsinhaber.

Bei dem abgehenden und dem neu antretenden Präsidenten handelt es sich um zwei Repräsentanten der beiden extrem unterschiedlichen Gesichter Amerikas. Auf der einen Seite die Fratze des über Leichen gehenden und keine List und Lüge scheuenden gewaltbereiten Egomanen, der alle Nicht-Weißen im Lande – und im Grunde alle Menschen außer sich selbst – aus ganzem Herzen hasste. Ausgerechnet dieser Groteskfigur war vor vier Jahren durch innen- und außenpolitische Machenschaften der rote Teppich ins Weiße Haus ausgerollt worden, wo er Amerika und der ganzen Welt vier Jahre lang mit seinem krankhaften Größenwahn, seinem Lügen-Twittergewitter und seinen zerstörerischen Dekreten täglich so viel Schaden zugefügt und uns alle so nah an den Abgrund gedrängt hatte wie vorher kein Präsident dieses Landes. Auf der anderen Seite steht der seiner Grundeinstellung nach bis in die Zeit der Pilgerväter zurückreichende Repräsentant des anderen, des guten Amerikas, der Förderer eines respektvollen dialogischen Miteinanders der amerikanischen Bürger auf Augenhöhe und der globalen Verantwortung gegenüber Mensch, Natur, Umwelt und Klima. Schon in seiner ersten Ansprache an die Nation gleich nach seinem definitiven Wahlsieg beteuerte er, er wolle alles daran setzen, die tief verwundete amerikanische Seele zu heilen, wolle ein Präsident aller Amerikaner sein, weil es in einer pluralistischen Gesellschaft schließlich keine Feinde, sondern allenfalls Gegner geben dürfe.

Das Schönste an dem überraschenden und befreienden Wahlergebnis ist es, dass jetzt nicht mehr wie in den vergangenen vier Jahren eine Minderheit die Mehrheit beherrscht. Vielmehr sind endlich wieder diejenigen an die Macht gelangt, die die Mehrheit des amerikanischen Volkes repräsentieren: *We the People.* Auch wenn immer noch erschreckenderweise fast die Hälfte der Wähler, vielleicht eher aus Dummheit als aus Bosheit, wieder für den Demokratie-Zerstörer gestimmt hatte. Aus Umfragen vor der Wahl ging hervor, dass viele Wähler, die ihn eigentlich ganz und gar nicht mögen, ihn trotzdem wählen wollten, weil sie nicht in erster Linie den Kandidaten, sondern die republikanische Partei wählen (der der *Fake President* ursprünglich gar nicht angehörte). „Das ist meine Partei", sagen sie. Dabei beziehen sie sich nicht unbedingt auf die materiellen Anreize: die angebliche Hochkonjunktur im Land, die Sicherheit ihres Arbeitsplatzes und die Höhe ihres Monatsgehalts. Der Grund ist vielmehr, dass für sie, blind für jede gegenwärtige Wirklichkeit, die republikanische Partei immer noch die *Grand Old Party* Abraham Lincolns (!?!) bleibt, anscheinend bis in alle Ewigkeit das Wahrzeichen für Verlässlichkeit und Solidität in ihrem Land.

In diesem Sinn kann ich mir vorstellen, dass beide, die republikanischen wie die demokratischen Wähler, sich zumindest unterschwellig an der Wahlurne an dem von ihrem nationalen Symbol Lady Liberty ausgesandten Licht orientierten und sich unbewusst auf sie beriefen. Nur haben sie dieselben Signale, die sie aussendet, im Sinn der Zerrissenheit ihres Landes höchst unterschiedlich, ja gegensätzlich ausgelegt. Deshalb bin ich versucht, Lady Liberty als die längste Kennerin ihres Volkes orakeln zu lassen, wie es jetzt wohl weitergehen könnte. Ich fürchte allerdings, dass selbst ihr dies kaum gelingen dürfte, weil dieses Volk in geradezu irrationalem Ausmaß unberechenbar ist und dies immer schon gewesen ist. Es wagte ja niemand wirklich überzeugt zu hoffen oder jedenfalls laut zu behaupten, dass die jetzige Wahl die entscheidende Wende bringen würde.

Dass es jetzt doch in diese Richtung ging, hat deutlich gezeigt, dass Amerikas Demokratie und damit auch Amerika selbst nicht am Ende ist. Liegen in diesem Land doch noch ungeahnte auch geistige Ressourcen, und die Fundamente der ältesten Demokratie tragen offenbar immer noch. Nichts von den vorausgesagten Katastrophen war eingetroffen: keine Gewaltausübung in den Wahllokalen gegen vermutete Biden-Wähler, kein wäschekorbweises Verschwinden von für die Republikaner gefährlichen Wahlzetteln wie kurz zuvor im osteuropäischen Belarus und anderen vergleichbaren Staaten, keine massenweise Schließung von Wahllokalen in den demokratischen Hochburgen und kein Aufmarsch von vom Präsidenten geschickten paramilitärischen Truppen, die von ihm zu befürchtende Stimmabgaben verhindern sollten. Die USA sind kein von alters her feudaler Staat unter einer künstlich darübergezogenen scheindemokratischen Oberfläche. Amerikas Demokratie ist älter und gefestigter. Der riesige, erst seit rund 350 Jahren neu besiedelte Kontinent segelt seit Langem unter demokratischer Flagge und befindet sich, trotz aller Abstürze und schändlichen Vergehen, als offenbar jung gebliebenes, buntes und unermessliches Land immer noch in einem Gärungsprozess, der keine zuverlässigen Voraussagen zulässt. Nicht einmal seitens Lady Liberty.

Der sicher Jahre, wenn nicht Jahrzehnte benötigende Vorgang der Enttrumpifizierung wird vor allem darin bestehen, die Köpfe von Hunderten von Millionen Amerikanern von den böswilligen Lügen, Verschwörungstheorien und brutalen Vorurteilen zu entrümpeln, die ihnen der jetzt überfällig abgetretene *Fake President* vier Jahre lang täglich eingetrichtert hat. Bis Ende der Fünfzigerjahre des vergangenen Jahrhunderts pflegten Amerikaner ihre Nachrichten aus den wenigen großen Zeitungen und aus dem Radio zu beziehen, sodass in der Bevölkerung ein breiter Konsens bestand bezüglich erfolgter Ereignisse und Fakten. Aber in einem Zeitalter, in dem jedermann x-Beliebiges im Internet „publizieren“ kann und damit rapide Hunderttausende von „Followers“ erreicht, entsteht genau die Situation, die gegenwärtig Amerika beherrscht: dass fast die Hälfte der Bevölkerung mehr den Lügen als der Wahrheit Glauben schenkt und dass diese Menschen auch entsprechende Fehlentscheidungen treffen, so wie besonders bei der Präsidentenwahl 2016. In den vergangenen vier Jahren waren die USA in besonderem Maße zum Opfer dieser Art von Gehirnwäsche geworden. Aber der Preis war diesmal so hoch, dass es 2020 doch anders ausging.

Wir wissen heute, dass das Virus von Lügen und ideologischer Hetze in das menschliche Gehirn rascher und bereitwilliger eindringt als die Wahrheit, weil Lüge einfacher und eingängiger ist als unsere komplexe Wirklichkeit und weil es sich mit schlichten Lösungen so bequem lebt – ganz nach der bekannten Losung aus Erika Manns gegen den frühen Hitler gerichtetem politischen Kabarett *Die Pfeffermühle*: „Wer einmal lügt, dem glaubt man nicht, wer immer lügt, dem wird man glauben." Diese Praxis erweist sich auch heute immer noch als die schärfste Waffe der Populisten und Demagogen und wurde in der vergangenen Administration in Washington zu einer besonders bösartigen Wirklichkeit. Der Weg von dort in den Abgrund von Terror und Mord bis zum Massenmassaker erweist sich jedes Mal von Neuem als nicht weit.

Wir müssen uns auch fragen, was passiert, wenn die Wahrheit irgendwann doch wieder die Oberhand gewinnt und das betreffende Terrorregime endet, so wie dies irgendwann in allen faschistischen oder kommunistischen Diktaturen in Europa, Südamerika und Asien im 20. Jahrhundert der Fall war. Jetzt sind die Vereinigten Staaten an der Reihe, sich diese Frage zu stellen.

Global im weitesten Sinn zeigt die neue Administration der größten Weltmacht wieder Dialogbereitschaft und -fähigkeit. Auch für den Kampf gegen den Populismus in der übrigen Welt scheint diese Wende in der amerikanischen Politik eine glückliche Fügung zu sein. Denn wenn die mächtigste Gallionsfigur der Populisten weltweit ihren Stuhl im Weißen Haus räumen musste, verschwindet ein besonders wichtiges Vorbild und eine Inspiration für die Rechtspopulisten Europas. Hatten diese doch von einer gemeinsamen Front mit dem *Fake President* und Boris Johnson geträumt und gehofft, dass sie nach dem Wahldebakel der österreichischen FPÖ, dem Zurechtstutzen der italienischen Lega und angesichts der internen Zerstrittenheit der deutschen AfD mit einer unheiligen transatlantischen Allianz ihr allgemeines Schwächeln wieder hätten wettmachen können. So hat Europas Rechte mit dem amerikanischen *Fake President* einen wichtigen politischen Verbündeten und eine Symbolfigur für menschenverachtende und ewig gestrige Verblendung und schwachsinnigen Dünkel verloren.

Allem Anschein nach tut Corona dem Rechtspopulismus nicht gut. Die Pandemie war es, die dem *Fake President* wegen der hohen Todeszahlen und seiner konfusen Politik letztlich entscheidend mit das Genick gebrochen hat. Aber auch Europas populistische Parteien leiden offenbar ziemlich darunter. Eine weltweite Umfrage[59] zeigte kürzlich in vielen Ländern einen Rückgang populistischer Einflussnahme. Ihren Erfolg hatten populistische Parteien europaweit aus der Kritik und der Unzufriedenheit der Bevölkerung gegenüber ihren Regierungen wegen der oft bürgerfernen Entscheidungen des sich wie eine Blase abschottenden Staates gezogen. Mit der Corona-Krise änderte sich das, als der Staat wissenschaftlich-medizinisch fundierte Maßnahmen gegen die Pandemie ergriff und Finanzhilfen in Milliardenhöhe an die Opfer der Pandemie verteilte. Von der inzwischen wieder wachsenden Kritik an den staatlichen Eingriffen scheinen die populistischen Parteien bisher nicht allzu viel zu profitieren. Ihre Themen Migration, Islamismus und generelle Staatsskepsis werden deutlich vom verbindenden Kampf gegen das uns alle gleichermaßen bedrohende Virus überschattet. Als Folge einer gewissen Renaissance der etablierten Parteien und ihrer Institutionen lässt sich beobachten, dass es um Europas Populistenführer stiller geworden ist und ihr Ton sich gemäßigter, sogar manchmal eher kleinlaut anhört.

Dies kann sich in den nächsten Jahren natürlich wieder ändern. So warnt der Kieler Wirtschaftswissenschaftler Christoph Trebesch wie andere Populismusforscher davor, dass in dem Maße, wie sich die Pandemie langfristig zur sozialen und wirtschaftlichen Krise auswachsen sollte, die Populisten wieder Aufwind bekommen könnten. Der Populismus braucht einen Nährboden für sein Freund-Feind-Schema, sein Zugehörigkeitsgefühl und seine Emotionen. Er ist kein Phänomen, das schnell wieder verschwinden wird, sondern es zeigt sich im Gegenteil, dass sich dort, wo populistische Politiker einmal an die Macht gelangt sind, dies leicht wiederholen oder fortsetzen kann: Trebesch nennt dies die serielle Natur des Populismus.[60]

Um die historischen Wurzeln der aus dem Faschismus hervorgegangenen modernen Variante populistischer und nationalistischer Netzwerke und als Gegenbewegung dazu die aus England und den USA stammende und inzwischen in ganz Europa etablierte demokratische Idee zu verstehen, hilft das essayistische, politisch-philosophische Werk der deutsch-amerikanischen Philosophin Hannah Arendt (siehe S. 47 ff.). Aus ihrer Auseinandersetzung mit dem herrschaftsfreien, pluralistischen (föderalen) und offenen Prinzip der in der Verfassung der USA verankerten „amerikanischen Revolution" in Abgrenzung zu den klassischen, nationalstaatlich orientierten europäischen Revolutionen lässt sich vor allem ersehen, wie wichtig es heute gerade für uns Europäer ist, uns langsam und geduldig von unserer jeweiligen hypothekenreichen nationalen Identität zu lösen zugunsten einer gesünderen regionalen oder kontinentalen und gleichzeitig auch immer globalen Identität.

Ich weiß nicht, wann ich wieder US-amerikanischen Boden betreten werde bzw. wann Corona dies erlaubt. Davon, dass das soziale und geistige Klima im Land dies eher bald wieder zulassen oder gar begünstigen wird, gehe ich bei aller vorsichtigen Einschätzung eigentlich aus. Und vermutlich werde ich es mir im Fall eines dann eher wahrscheinlichen Besuchs in New York diesmal nicht nehmen lassen, Lady Liberty nach so langer Zeit wieder aufzusuchen und mich am neu aufkeimenden Strahlen ihres Antlitzes zu erfreuen.

Perspektiven für die nächsten Jahre

Neue transatlantische Hoffnung

In der Stunde Null unmittelbar vor dem Machtwechsel im Weißen Haus stand noch vieles auf dem Spiel. Nicht nur für die USA, auch für Europa und die Welt. Dass es besser oder jedenfalls nicht schlechter gehen würde, war nach dem beendeten vierjährigen Desaster und dem dringend notwendigen Machtwechsel schon einmal klar. Aber *wie* gut es werden würde, hing ab von den weichenstellenden Eindrücken, die das erste Auftreten von Joe Biden und seiner neu gekürten vielversprechenden Stellvertreterin Kamala Harris vermitteln würde.

Biden, wie John F. Kennedy katholisch und irischer Abstammung, war als Vizepräsident unter Barack Obama von 2009 bis 2017 kein Unbekannter. Bereits mit 29 Jahren war er Senator des Bundestaates Delaware gewesen. In den frühen Siebzigerjahren trug er, über ein bestimmtes Kontrollgesetz, wesentlich zur Einschränkung des Waffenbesitzes bei und engagierte sich außenpolitisch im Kampf gegen Massenvernichtungswaffen und gegen den Terrorismus. Obwohl mir bereits während des Wahlkampfs seine konziliante und bedachtsame Art und sein redegewandtes und konsequentes Eintreten für die sozial Schwachen positiv aufgefallen waren, überraschten mich seine ersten kurzen Ansprachen nach dem Wahlsieg, besonders die Antrittsrede bei seiner Vereidigung, durch ihren dezidiert versöhnlichen und um Einheit bemühten Ton, den Amerika nach den vergangenen vier Jahren dringend brauchte und der jetzt wie Balsam wirkte. Er wird viele Menschen mit Zuversicht erfüllt und sie in ihrem Vertrauen bestärkt haben.

Gegen alle gedämpften Erwartungen eines langen Marsches aus dem Finsteren ließ mich Bidens wohltuende Antrittsrede bei der Vereidigung – nur 14 Tage nach dem missglückten Putschversuch durch den *Fake President* vor demselben Kapitol – für einen Moment die großen Mühen vergessen, die angesichts der vielen nur schwer zu bewältigenden Aufräum-Arbeiten zu erwarten waren. Bidens Aufrufe zum gegenseitigen Respekt und zur allseitigen Versöhnung und sein Appell an die Nation, dass Gegner nie zu Feinden werden dürften, weil wir alle Amerikaner seien, hinterließen mit Sicherheit auch bei Menschen, die bisher nicht zu seinen Gefolgsleuten gezählt hatten, einen beachtlichen Eindruck. Die von ihm verkündeten drei Maximen *Zusammenhalt, Wahrheit und Respekt* wirkten auf mich fast wie Zauberworte. Und obwohl alle wussten, dass angesichts der vom Vorgänger hinterlassenen desaströsen Unordnung der Schwerpunkt der nächsten Jahre auf der Sisyphusarbeit eines innenpolitischen Wiederaufbaus liegen würde, umriss der Präsident bereits in seiner Antrittsrede kurz sein außenpolitisches Programm. Denn trotz aller Dringlichkeit innenpolitischer Korrekturen sollten auch die gröbsten vom *Fake President* angerichteten Schäden in den internationalen Beziehungen gleichsam in einem Feuerwehr-Einsatz so schnell wie möglich repariert werden. Biden nannte primär den *transatlantischen Schulterschluss* einschließlich der Bekämpfung autoritärer Regierungen sowie generell die Verlässlichkeit der USA als internationaler Partner für Frieden und Sicherheit. Was für ein neuer Ton im Vergleich zu dem, was ich noch rund ein Jahr vorher selber in den USA aus nächster Nähe und im Beisein von ebenfalls verzweifelten Freunden mitbekommen hatte.

Schon am darauffolgenden ersten Arbeitstag eines wieder echten Präsidenten konnte man sich die Augen reiben, als aus den Medien zu vernehmen war, dass Joe Biden innerhalb weniger Stunden wie in einem Handstreich gleich drei Entgleisungen seines Vorgängers wieder rückgängig gemacht hatte. Das erste war Amerikas Wiedereintritt in das Pariser Klima-Abkommen, das zweite die unverzügliche Aufhebung des Einreiseverbots für

Menschen aus muslimischen Ländern und drittens der sofortige Stopp des Mauerbaus an der mexikanischen Grenze. Anvisiert wurden auch baldige neue Verhandlungen mit dem Iran über ein zu erneuerndes Atomabkommen nach der rein destruktiv motivierten Aufkündigung desselben durch die vorangegangene Administration in Washington.

Da ich mich während der ganzen vergangenen Monate hin- und hergerissen gefühlt hatte zwischen überzogenen Hoffnungen und mich wieder auf den Boden hinunterziehender Skepsis, schrieb ich nach Bidens Amtsübernahme erneut Andreas Ströhl, den Leiter des Goethe-Instituts in Washington, an und fragte ihn nach der allgemeinen Stimmung vor Ort direkt im Herzen der Vereinigten Staaten. Er antwortete mir:

> Die Situation hier? Ich würde sagen: Erleichterung vor allem. Freude ist das nicht, weil ja eigentlich nur ein Normalzustand wieder hergestellt worden ist mit einem Präsidenten, der kein Psychot ist, weil hier täglich über 4.000 Menschen an Covid-19 sterben und dies voraussichtlich noch monatelang so weitergehen wird, weil in diesem Land nach wie vor ca. 100 Millionen Menschen leben, die Trump sehr gut fanden und weiter finden. Also: Eher Erleichterung als Freude.
> Immerhin vollzieht sich gerade ein sehr schneller und tiefgreifender Neuanfang. Experten, die vier Jahre lang an Universitäten oder in Think Tanks überwintert haben, kehren nun zurück, auch ins State Department. Nicht nur verändert sich die US-amerikanische Regierungspolitik gerade drastisch, auch in der Bevölkerung sind die Erwartungen an den Neuanfang hoch. Nach der geistigen Enge der vergangenen vier Jahre herrschen nun hohe Erwartungen vor, verbunden mit großer Offenheit und der Hoffnung auf Neues.
> Seit dem 20. Januar sind nun multilaterale Beziehungen wieder wichtig, der Trump'sche Isolationismus wird demonstrativ aufgegeben. Neben der multilateralen Weltordnung und der Rückbesinnung auf die europäischen Partner sind weitere wichtige

> Akzentsetzungen der Biden-Administration die Übernahme von Verantwortung für Schwächere sowie der Klimawandel und Bildung mit dem Ziel staatsbürgerlicher Mündigkeit. Auch die Auseinandersetzung mit den weniger rühmlichen Kapiteln der eigenen Vergangenheit sowie Medienpädagogik und -kompetenz werden sicherlich irgendwann relevante gemeinsame Themenschwerpunkte werden, zu denen wir beitragen können.
> Möglicherweise ist das Zeitfenster dafür aber nicht unendlich groß. Es könnte sich um nur zwei Jahre handeln. Wir werden sehen …

Das Wichtigste, was ich daraus las, ist die Dringlichkeit des (Wieder-)Aufbaus einer individuellen und gesellschaftlichen *Identität* von Amerikas Bürgern mit Hilfe eines integren und in sich gefestigten Primus inter Pares. Nur eine solche gestärkte Identität kann wieder Orientierung und Selbstsicherheit vermitteln, ohne dass es die Menschen zu massenweisem Horten frei zugänglicher Waffen zur Sicherung eines illusionären und gefährlichen Selbstschutzes treibt. Eine gefestigte Identität motiviert auch zur Verbesserung der vielfach beklagten Infrastrukturen der USA nicht nur in ländlichen Gegenden. Auch in den weltbekannten, aber schon lange nicht mehr blühenden Großstädten in den touristisch nach wie vor attraktiven amerikanischen Küstenregionen betrifft dies das vielerorts traurig heruntergekommene Stadtbild, das Straßennetz, die öffentlichen Verkehrsmittel sowie die Kanalisation.

Bei meinem letzten Besuch bei Merle und Shirley, den mir schon seit Jahren bekannten lieben Nachbarn des Thomas Mann House in Pacific Palisades, waren wir uns im Hinblick auf die nahenden Präsidentschaftswahlen völlig einig darüber, dass es wichtiger denn je sei, der jungen Generation dazu zu verhelfen, demokratische Praxis und demokratische Institutionen zu verstehen und damit auch die Wichtigkeit des die Demokratie erhaltenden Dialoges zu erkennen. Ich muss sie jetzt unbedingt bald fragen, wie sie Bidens Reformankündigungen einschätzen. So wie ich sie kenne, werden sie als Realisten bei aller Freude über die jetzige Wende ihre Erwartungen auf ein eher bescheidenes Maß herunterschrauben. Sie werden wie ich der Ansicht sein, dass schon eine Menge gewonnen ist, wenn das Erreichte wenigstens haltbar bleibt. Umso mehr werden sie, wie schon bei unserem letzten Gespräch über die Rolle der jungen Generation bei der Bewahrung und Festigung der Demokratie, das tragende Fundament dafür besonders im Dialogwillen der Jugendlichen sehen, für die gerade dieser Präsident ein vielversprechendes Vorbild darstellen dürfte.

Während meiner Vortragsreise durch die USA hatte ich gemerkt, dass ich mich angesichts der Gespaltenheit der amerikanischen Gesellschaft in meinem Vortrag und bei den Gesprächen mit meinen Hörern auf den Dialog innerhalb des Landes konzentrieren musste, sosehr mir aus der europäischen Perspektive und besonders nach der Eröffnung des neuen Thomas Mann House auch der *transatlantische Dialog* unter den Nägeln brannte. Ich musste und wollte auch auf ihn eingehen, zumal mir der Bundespräsident eine Kurzbotschaft zum Thema *Atlanticism* für meine Vorträge mitgegeben hatte. Und ich befand mich ja auch gerade als Fellow des Thomas Mann House auf Tournee, welches den transatlantischen Dialog als Hauptaufgabe seines Residenzprogramms betrachtet. Andererseits wollte ich gerade die mit genügend eigenen Problemen belasteten jungen Menschen dort nicht mit ihnen eher fernliegenden Themen überfordern. Heute wäre das anders, nachdem Joe Biden gleich nach seiner Wahl den vor vier Jahren unterbrochenen „transatlantischen Schulterschluss" verbal erneuert und diese Aufgabe seiner eigenen Nation gewissermaßen vorgegeben hatte. Eine gründliche Revision dieses Bündnisses, dessen Früchte, so wie für Europa und die Welt, auch für die Menschen in den USA nur von Vorteil, ja auf Dauer wahrscheinlich lebensnotwendig sind, ist von weltpolitischer Bedeutung. Umso mehr, als der neue Schulterschluss nach dem vier Jahre dauernden Rückschlag nicht einfach eine nahtlose Fortsetzung des alten Nachkriegsbündnisses sein kann, so als sei nichts geschehen. Im Gegenteil, dieser Rückschlag war ein Zeichen dafür, dass dieses Bündnis einer grundlegenden Erneuerung bedurfte.

Ich denke, dass der angekündigte neue „Schulterschluss" jetzt entschieden in die Richtung einer mehr *gleichwertigen, bilateralen Partner-*

schaft gehen wird. Die Zeiten eines freigiebigen und zugleich die Welt reglementierenden *Uncle Sam* dürften endgültig vorbei sein. Europa braucht von den politisch selber schwer angeschlagenen USA keinen Demokratie-Nachhilfe-Unterricht und auch keine wirtschaftlichen und militärischen Hilfen wie in alten Nachkriegszeiten. Das Verhältnis hat sich mittlerweile sogar fast umgekehrt. Inzwischen mag es sogar Gründe für Europa geben, sich wirtschaftlich und sozial etwas mehr an Russland und Asien zu orientieren als an den wirtschaftlich geschwächten USA. Trotzdem ist der Hauptgrund für eine erneuerte *enge politische Bindung* zwischen den Menschen in Amerika und Europa gerade jetzt aktueller denn je geworden, wie Bundespräsident Steinmeier in seinem Vortrag „Struggle for Democracy" im Getty Center in Los Angeles zur Eröffnung des Thomas Mann House am 19. Juni 2018 nachdrücklich angemahnt hatte. Denn beide ethnisch und historisch eng zusammenhängenden Kontinente repräsentieren die allein langfristig unser Überleben garantierende Staats- und Gesellschaftsform der Demokratie. Beide haben inzwischen in ihrem jeweiligen Bereich entschieden mit Problemen dieser Demokratie zu kämpfen und sind deshalb umso stärker darauf angewiesen, auf Augenhöhe zusammenzuhalten und ihre gemeinsame demokratische Staatsform nach innen und nach außen im Sinne des besagten, von Biden angekündigten „Schulterschlusses" zu verteidigen und zu festigen.

Das neu errichtete Thomas Mann House als transatlantische Brücke

Ich bin davon überzeugt, dass die Wahl Bidens auch für das Thomas Mann House als einer der amerikanischen Brückenköpfe zu Europa eine besondere neue Chance ist, an der Erneuerung des transatlantischen Bündnisses mitzuwirken. Die Zeit des Beharrens gegen die faschistoide Washingtoner Administration, die beim Erwerb und bei der beginnenden Nutzung des Hauses ebenfalls bestimmend war, dürfte vorbei sein. Nun dürfte sich der

Bewegungsradius und Wirkungskreis des Hauses gerade in den sich jetzt erneuernden USA etwas vergrößern. Nicht ausgeschlossen scheint mir auch die Errichtung eines direkteren Drahts zwischen der deutschen und der amerikanischen Regierung über das Haus als wichtiges kulturpolitisches Symbol für das transatlantische Bündnis und den transatlantischen Dialog.

In den knapp zwei Jahren zwischen der Eröffnung des Hauses und dem Ausbruch der Covid-19-Pandemie wurde im Sinn des für das Haus konzipierten Residenzprogramms von maximal fünf gleichzeitig im Haus residierenden deutschen Stipendiaten (Fellows) genau das realisiert, was bei einer dortigen Konferenz am Tag der Hauseröffnung im Juni 2018 nochmals offiziell als Vorgabe genannt worden war: die „Gelegenheit zum Austausch untereinander und mit dem Gastland über die großen Fragen unserer Zeit". Der Austausch der Stipendiaten unterschiedlichster Fachrichtung mit ihren amerikanischen *Counterparts* bestand in einer Vielzahl von Vorträgen, Konferenzen, Lesungen, Konzerten, Diskussionen und sonstigen Veranstaltungen über die Themen der Forschungsprojekte der jeweiligen Stipendiaten zusammen mit deren amerikanischen Partnern oder Partnerinstitutionen. Als längerfristiges Projekt startete 2019, in Kooperation mit dem Deutschlandfunk und der „Süddeutschen Zeitung", die Serie *55 Voices for Democracy* mit einer Reihe von Vorträgen renommierter internationaler Intellektueller, Wissenschaftler und Künstler, die je mit einem entsprechenden Gegenwartsthema an Thomas Manns Rundfunkreden „Deutsche Hörer" in den Kriegsjahren 1940–45 anknüpften.[61]

Die im März 2020 über uns alle hereingebrochene Pandemie machte leider eine sofortige Schließung des Thomas Mann House für mindestens ein Jahr notwendig. Das Residenzprogramm musste solange ruhen, und auch die für das Jahr 2020 eingeladenen deutschen Fellows hatten keinen Zugang zum Haus. Sie mussten sich mit wenigen, durch die Infektionsschutz-Gesetzgebung eingeschränkten Live-Auftritten in Deutschland begnügen und zunehmend auf digitale Veranstaltungen umsteigen.

Ich weiß nicht, wieweit bei der Wiederaufnahme des unterbrochenen Betriebs Änderungen oder Erweiterungen des Residenzprogramms in Zusammenarbeit mit dem Auswärtigen Amt vorgesehen sind, als Antwort auf die Veränderungen, welche sich während der Schließung des Hauses ergeben haben: der tiefe Einschnitt in die amerikanische Gesellschaft durch die Pandemie als auch der geglückte Machtwechsel in Washington Ende 2020. Werden die für das Residenzprogramm Zuständigen nach der Wiedereröffnung des Hauses ihr Grundkonzept im Sinne von Thomas Manns kulturpolitischem Vermächtnis in der veränderten Zeit neu überdenken, es modifizieren oder ergänzen?

Ungeachtet der kritischen Etikettierung des Thomas Mann House als *Ivory Tower*, die ich mir bei meinem Besuch der First Unitarian Church in Los Angeles 2019 hatte anhören müssen, haben die Verantwortlichen in Berlin, voran die verdiente Geschäftsführerin des VATMH, Heike Catherina Mertens zusammen mit Programmdirektor Dr. Blaumer, Imposantes auf die Beine gestellt. Es waren viele betont akademische, intellektuell akzentuierte Veranstaltungen. Deshalb wage ich zu bezweifeln, ob das immer unbedingt im Sinne Thomas Manns war, dem als Künstler und Intellektueller vor allem aus dem Herzen heraus jede Universitäts-Atmosphäre immer fremd geblieben war, weshalb es ihn schon seit seiner ersten Vortragsreise durch die USA ab dem Frühjahr 1938 von der Universitätsstadt Princeton immer wieder in die Filmstadt Los Angeles an der Westküste hingezogen hatte, bis er 1941 endgültig dorthin umsiedelte.

In diesem Sinne schrieb Thomas Mann bereits am 12. März 1938 in einem Brief an seinen Sohn Klaus: „Ost oder West? Princeton, wo wir neulich waren, ist sehr hübsch. Aber ich fürchte mich etwas vor der Gelehrten-Atmosphäre, und das Movie-Gesindel in Hollywood ist mir im Grunde lieber." Dies entsprach auch dem Besucherkreis in Pacific Palisades seit 1941: Schriftsteller, Musiker, Schauspieler, Filmregisseure.

Ich habe im Laufe der Niederschrift dieses Buchs und auch während meiner dazwischengestreuten öffentlichen Vorträge und Diskussionen in Europa meine Vorstellungen vom *Dialog als Fundament jeder Demokratie* immer klarer bestätigt gesehen. Thomas Mann hat während seiner dem Kampf gegen den Faschismus und für die Demokratie dienenden fünf amerikaweiten Vortragsreisen zwischen 1938 und 1943 diesen Dialog selber in Ansätzen gepflegt. Nach dem Ablesen seiner Vorträge hat er sich, dem kommunikativen amerikanischen Stil entsprechend, mit der Hilfe von Dolmetscherinnen auch auf öffentliche Diskussionen und die Beantwortung von Publikumsfragen seiner allein schon während der ersten Vortragsreise insgesamt 43.000 amerikanischen Hörer eingelassen. Er war sich damit der zentralen Wichtigkeit des praktischen, frei improvisierten Dialogs bei der Verteidigung der Demokratie bewusst. Rudimentär lebte er diesen Dialog in einer ihm noch fremden Sprache, obwohl die theoretischen Prinzipien dieses Dialogs zu den wenigen Themen gehören, die in seinem literarischen und essayistischen Werk nirgends ausdrücklich zu finden sind. Überhaupt erstaunlich ist der grundlegende nicht nur innere, sondern auch äußere Wandel Thomas Manns innerhalb von 20 Jahren vom kaisertreuen, stets distinguiert auftretenden deutschen Schriftsteller zum sehr viel kommunikationsfreudigeren amerikanischen Bürger, der sich beispielsweise, wie er mir selber erzählt hat, auf Bahnfahrten während der besagten Vortragsreisen gern im Speisewagen mit zufälligen Bekanntschaften von Vorname zu Vorname mit landesüblich lässigen, ins familiär Private gehenden, aber unverbindlich bleibenden Plaudereien zu unterhalten pflegte.

Dialog ist ein riesiger und vielfältiger Themenkreis, bei dessen Erforschung und bei allen Versuchen, ihn unter seinen zahlreichen Aspekten, Chancen und Gefährdungen zu begreifen, man immer wieder auf denselben Kern stößt, nämlich, dass wir alle von Grund auf und in erster Linie kommunikative Wesen sind. Dieser Grundsatz zeigt sich überall: in den philosophischen oder kommunikationswissenschaftlichen Systemen von Martin Buber, Vilém Flusser, Charles Taylor oder Carl Rogers und Thomas Gordon und dem partnerzentrierten Dialog auf der Grundlage der von den religiösen Lehrern übermittelten Fähigkeit der spirituell kontemplativen Einstimmung. Zwischenmenschliche Kommunikation geschieht in Dyaden und Gruppen mit therapeutischer, pädagogischer, partnerschaftlicher, politischer oder allgemein zwischenmenschlicher Absicht. Die unermesslich vielfältigen und höchst unterschiedlich verlaufenden Fäden menschlicher Kommunikation führen letztlich alle immer wieder in demselben, zentralen, im Grunde schlichten Punkt des menschlichen Miteinanders zusammen; wie Martin

Buber sagt, schneiden sich alle einzelnen Ich-Du-Beziehungen zusammen im Unendlichen.

Dialog gründet in der Vielfalt gleichwertig miteinander kommunizierender Menschen. Ohne diese Vielfalt wäre jeder Dialog überflüssig. Der Dialog führt weg vom überhöhten Ich bzw. Ego, von falscher Selbstbehauptung hin zur *Beziehung* zwischen Ich und Du und Ihr und Wir. Ohne Dialog gelingt langfristig nichts mehr in unserer Welt. Und vor allem: Dialoge greifen in jedes menschliche Geschehen ein und *verändern* es.

Über den Dialog zu sprechen, heißt noch lange nicht, ihn zu führen. Noch so kompetente Dialoganalysen täuschen leicht das Führen eines Dialoges vor, obwohl es sich in Wirklichkeit um einen Monolog handelt. Das gilt auch für den transatlantischen Dialog. Dialog heißt vor allem Praxis, und es heißt: nicht in erster Linie akademische Vorträge halten, Lesungen, Sachdiskussionen und -konferenzen organisieren und durchführen. Zur Praxis gehören auch *Workshops* mit einem Wechsel zwischen Plenum und Kleingruppen, Theorie und Praxis. Workshops bieten keine Frontalunterweisung mit echoartigen Anknüpfungen aus dem Auditorium. Sie bestehen vor allem aus thematisch vorstrukturierten, aber sonst mehr oder weniger frei improvisierten Dialogen auf Augenhöhe, auch verbunden mit praktischen Übungen.

Dies könnte aus meiner Sicht eine wesentliche und lebendige Ergänzung sein zu den bisherigen betont ins Akademische gehenden Veranstaltungstypen im Thomas Mann House. Sie würde allerdings auch eine mir sinnvoll scheinende praxisorientierte Erweiterung des an die Fellows bzw. die Bewerber gerichteten Anforderungskatalogs bedeuten. Dazu müsste es wahrscheinlich den Aufgabenbereich der Programmgestaltung modifizieren und ergänzen und das Feld der den transatlantischen Austausch fördernden Kontakte erweitern.

Ein großer Vorteil des bisherigen Austauschprogramms des Thomas Mann House ist seine transatlantische Brückenfunktion. Nach der Wiedereröffnung des Hauses nach der Pandemie wird es wieder möglich sein, inzwischen unter politisch erst einmal ins Positive veränderten Bedingungen in den USA.

Vertrauen auf die Selbstheilungskräfte der Demokratie

Selbstheilungskräfte der Demokratie? Was ist das? Demokratie wird doch von Menschen gemacht und dementsprechend auch von Menschen „geheilt", wenn sie sich als heilungsbedürftig erweist. Auf der aktiven Seite steht der Mensch und auf der passiven Seite die Demokratie, dazwischen gibt es nichts. Aber ist das wirklich so einfach?

Ich habe schon in meinem Wegweiser oder Vorwort gesagt, dass Demokratie *wird* und dass sie sich dabei nicht einmal linear von einem *Ist*-Punkt zum nächsten entwickelt. Sie nimmt vielmehr als ein sich zunehmend verdichtendes Netz zusammenlaufender, sämtliche Bereiche von Wirtschaft, Kultur und Recht miteinander verknüpfender Fäden *Gestalt* an. Dieser Gestaltungsprozess besteht in der letztlich unvorhersehbaren Realisierung bereitliegender *Möglichkeiten.* Die äußeren Faktoren für deren Umsetzung sind mit einer gewissen Eigendynamik sich herausbildende komplexe Vorgaben wie Gesetze, Fakten, Ereignisse. Der innere Motor jedoch ist das Handeln der mit Willensfreiheit und Dialogwillen ausgestatteten Menschen.

Das heißt, dass der Mensch sehr wohl mittels seines Willens die Entwicklung der Demokratie steuert. Dies kann allerdings schwierig werden, wenn die Politiker und die mitstreitenden Bürger bei den der Demokratie ihre *Gestalt* gebenden Faktoren wie Wirtschaft, Kultur oder Recht auf unüberwindbare Hindernisse stoßen – etwa wenn die tragenden Säulen der Demokratie wie Armee, Justiz und Verwaltung und andere Herrschaftsinstrumente aus einer vordemokratischen Zeit stammen, welche die Weiterentwicklung der Demokratie wie Fliehkräfte behindern und damit antidemokratischen Kräften den Weg frei machen für deren auf einen Umsturz bedachten Umtriebe. Dies war der Fall in der Weimarer Republik bis zur Katastrophe der Machtergreifung durch die Nationalsozialisten. Auch die leidenschaftlichsten Kämpfer für eine neue Demokratie in Deutschland nach dem Ende der Monarchie und des Krieges waren machtlos allen nicht nur menschlichen, sondern auch systemischen Gegenkräften ausgesetzt und konnten nur noch tatenlos der unabwendbaren Katastrophe des Zusammenbruchs ihres demokratischen Experiments zusehen. Was allen Verzweifelten in der äußeren oder inneren Emigration übrig blieb, war die Gewissheit, dass irgendwann irgendeine höchstwahrscheinlich irgendwoher von außen wirkende Kraft – ein gelingendes Attentat, Staatsbankrott oder Krieg und Invasion – dem Spuk ein Ende setzen werde. So war es denn auch, obwohl der riesige zeitliche und militärische Aufwand und das horrende Ausmaß an Tod, Zerstörung und menschlichem Leid die schlimmsten Befürchtungen übersteigen sollten und der menschlichen Zivilisation eine ungeheuerliche Portion Geduld, Durchhaltefähigkeit und Wiederaufbauwillen abverlangten.

Ein anderes Beispiel mit einem jedoch anderen, aber höchst knappem Ausgang war der 6. Januar 2021 in Washington. Dort rief der abgewählte *Fake President* Zehntausende seines vor dem Kapitol versammelten Mobs grölend zum Sturm auf das Herz und wichtigste Wahrzeichen der amerikanischen Demokratie, den Sitz des Kongresses auf, um so nur Stunden vor der Bestätigung des Wahlsieges seines Kontrahenten Joe Biden durch den Kongress das Steuer herumzureißen. Der Mob durchbrach prompt die Polizeisperren und drang in das Parlamentsgebäude ein. Die von Mordgebrüll bedrohten Abgeordneten konnten gerade noch rechtzeitig in Sicherheit gebracht werden oder verbarrikadierten sich. Über Stunden blieb die Situation völlig unsicher, zumal dieser Sturm auf den Kongress, wie sich nachträglich zeigte, seit Monaten vorbereitet worden war, und niemand weiß, was geschehen wäre, wäre nicht – erst *mit Stunden Verspätung* und erst nach zögerlichem Antrag des offiziell noch amtierenden republikanischen Vizepräsidenten – die Bundespolizei eingetroffen und hätte rasch wieder die Ordnung so weit hergestellt, dass der Kongress seine unterbrochene Sitzung wieder aufnehmen und am folgenden Morgen den Wahlsieg des neuen Präsidenten bestätigen konnte. Wäre es anders gekommen, wäre dies einem wahren Meteoriteneinschlag in die 250-jährige Demokratie der USA und damit auch aller jüngeren Demokratien auf der ganzen Welt gleichgekommen.

In beiden Fällen haben viele Akteure mit höchst unterschiedlichen, ja gegensätzlichen Rollen am Ausgang des Ereignisses mitgewirkt. Es war ein unvorhersehbares und von Chaos durchsetztes Zusammenspiel von Kräften und Antikräften. In Weimar wie in Washington gab es hinterher plausible Erklärungen für den jeweiligen Ausgang. Im anderen Fall hätte man andere Erklärungen hinzuziehen müssen, so konnte man sagen: Weimar war auf dem Hintergrund einer jahrhundertealten eingeschworenen Monarchie und Aristokratie für eine Demokratie noch nicht reif gewesen. Die 250 Jahre alte amerikanische Demokratie dagegen hat (im Gegensatz etwa zu Mussolinis Marsch 1922 auf Rom) den Machtergreifungsversuch in Washington durch faschistische Kräfte überstanden, so wie auch mehrere andere, weniger spektakuläre, aber ebenfalls gefährliche Situationen zwischen dem 3. November und dem 20. Januar. Der brutale Gewaltakt am 6. Januar war ja der letzte verzweifelte Versuch des faschistischen Mobs gewesen, weil andere Versuche, über den Supreme Court und zahlreiche andere Gerichte die demokratische Wahl am 3.11. anzufechten, und auch sonstige Versuche, Armee und Bundespolizei zu aktivieren, gescheitert waren, da diese Instanzen trotz vieler beängstigender Entwicklungen in den vergangenen Jahren sich entschieden hatten, die letzten Dämme der amerikanischen Demokratie zu halten. Bisher haben die USA jede Hängepartie ihrer Demokratie letztlich immer wieder durchgestanden.

Was können wir daraus lernen? Es heißt für mich, dass je älter und bewährter ein demokratisches System trotz aller schwerwiegenden Anfechtungen, Krisen und menschlichem Versagen ist, desto mehr können und müssen wir auf dessen *Selbstheilungskräfte* vertrauen. Sie liegen in dem oben erörterten Gesamtsystem und in den von diesem System geprägten Menschen mit ihren Chancen, je nach gegebener Situation abwägend und vernünftig zu handeln. Ich glaube, in Washington war dies an jenem 6. Januar der Fall. Und ich glaube auch, dass die, die die USA kennen, während des vergangenen Jahres eher auf einen Wahlsieg der Menschlichkeit und Vernunft gehofft hatten als die, die von anderen Verhältnissen ausgingen und unbedacht früh eine fertige Antwort parat hatten, die sie gern mit irgendwoher geholten Argumenten garnierten. Als beim gemeinsamem

Essen nach einer politischen Veranstaltung in Frankfurt Anfang September 2020 die Frage gestellt wurde, ob denn der damals noch amtierende amerikanische Präsident in zwei Monaten die Wahl nun gewinnen werde oder nicht und besonders die anwesenden Politologen mit Kennermiene einstimmig posaunten, er werde sie gewinnen, antwortete ich auf die Frage nach meiner Meinung fast verschämt leise, ich würde es kaum wagen laut zu sagen, dass er die Wahl *nicht* gewinnen werde.

Eine Prognose der amerikanischen, der europäischen und damit auch der transatlantischen Entwicklungen ist in jedem Fall äußerst schwierig, auch wenn ich mein grundsätzliches Vertrauen auf die Selbstheilungskräfte in den auf beiden Kontinenten bestehenden Demokratien mit in die Waagschale werfe.

Eben bekomme ich direkt aus Washington einen erneuten aktuellen Bericht meines Informanten Andreas Ströhl:

> Hier beginnt sich das Leben ein bisschen zu normalisieren – trotz der Coronapandemie. Es ist erstaunlich, wie schnell die Biden-Administration das Ruder herumreisst. Allerdings zeichnet das gerade laufende Impeachmentverfahren gerade minutiös und haarsträubend die Ereignisse des 6. Januars nach und dazu – geradezu lehrbuchhaft – wie sie von einem skrupellosen Populisten vorbereitet worden sind. Das hört sich in seiner Beispielhaftigkeit an wie ein Radioplay-Lehrstück von Brecht. Dass Trump am Ende doch nicht verurteilt werden wird, macht in gewisser Weise nichts: Es kann mittelfristig zum Zerfall der Republikanischen Partei führen, der wirklich nicht mehr zu helfen ist, wenn sie es nicht schafft, sich von Trump zu distanzieren. Denn der wird dann noch einmal antreten und dabei die Partei spalten. Vielleicht wird die Grand Old Party dann wieder konservativ, und es spaltet sich eine „Patrioten"partei ab, die die Grand Old Party dauerhaft schwächt … Es bleibt also spannend.

Ein wesentlicher Unterschied zwischen dem amerikanischen und dem europäischen Kontinent ist, dass Menschen unterschiedlicher ethnischer Herkunft, Kultur und Religion in den USA zu großen Teilen die gleiche englische Sprache sprechen, außer in den zweisprachigen Regionen oder Staaten, in denen auch Spanisch gesprochen wird. Dazu haben sie überwiegend dieselbe Staatsbürgerschaft. Dies hat bei aller möglichen Gegnerschaft (etwa zwischen Weißen und Schwarzen) doch mehr Verbindendes als in Europa, wo Angehörige verschiedener Staaten oft auf geographisch kleinem Raum meistens unterschiedliche Sprachen sprechen und einander damit noch fremder erscheinen. Wer in Europa eine andere Sprache spricht, ist ein „Ausländer". In diesem Sinne kann in Europa „Ausländer" zu einem Schimpfwort werden, in den USA sehr viel weniger. Denn in der Regel ist dort der „andere" genauso Amerikaner wie sein Kontrahent. Und da in den USA ein einer anderen Ethnie angehöriger Gegner nicht wie in Europa über die Grenze in *sein* Land zurückkehren kann, wo beide vor gegenseitigen Feindseligkeiten geschützt sind, sind in den USA verschiedene Rassen viel mehr miteinander konfrontiert. Deshalb kommen in den USA gewaltsame Feindseligkeiten zwischen verschiedenen Rassen (z. B. zwischen weißen Polizisten und den Black Panthers) nicht nur häufiger vor, sondern verlaufen auch umso unerbittlicher und grausamer.

In Europa mit seinen angeführten kontinental- und nationaltypischen Gegebenheiten sind in den vergangenen ungefähr zehn Jahren gravierende Probleme entstanden, die für die europäischen Demokratien wiederholt zu einer erheblichen Bewährungsprobe geworden sind. Abgesehen von der alle Kontinente in gleicher Weise quälenden Corona-Pandemie ist das zum einen das spezifisch europäische Flüchtlings- und Migrationsproblem. Dieses schürft sich auf an der ständig neu sich stellenden Frage, welche europäischen Länder zur Aufnahme wie vieler sonst im Mittelmeer ertrinkender Flüchtlinge aus Nahost oder Afrika bereit sind und welche nicht. Dieser Streit droht immer wieder neu zu einer Zerreißprobe für die erst im Verlauf einiger Jahrzehnte zusammengewachsene europäische Gemeinschaft zu werden, obwohl gerade der so kleine europäische und in allen geographischen Richtungen schutzlos exponierte Kontinent auf einen umso engeren Zusammenhalt seiner Mitgliedsstaaten angewiesen ist. Das andere Problem eines offenbar noch unterentwickelten Demokratieverständnisses ist der gleichzeitig mit der Migrations- und Flüchtlingsbewegung aus dem Nahen Osten und Nordafrika wieder erwachende, letztlich in mittelalterlichen kirchlich-christlichen Überzeugungen verwurzelte antisemitische Rassismus auf der Basis der jahrtausendealten, offenbar nur sehr schwer zu überwindende Stigmatisierung der Juden als Gottesmörder.

Umso ermutigender ist es, dass die durch die Fluchtbewegung ausgelöste Welle extremistischer, rassistisch motivierter Attentate und barbarischer Mordserien in den vergangenen Jahren besonders in Frankreich und in Deutschland (!) bisher unter Kontrolle gehalten werden konnte. Und wir können auch erleichtert feststellen, dass der in vielen europäischen Ländern besorgniserregende Zulauf populistischer Parteien im parlamentarisch-demokratischen Schafspelz in den letzten fünf bis zehn Jahren nach der Aufdeckung krimineller Skandale in Italien und Österreich und dort sowie in Frankreich und Holland in erfreulich glimpflich ausgegangenen Volksabstimmungen entsprechend gedrosselt werden konnte. Auch wenn uns dies keinesfalls erlaubt, auch nur eine Sekunde lang mit unserer Wachsamkeit nachzulassen, bestätigt es unsere Hoffnung, dass die jungen europäischen Demokratien – und gerade die noch vor einem Dreivierteljahrhundert ganz am Punkt null begonnene deutsche Demokratie – bisher weitgehend gefestigt sind. Umso wichtiger ist es, diese Errungenschaft nicht zu verspielen.

Dies alles zeigt, welche engen Grenzen unserem Tun letztlich doch gesetzt sind. Besonders dann, wir in unserer Geschichte auch immer wieder dunklen Mächten ausgesetzt sind, die uns gegen alle unsere Widerstände in den Abgrund zu ziehen drohen oder auch wirklich ziehen. Gerade in den USA während jenes hochgefährlichen Tages Anfang Januar 2021 haben die genauso bestehenden positiven Kräfte mitgeholfen, die dieses Land deutlich bedrängenden dunklen Mächte niederzuringen. Keine Staats- und Gesellschaftsform ist mit so vielen kreativen und vor allem unvorhersehbaren Möglichkeiten und Freiheiten ausgestattet wie die Demokratie, besonders je älter sie ist und als je bewährter sie sich erweist. Nachträglich stellt sich immer wieder heraus, wie falsch es ist, zu früh schon genau zu wissen und schicksalergeben vorauszusagen, was Schlimmes passieren wird, statt mit etwas größerer Gelassenheit abzuwarten. Für größere Zeiträume trifft diese Unvorhersehbarkeit erst recht zu. Stärkeres Vertrauen in die Offenheit der Zukunft kann uns umso mehr Mut machen, so lange immer wieder neue Dinge auszuprobieren, die der Weiterentwicklung und Festigung unserer Demokratie dienen, bis diese zu einem erkennbaren Erfolg führen.

Im Übrigen scheint mir aus den ersten umfassenden Reformvorhaben des neuen US-Präsidenten hervorzugehen, dass sein konkretes Ziel weit über sein anfangs angekündigtes Bemühen um eine allgemeine Verbesserung des politischen Klimas und des kommunikativen Zusammenhalts der Menschen in den USA hinausgeht. Sein in Wirklichkeit sehr weitgehendes und konkretes Reformvorhaben dürfte das allgemeine Vertrauen und ein Gefühl der Zusammengehörigkeit der Menschen untereinander stärken. Joe Bidens überraschendes, noch vom Kongress zu billigendes auf acht Jahre angelegtes Zwei-Billionen-Dollarprojekt einer Generalsanierung der amerikanischen Infrastruktur erinnert mich an das Amerikas Wirtschafts- und Sozialpolitik umwälzende New-Deal-Programm Präsident Roosevelts in den Dreißigerjahren. Der New Deal hatte zu einer entscheidenden Wiederbelebung der Wirtschaft, zu einer Vollbeschäftigung und zur Einführung eines neuartigen Versicherungssystems geführt. Unabhängig davon, wie weit Joe Biden sein geplantes Mammutprojekt zu einem Erfolg führen kann, steht sein Programm, 90 Jahre nach Roosevelt, auch in der guten Tradition der sozial orientierten Politik der demokratischen Partei. Ziel ist die totale Modernisierung der noch aus den Fünfzigerjahren stammenden, völlig maroden Gesamtinfrastruktur des Straßen- und Schienennetzes, der Flughäfen und Schulen, die Verbesserung der Wohnqualität in den Städten sowie des landesweiten Stromnetzes und der Trinkwasserqualität. Diese umwälzenden, kontinental flächendeckenden Maßnahmen sollen zugleich Millionen neuer Jobs schaffen. Und um die Finanzierung dieses Vorhabens möglich zu machen, ist eine kräftige Anhebung der Unternehmenssteuer vorgesehen, allein schon, um damit auch die unverantwortlichen Steuersenkungen für Reiche durch Bidens unrühmlichen Vorgänger rückgängig zu machen.

Angesichts des schweren Erbes, welches Joe Biden angetreten hat, zeugt dieses von der Weltöffentlichkeit wie ein Paukenschlag aufgenommene Projekt von besonderem Mut und bewundernswerter Zielstrebigkeit. Keiner weiß, wie weit es zu so später Zeit und angesichts der Widerstände und der kleinlichen Missgunst oppositioneller Gruppierungen gelingen kann und was das Zweigespann Biden/Harris langfristig vielleicht auch sonst noch auf die Beine stellen kann. Die republikanische Opposition hat bereits im Vorfeld angekündigt, das „viel zu kostspielige" Reformprojekt zu torpedieren, wobei ihnen offenbar beim Gedanken an die unzumutbare Erhöhung der (vier Jahre lang gesparten) Unternehmenssteuern für ihre im Geld schwimmenden Kumpanen das Herz blutet und sie deswegen auch gern bereit sind, ein dem Wohl der breiten Bevölkerung und Amerikas internationalem Ansehen dienendes Projekt über Bord zu werfen.

Ich glaube, dass zu den Selbstheilungskräften der Demokratie ganz wesentlich die Kreativität und die Innovationskräfte von dessen Bürgern gehören. Ein wesentliches Kriterium für eine funktionierende demokratische Ordnung besteht darin, dass der marktwirtschaftlich-ökonomische Wettbewerb sowohl politische Freiheit als auch soziale Sicherheit und ökonomische Teilhabe garantieren muss. Die Mehrzahl der autoritär, religiös und sonst ideologisch geführten Staaten praktiziert zwar, wie etwa das monopolkapitalistische Modell der Volksrepublik China, in wachsendem Maße erfolgreich den marktwirtschaftlichen Wettbewerb, aber was entschieden fehlt, ist die freie Kreativität im ökonomischen Prozess, die ganz wesentlich zur Natur des Menschen gehört und auf die Dauer gefördert werden muss.[62] Die uns heute so selbstverständliche Vorstellung vom Menschen als einem frei handelnden Wirtschaftsindividuum ist noch recht jung und ein Produkt der Aufklärung. So beschrieb der eng in Verbindung mit Benjamin Franklin stehende schottische Begründer der Nationalökonomie, Adam Smith, im Jahr der amerikanischen Unabhängigkeit 1776 in seinem Buch „Der Wohlstand der Nationen" die „natürliche Neigung des Menschen, zu handeln und Dinge gegeneinander auszutauschen" und verwies auf die „Vielfalt der Talente", die beim Menschen von Natur aus erkennbar seien und dem allgemeinen Nutzen dienten.[63] Dies alles ändert natürlich nichts an der historisch hinreichend erwiesenen Tatsache, dass immer wieder ein entschiedenes staatliches Eingreifen und eine Kontrolle über die individuellen, freiheitlich kreativen Initiativen im ökonomischen Bereich notwendig ist. Wohin der Mangel an ausreichender staatlicher Kontrolle bzw. ein Wildwuchs an missverstandener Freiheit führt, zeigt sich in dem beängstigend oligarchischen Charakter, den die US-amerikanische Demokratie im Lauf der Jahrhunderte angenommen hat. Deren staatlich reglementiertes Versicherungssystem etwa steckt noch ähnlich tief in den Kinderschuhen wie arbeits- und tarifrechtlich effektive gewerkschaftliche Strukturen, die in Europa schon lange Jahrzehnte das Gesicht unserer Demokratien prägen. Hier ist der Punkt gegeben, an dem eine ursprünglich sowohl für den Einzelnen als auch für die Gemeinschaft konzipierte freie Marktwirtschaft unversehens in einen wölfischen Kapitalismus umschlagen kann und dann, wie die Geschichte der europäischen Demokratien eindrucksvoll zeigt, immer wieder von Neuem einen durchgreifenden Strukturwandel erfahren muss.

Die nach dem Ende des Kalten Krieges überhandnehmende globale Liberalisierung hat eine neue soziale Systemkonkurrenz geschaffen, die sich in allen alten wie neuen Demokratien etwa seit der Jahrtausendwende zunehmend in einer ungleichen Einkommensverteilung ausdrückt. Die Selbstheilungskräfte der Demokratie liegen unter anderem in der Möglichkeit und der Notwendigkeit, diese Ungleichheit durch eine ständige Gratwanderung zwischen freier Entfaltung kreativer Produktivität in Wirtschaft, Wissenschaft und Kultur und der Sorge der zuständigen staatlichen Instanzen um einen fairen Wettbewerb möglichst klein zu halten. Zu dieser politischen Zündstoff liefernden Systemkonkurrenz ist seit 2020 zusätzlich die Herausforderung durch die sich ebenfalls sozial auswirkende Pandemie dazugekommen, die uns alle vor unabsehbare Aufgaben stellt.

Unsere Kleinsten – die Zukunft der Demokratie?

Auf meiner Vortragsreise durch die USA und wenige Monate später in Deutschland über Zoom habe ich wiederholt an diejenigen appelliert, die ich in einem der vorangehenden Kapitel „Die Stimme der nachrückenden Generation" nannte: Universitäts- und Collegestudenten, Highschool-Schüler sowie deutsche Gymnasiasten der Oberstufe. Ihnen allen mehr oder weniger gemeinsam waren ihre Sorgen um ihre vom Klimawandel, den Naturkatastrophen und der Zerstörung der Artenvielfalt in Frage gestellte eigene Zukunft, aber auch um die von den Kriegen, der Zerstörung und der Vergiftung des menschlichen Zusammenlebens ausgehenden Bedrohungen des menschlichen Lebens durch die Trias von Gier, Hass und Verblendung. Ich bezog mich in meinen Ansprachen gern auf ihre bekannt gewordenen Altersgenossen, welche öffentlich Kritik üben an den gesellschaftlichen Ursachen für die besagten Verbrechen an unserer Natur und an uns selbst und die sich dabei mutig zu ökologischen Gruppen und Institutionen zusammengeschlossen haben. Darunter ist natürlich besonders die sogenannte *Fridays-for-Future*-Bewegung, deren Mitglieder weltweit auf die Straße gehen, um lautstark gegen den Klimawandel zu protestieren. Sie lassen sich leiten von ihrem Bewusstsein, dass jeder von uns nicht nur die Verantwortung, sondern auch die Möglichkeit hat, aktiv für eine Veränderung der Situation zum Besseren zu kämpfen. Und dabei hat jeder Einzelne in dem Maß die Chance, wenigstens einen kleinen Schritt in diese Richtung weiterzugehen, indem er als Teil einer gleichgesinnten Gruppe oder Gemeinschaft wirkt.

Bis vor Kurzem war ich davon ausgegangen, dass ein solches Bewusstsein bei Schülern etwa auf der Gymnasialoberstufe ein Mindestalter von 16 oder 17 Jahren voraussetzt. Und ich pflegte mir dabei auch vorzustellen, dass, wenn sich diese Schüler an Freitagvormittagen versammeln und die Bevölkerung zum engagierten Handeln aufrufen, eventuell zuhörende Grundschüler davon allenfalls das eine oder andere aufschnappen und in ihr Unterbewusstsein aufnehmen und irgendwie speichern.

Als ich kurz nach Neujahr 2021 vom Münchner Thomas-Mann-Forum[64] dazu eingeladen wurde, bei einer Zoom-Veranstaltung dieses sich noch im Entstehen befindende Buch vorzustellen, wählte ich als Einstieg den letzten Abschnitt des mein Buch einleitenden „Wegweisers". Dort vertrete ich zwar noch etwas hypothetisch, aber trotzdem subjektiv überzeugt die Meinung, dass eine grundlegende Basis für Demokratien in unserer Gesellschaft dann in einem noch solideren Ausmaß geschaffen werden kann, wenn eine Erziehung und Schulung zur Demokratie bereits im frühesten Kindesalter mit der Ermutigung zum Mitspracherecht der Kinder auf dem denkbar einfachsten Level *beginnt*. Demokratisches Bewusstsein greift dann noch nachhaltiger, wenn dieses Bewusstsein bereits im frühesten *Grundschulalter*, zwar auf dem bescheidensten Niveau, aber dafür umso gezielter lehrplanmäßig flächendeckend institutionalisiert und internalisiert wird. Und zwar nicht nur mit einer im Frontalunterricht vermittelten Belehrung darüber, was Demokratie ist und wozu sie gut ist, sondern in der systematischen praktischen Übung und der Motivation dazu, freie Entscheidungen selbstständig und doch auch im dialogischen Miteinander aller zu treffen und sie in vivo und digital im Sinne effizienter Mitbestimmung und Mitgestaltung des Unterrichts und des Alltags aktiv umzusetzen. Ich wusste bereits, dass zwar in einer ganzen Reihe von Grundschulen der Versuch verbreitet ist, demokratische Organisationsformen in einer Klassensprecher- und Schulsprecherwahl nachzuahmen, dass aber das, was an Mitsprache der Kinder weit darüber hinaus zu fordern wäre, nur in Einzelfällen anzutreffen ist, abgesehen vom vorbildlichen Sonderfall der Montessori-Schulen. Prompt erhielt ich an diesem Abend aus dem Kreis der Diskutierenden den Hinweis, dass es sehr wohl neuere Ansätze zu einer praktischen Realisierung dieser Forderung gebe. Der Betreffende nannte ein Institut in Kiel mit Verbindungen zur dortigen Fachhochschule, welches schon vor Jahren in Zusammenarbeit mit Pädagogen, Sozialpädagogen und Soziologen mit dem Thema „Kinderstube der Demokratie" begonnen hätte, mithilfe dafür bundesweit geschulter

Multiplikatorinnen in Kindertagesstätten den Kindern zu verstärktem Mitspracherecht im dortigen Alltag zu verhelfen. Dieser überraschenden und wertvollen Anregung ging ich unverzüglich weiter nach. Mein Interesse galt ja vor allem den Grundschulen, vor allem wegen der stärkeren und breiteren strukturellen Einbindung des im Vergleich zu Tagesstätten komplexeren Schulsystems in unserem Erziehungswesen. Mir ging es darum herauszufinden, ob auch Grundschullehrerinnen von den erwähnten Multiplikatoren praktische Supervision erhielten bei ihrem Bemühen, auch den Grundschülern mehr Möglichkeiten zur Mitsprache einzuräumen und ihnen schon ab dem ersten Grundschuljahr demokratische Grundeinstellungen mitzugeben.

Meine Recherchen ergaben, dass in den Grundschulen diese pädagogischen Maßnahmen offenbar noch nicht so weit entwickelt sind wie in den Kindertagesstätten, obwohl in dem besagten Kieler Institut Kontakte zu Grundschulen in allen Teilen Deutschlands bestehen und es auch an dortigem diesbezüglichem Interesse nicht fehlt. Trotzdem scheint es sich bisher als eher beschwerlich erwiesen zu haben, die in ihrem Schulsystem fest eingebundenen Grundschullehrer dazu zu ermutigen, die Kinder demokratisch am Alltag teilhaben zu lassen, zumal in der Lehrerausbildung dieser Aspekt bisher nicht sonderlich ausgeprägt zum Tragen zu kommen scheint. Allerdings sind inzwischen wohl einige Professoren bestrebt, dies in die Ausbildung der Lehrkräfte mit einfließen zu lassen.

Ein interessantes Phänomen in Grundschulen ist erfreulicherweise dem offensichtlichen Erfolg der bisherigen Anstrengungen in den Kindertagesstätten zu verdanken. Kindern, die in Kinderkrippen und Kindergärten bei bestimmten Themen mitentscheiden durften, scheint diese Erfahrung so selbstverständlich geworden zu sein, dass sie dies später im Grundschulunterricht auch von den Lehrkräften zu deren nicht geringen Verblüffung einfordern. Gerade dies könnte ein wichtiger Beitrag zu einer Verbreitung demokratischer Erziehung in Grundschulen sein.

Dies sind erste hoffnungsvolle Vorbahnungen eines noch langen Weges zu einer fortschreitenden Internalisierung demokratischer Grundeinstellungen und Grundverhaltensweisen bei Kindern schon im frühen Schulalter zur Schaffung eines noch tragfähigeren Fundaments, auf dem die Demokratie in unserer Gesellschaft weiter geschützt, bewahrt und fortentwickelt werden kann.

In der Regel zeigen sich erst mitten in der Experimentierphase die mit einer Umsetzung verbundenen unvorhersehbaren Probleme, die in unserem Fall gerade dann erschwerend auftauchen, wenn als Voraussetzung für einen Demokratisierungsprozess in den Schulen das, was unter Demokratie und deren Zielen verstanden wird, nicht eindeutig klar oder gar kontrovers ist. Angesichts der zunehmenden Buntheit der Kulturen und damit auch der Einstellungen zur Demokratie in praktisch allen sich ethnisch immer weiter vermischenden Bevölkerungen weltweit könnten sich beim Experiment des Erlernens von Mitsprache in der Grundschule einige nicht weiter überraschende Probleme oder gar Konflikte ergeben. Aber diese Divergenzen gehören dazu und können im klärenden und offenen, nicht zuletzt partnerzentrierten Dialog im Sinne einer konstruktiven Streitkultur ausgeräumt werden.

Ausblick

Seit dem Anblick des vom Sonnenuntergang zurückbleibenden gelben Lichtsaums am Horizont des abendlich blassblau vergehenden Himmels von meiner hochsommerlich durchwärmten Terrasse aus sind inzwischen anderthalb Jahre vergangen. Jetzt blicke ich ungefähr von derselben Stelle aus wieder in dieselbe Richtung. Nur dass ich jetzt, mit einem dicken Wollpullover bekleidet, durch die verschlossene große Terrassen-Glastür hindurch vom Wohnzimmer aus auf die von der spätwinterlichen, täglich kraftvolleren Morgensonne unter dem tiefblauen Himmel beschienene glitzernde Schneefläche auf derselben Terrasse und auf das Weiß des ins Sonnenlicht getauchten, kürzlich frisch gestrichenen Hochhauses gegenüber blicke.

Damals, noch wenige Wochen vor meiner Vortragsreise durch die USA, hatte ich beim Betrachten des verwobenen Farbenspiels am Himmel nach Sonnenuntergang das sich ankündigende Ende dieses Tages unwillkürlich mit der fatalen Unsicherheit unseres mehrfach bedrohten Lebens auf dem amerikanischen wie auch auf dem europäischen Kontinent und letztlich auf der ganzen Welt in Verbindung gebracht. Und jetzt? Befinden wir uns zwischenzeitlich in einer besseren Phase? Ausgerechnet jetzt, in der uns alle weiter in Schach haltenden Covid-19-Pandemie? Einerseits sehe ich in dem zwischenzeitlich geradezu spiegelbildlich vollzogenen Wechsel von der Stimmung an dem den Herbst ankündigenden Sommerabend zu der des den Frühling ankündigenden Wintermorgens am selben Ort ein gewisses Symbol für meine sich trotz allem doch etwas ins Positivere gewendete Gefühlslage, die mich etwas optimistischer in die Zukunft blicken lässt. Der Unterschied ist nur, dass damals die Angst und der Wille zum Durchhalten so weit vorherrschten, dass sich mir das Bild vom Apfelbäumchen aufdrängte, von dem Martin Luther gesagt haben soll, dass er, sollte die Welt morgen untergehen, heute erst recht ein solches pflanzen würde. Jetzt ist dieses Bild abgelöst worden von der Gewissheit, dass jedenfalls die Menschen in den USA kürzlich knapp eine neue Chance errungen haben, die auch für uns Europäer eine neue Chance bedeuten könnte. Das ist noch nicht viel. Aber es ist doch ein neu gewonnenes kleines Stück Land, ein Zipfel, an dem wir beim unverzagten weiteren Kampf um die Demokratie festhalten können.

Hier in Europa sind wir uns selbst am nächsten. Wichtige Parlamentswahlen stehen in einigen europäischen Ländern bevor. In Deutschland sind es erneute Bundestagswahlen mit einem Wahlkampf auf dem Hintergrund eines zermürbenden und vielfach hilflosen Kampfes gegen die inzwischen dritte Welle des mehrfach mutierten Corona-Virus, gegen leidvolle Verluste von Menschenleben, gegen Verzweiflung, Verwirrung und Einsamkeit. Dieser Kampf zusammen mit dem Kampf gegen den Klimawandel und andere teilweise selbst verschuldete Bedrohungen hat seine Tribute gefordert, die im Laufe der vergangenen Jahre und Monate die Parteienlandschaft und noch vieles andere so radikal verändert haben, dass Voraussagen von Wahlergebnissen immer schwieriger werden. Das Hauptziel bleibt jedoch die Wahrung und die Festigung unserer freiheitlich-demokratischen Grundordnung, auch oder gerade dann, wenn die Karten neu gemischt werden.

Zur Demokratie mit ihrer Forderung nach ständiger Erneuerung gehört auch der Mut zum Machtwechsel, so wie die USA uns dies vor Monaten eindrucksvoll vorgelebt haben. Hier in Deutschland ist Grün – so wie auch anderen europäischen Ländern – mit gutem Grund in enormem Aufwind. Aber die Grünen brauchen starke Partner. Ich bezweifle, dass die Mitterechts-Partei der christlichen Union nach 16 Jahren an der Macht jetzt der Richtige ist. Aber wer soll es sein, wenn die deutschen Sozialdemokraten – nach einem stetigen Abwärtstrend seit der Jahrtausendwende – inzwischen dabei sind, sich vor aller Augen langsam aufzulösen? Und die Linke, immer noch mit dem Nimbus der Nachfolgepartei der „Sozialistischen Einheitspartei" der Diktatur des Proletariats behaftet, war seit dem Mauerfall vor 30 Jahre ein Tabu, was eine Regierungsbeteiligung auf Bundesebene betrifft. Aber auch ein Tabu muss nicht ewig gelten, besonders für eine Partei, die sich im Lauf von Jahrzehnten in zunehmende politische Bedeutungslosigkeit hinein verkleinert. Warum also nicht doch einmal auf Länder- und Städteebene inzwischen erprobte rot-rot-grüne Koalitionen auch auf Bundesebene wagen? Das wird sich zeigen.

Sehr viel wichtiger als diese parteipolitischen Gedankenspiele scheint mir – aller heutigen Desorientierung und allen Infragestellungen zum Trotz – hier der für mich eisern bleibende Grundsatz zu sein, dass es gegen jeden zerstörerischen Hass, gegen Angst, Verblendung und Abschottung letztlich auf uns alle ankommt. Einzeln wie im solidarischen Miteinander geht es darum, unser kostbarstes Gut, die Menschenwürde, mit allen ihren Aspekten und Facetten zu verteidigen, vorsorglich zu schützen und darüber zu wachen, dass danach gehandelt wird. Die parlamentarische Demokratie als politisches Instrumentarium und System für den Kampf um die Menschenwürde ist realpolitisch gesehen unentbehrlich. Aber allein, als äußere Hülle für unser Denken und Handeln in den Kategorien von Freiheit, Gleichheit und gemeinsamer Verantwortung reicht sie nicht aus. Denn das Fehlen eines inneren Verständnisses für das menschliche Grundprinzip der Demokratie, einer inneren Beziehung dazu, führt nur zu leicht dazu, ein passiver Zuschauer dessen zu bleiben, was im Namen der Demokratie geschieht, statt sich aktiv an diesem Prozess zu beteiligen. Das Grundgesetz, jede staatliche Verfassung, die Charta der Vereinten Nationen und was es an Gesetzestafeln demokratischer Überzeugung sonst gibt, muss mit leidenschaftlichem Einsatz gelebt werden, statt nur als Richtschnur auf dem Papier zu stehen oder über Fensterreden im Leeren zu verhallen.

Demokratie *wird* ständig. Sie erneuert und verändert sich und verändert auch uns, die Subjekte des demokratischen Geschehens. Dies kann auch (leider sehr oft) in eine falsche Richtung gehen. Denn es ist das A und O der Demokratie, dass sie immer wieder neu aufkommenden Bedürfnissen, Wünschen und Impulsen von Menschen folgt, die ihr immer wieder ein neues Gesicht geben. Sie kann auch geschädigt und geschwächt werden, sobald eine gewisse Intransparenz sich einzuschleichen beginnt und bestimmte Gruppierungen oder Seilschaften sich illegale Vorteile verschaffen oder wenn wichtige wirtschaftliche, gesundheits- oder umweltpolitische

Prozesse stagnieren, weil die dafür Verantwortlichen versagen. Dies zeigt, wie verwundbar die Demokratie als die höchste und menschlichste Gesellschaftsform zugleich auch ist. Die erste und wichtigste Maßnahme gegen diese Verletzbarkeit ist, dass wir Bürger alle uns *laufend informieren*, was um uns herum im Namen der Demokratie geschieht, um frühzeitig Warnhinweise zu erhalten und gemeinsam korrektiv eingreifen zu können.

Die brisanteste Situation, die die Alarmglocken schrillen lassen muss und in die wir uns einmischen müssen, ist gegeben, wenn wir mitbekommen, dass schwache, unschuldige und wehrlose Minderheiten angegriffen und gedemütigt oder sogar physisch bedroht, verletzt oder getötet werden sollen, nur, weil sie anders sind als die, die sie heimsuchen und aus dem Weg zu räumen trachten. Dagegen müssen wir öffentlich revoltieren – vor allem wegen derjenigen unserer Mitmenschen, die zum Wegschauen tendieren. Die Verbrechen in unseren eigenen Reihen müssen laut und deutlich an den Pranger gestellt werden, um möglichst Übergriffe in diese Richtung vorsorglich zu verhindern.

Und noch etwas, womit das Übel tiefer an der Wurzel gepackt werden kann: Kürzlich sagte mir ein Schweizer Diplomat, das effektivste Mittel gegen antidemokratisch-populistische und nationalistisch-rassistische Gesinnung sei *Bildung* bzw. die Unbildung sei die gefährlichste Brutstätte für antidemokratische Primitivität und Dummheit. Damit meinte er nicht lexikalisches Universalwissen, sondern die Einheit von *Geistes- und Herzensbildung*.

Wenn ich dafür plädiere, dass wir uns bezüglich der Geschehnisse des Tages laufend informieren, dann bedeutet das, diese Informationen nicht wie losgelöste Puzzlestücke an uns herankommen zu lassen, sondern sie in die Gesamtheit unserer heiligsten Überzeugungen und unseres Wissens über uns Menschen einzubauen. Und es genügt auch nicht, die in unser inneres Bezugssystem integrierten aktuellen Neuigkeiten allein zu verarbeiten. Wir müssen darüber mit anderen ins Gespräch kommen. Und vielleicht dürfen wir sogar hoffen, dass solche möglichst breit und nachhaltig mit unseren Mitmenschen kommunizierten Überzeugungen bis zu den politischen Kreisen vordringen, die aus mangelnder Herzensbildung den demokratischen Werdeprozess immer wieder stören, boykottieren oder sabotieren. Vielleicht könnte es sein, dass sich in Einzelfällen diese Menschen ansatzweise dazu bewegen lassen nachzudenken, vielleicht auch einmal Fragen zu stellen, statt immer nur stereotyp Antworten parat zu haben. Wir sollten nie die Hoffnung aufgeben, dass Menschen, von denen wir dies gar nicht mehr erwarten, eines Tages vielleicht doch so weit kommen, ihre Grundhaltung zu überdenken.

Und dann? Ich glaube nach wie vor: Wenn doppelt so viele von uns Bürgern, als dies heute durchschnittlich der Fall ist, sich ausführlich über das politische Tagesgeschehen informieren, sich auch parteiübergreifend mit entsprechenden Initiativen in dieses einbringen und sich dafür engagieren würden, wären wir der Mischform von repräsentativer und direkter Demokratie, die die beiden zitierten Autoren Dietz und Heisenberg als digitaltechnologisch unterstützte *Power to the People* apostrophieren, schon um Einiges näher. Die Glasglockendemokratie unserer zunehmend überforderten Parlamente und deren Ausschüsse wäre noch stärker als in der gegenwärtigen Zwangslage der Pandemie durch vermittelnde, beratende Fachexperten und wissenschaftliche Institutionen, ja durch digital untereinander und mit der Regierung und den Parlamenten vernetzte Bürgerräte und Bürgerkonvente nach außen hin geöffnet (in Frankreich gibt es bereits ansatzweise Klimaräte). Je stärker dieses Modell greifen und für erhöhte Transparenz in der Politik sorgen würde, desto schwerer würde es den Populisten und Verschwörungsideologen das Leben machen.

Demokratie heißt „Herrschaft des Volkes“. Diese Herrschaft muss, je größer und komplexer das Herrschaftsgebiet eines Staates ist, desto eher vom betreffenden Volk in kontrollierter Form an eigens von diesem eingesetzte Organe delegiert werden, aber das Volk muss sich trotzdem, soweit wie möglich, aktiv an der Machtausübung beteiligen, direkt oder über bestellte Vermittler. Demokratie beinhaltet auch Macht. Aber diese Macht ist im Gegensatz zur Autokratie immer *dialogisch,* und sie bewegt sich deshalb in der Regel auch in weniger formellen und dafür umso subtileren politischen Bahnen als in einer autoritären Regierungsform.

Der Dialog ist der Kern der Demokratie. Dieser Dialog erfordert auch immer *Geduld* und *Demut*. Und der sicherste und authentischste Weg zu einer geduldigen und demütigen Haltung ist meiner Ansicht nach die kontemplative Selbstprüfung. Mit all dem kämen wir etwas weiter in dem Prozess, den ich in den hier vorliegenden Erörterungen *Democracy will win* genannt habe.

Anmerkungen

1 Vgl. Dirk Heißerer: Demokratie? Humanität! Thomas Manns Verhältnis zu Walt Whitman, dem amerikanischen Dichter der Demokratie. Vortrag Amerikahaus, München, 2019.

2 Brief vom 25. März 1915.

3 Hermann Kurzke: Kommentar zu den „Betrachtungen eines Unpolitischen. GKFA Bd. 13, Frankfurt a. M. 2018, S.19.

4 Vgl. Hans Rudolf Vaget: Thomas Mann, der Amerikaner. Frankfurt am Main 2011, S. 43.

5 Vgl. Hans Rudolf Vaget: Thomas Mann der Amerikaner. Frankfurt a.M. 2011, S.241–247.

6 a. a. O., S. 244.

7 a. a. O., S. 248–266.

8 a. a. O. S. 247.

9 a. a. O. S. 266.

10 Vgl. dazu besonders den Sammelband der informativen, komprimiert zusammengefassten Wiedergabe von Hannah Arendts Konzeption in: Lothar Probst und Winfried Thaa (Hg.): Die Entdeckung der Freiheit im Denken Hannah Arendts. Berlin 2003.

11 Hannah Arendt: Macht und Gewalt. München 1987, S.10.

12 Hannah Arendt: Zur Zeit. Politische Essays (hg. von Marie Luise Knott). Berlin 1986, S. 163.

13 Hannah Arendt: Über die Revolution. München 1994, S. 221.

14 Vgl. Klaus J. Milich: Fundamentalism Hot and Cold. George W. Bush and the Return of the Sacred, in: Cultural Critique 62 (Winter 2006), 92–125.

15 https://www.1014.nyc.

16 Charles Taylor: The Politics of Recognition. Princeton, 1994, S. 34. Deutsch in: Charles Taylor, Multikulturalismus und die Politik der Anerkennung. Frankfurt 2009.

17 Vgl. dazu beispielsweise David Steindl-Rast: Ich bin durch dich so ich. Lebenswege. Schwarzach am Main 2016.

18 https://weltkloster.de.

19 https://weltkloster.de/zielsetzung-selbstverstaendnis/

20 Alexandra Mann: Interreligiös-monastischer Weltkloster Dialog. In (Hg. Österreichische Benediktinerkongregation): Füreinander. Mitteilungsblatt der Österreichischen Benediktinerkongregation. Michaelbeuern. 2, 2019.

21 Eines der Hauptaxiome in: Paul Watzlawick, Janet H. Beavin, Don D. Jackson: Menschliche Kommunikation. Formen Störungen Paradoxien.

22 Süddeutsche Zeitung, 3. März 2017.

23 Süddeutsche Zeitung, 17./18. Oktober 2020. Vgl. auch Daniel Barenboim: Die Musik – mein Leben. München 2002, S. 260.

24 Daniel Barenboim: Die Musik... S.261 ff.

25 Ebd.

26 Zit. bei. Frido Mann: Das Versagen der Religion. Betrachtungen eines Gläubigen. München 2013, S.163

27 Elena Cheah: Die Kraft der Musik. Das West-Eastern Divan Orchestra. Mit einem Vorwort von Daniel Barenboim. Edition Elke Heidenreich bei C. Bertelsmann. München 2009, S.330.

28 Unveröffentlichtes Manifest von Daniel Barenboim und Roni Mann, Berlin 2016, aus der Barenboim-Said Akademie zur Zeit von deren Gründung.

29 Roni Mann: Humanties in a New Key (unveröffentlicht) sowie private Mail der Autorin an Frido Mann.

30 Klaus Mann: Heinrich Mann im Exil (1938). In: Jugend und Radikalismus. Aufsätze. München 1981, S. 86.

31 Alexander I. Solschenizyn: Im Interesse der Sache, 1972.

32 Vgl. Torben Lütjen: Amerika im kalten Bürgerkrieg. Darmstadt 2020.

33 https://www.youtube.com/watch?v=RtYRn1oiJ6U

34 Sigmund Freud an Thomas Mann, Wien, 29.11.1936, in: Ders., Briefe 1873-1939. Ausgewählt und herausgegeben von Ernst L. Freud. Frankfurt a. M. 1960, S. 424–427; Thomas Mann an Sigmund Freud, Küsnacht-Zürich, 13.12.1936, in: Ders., Briefe 1889-1936. Herausgegeben von Erika Mann. Frankfurt a. M. 1962, S. 431f.

35 Göttingen 1985, S. 125.

36 Deutsche Übersetzung der im Original englischen Ansprache. Siehe Heinrich Detering: Thomas Manns amerikanische Religion. Frankfurt a. M. 2012, S. 176, 263 f.

37 Christine Mann, Erhart Schröter und Wolfgang Wangerin: Selbsterfahrung durch Kunst. Methodik für die kreative Gruppenarbeit mit Literatur, Malerei und Musik. Weinheim und Basel 1995.

38 Christine und Frido Mann: Es werde Licht. Die Einheit von Geist und Materie in der Quantenphysik. Frankfurt a.M. 2018.

39 Larry Diamond: The Spirit of Democracy. The Struggle to Build Free Societies Throughout the World, 2008.

40 Finale 2. Aufzug: Duett Pamina/Tamino.

41 „2 um acht Berlin": Wie hat sich Demokratie verändert? Was zerstört und was belebt sie? vom 10. März 2021 https://www.rfreitag.de/autoren/freitag-salon/der-salon-mit-hedwig-richter-1

42 Hedwig Richter: Transnational Reform and Democracy. Election Reforms in New York City and Berlin around 1900. In: Journal of the Gilded Age and Progressive Era. Band 15, 2016, S. 149–175.

43 Coronavirus: Keine Rechtfertigung für Rassismus! In: Amnesty International Deutschland. 19. März 2020.

44 Klaus Hänsch: Die Europäische Union demokratisieren. Eine Aufgabe für die europäische Sozialdemokratie. In: Heinz Fischer (Hg.): Die Zukunft der europäischen Sozialdemokratie. Wien, 1997, S. 141–155, hier S. 141.

45 Vgl. Steven Levitsky und Daniel Ziblatt: Wie Demokratien langsam sterben. München 2018, S. 250.

46 Georg Diez und Emanuel Heisenberg: Power to the People. Wie wir mit Technologie die Demokratie neu erfinden. Berlin 2020.

47 Michael A. Neblo, Kevin M. Esterling und David M. J. Lazer: Politics with the People. Building a Directly Representative Democracy. Cambridge University Press 2018.

48 Diez und Heisenberg, S. 32.

49 A. a. O. S. 116.

50 R. M. Unger: The Knowledge Economy. London/New York 2019.

51 A. a. O., S. 129.

52 A. a. O., S. 146 f.

53 The Guardian, 24. Oktober 2019.

54 A. a. O., S. 148ff.

55 A. a. O., S. 150 f.

56 A. a. O., S. 154.

57 Vgl. z. B. Steffen Gailberger und Frauke Wietzke: *Deutschunterricht in einer digitalisierten Gesellschaft*, Weinheim 2018.

58 Vgl. Brigitte und Thomas Görnitz: Von der Quantenphysik zum Bewusstsein. Berlin/Heidelberg 2016, S. 205 ff.

59 https://www.ifw-kiel.de/de/publikationen/kieler-arbeitspapiere/populist-leaders-and-the-economy-15277/

60 Vgl. Manuel Funke, Moritz Schularick, Christoph Trebesch: Populist Leaders and the Economy. CEPR Discussion Paper 15405, October 2020.

61 https://www.vatmh.org/de.the-pdcast-55-voices-for-democracy.html.

62 Vgl. Magnus Brechtken: Der Wert der Geschichte. Zehn Lektionen für die Gegenwart. München 2020, S 202 f.

63 Adam Smith: Wohlstand der Nationen, Erstes Buch, Zweites Kapitel, S. 16–19, Zit. S. 19 (zit. bei Magnus Brechtken: a. a. O. S. 204).

64 https://tmfm.de

Wissen
Bildung
Gemeinschaft